农村金融改革与发展研究

刘 磊 著

中国财富出版社

图书在版编目（CIP）数据

农村金融改革与发展研究／刘磊著. —北京：中国财富出版社，2016. 10
ISBN 978 - 7 - 5047 - 6237 - 5

Ⅰ. ①农…　Ⅱ. ①刘…　Ⅲ. ①农村金融改革—研究—中国　Ⅳ. ①F832.1

中国版本图书馆 CIP 数据核字（2016）第 192333 号

策划编辑	寇俊玲	**责任编辑**	谷秀莉		
责任印制	何崇杭	**责任校对**	杨小静　张莹莹	**责任发行**	敬　东

出版发行	中国财富出版社		
社　　址	北京市丰台区南四环西路 188 号 5 区 20 楼	**邮政编码**	100070
电　　话	010 - 52227568（发行部）	010 - 52227588 转 307（总编室）	
	010 - 68589540（读者服务部）	010 - 52227588 转 305（质检部）	
网　　址	http：//www. cfpress. com. cn		
经　　销	新华书店		
印　　刷	北京九州迅驰传媒文化有限公司		
书　　号	ISBN 978 - 7 - 5047 - 6237 - 5/F・2643		
开　　本	710mm×1000mm　1/16	**版　次**	2016 年 10 月第 1 版
印　　张	13. 75	**印　次**	2016 年 10 月第 1 次印刷
字　　数	254 千字	**定　价**	56. 00 元

前　言

　　金融体系作为一个国家社会资本形成与有效配置的一种制度安排，其是否合理并具有效率，是关系国民经济能否持续发展的关键。农村金融是以信用手段动员、配置、管理涉农金融资源运行的活动，是农业和农村经济发展的核心。因此解决好"三农"（农村、农业和农民）问题，转变农业发展方式，促进农民增收，加快推进新型城镇化建设的进程和全面建设小康社会，必须加快建立现代金融制度，引导推动农村金融加大对"三农"的金融支持。近年来，虽然我国农村金融改革有了一定的进步，对"三农"提供的金融服务有了较大的改善，但从客观上来看，与"三农"对金融的实际需求相比，我国农村金融服务还存在着一定的差距。要解决好这个问题，就必须加快对农村金融组织以及金融制度的改革。

　　目前，我国农村金融体系存在的缺陷已严重制约了"三农"问题的解决和社会主义新农村建设的快速发展，构建一个功能完善、高效的、多层次、广覆盖、可持续的农村金融体系显得尤为迫切。本书从我国农村发展对金融需求的实际出发，总结分析了我国农村金融发展的历程以及农村金融服务体系存在的缺陷，进而对我国农村商业性金融、农村合作金融、农村政策性金融、农业保险、农村民间金融、农村新型金融组织、农村互联网金融以及农村金融服务创新等方面存在的问题进行剖析，根据我国目前农村改革与发展的具体情况，分别从不同的角度提出了现有农村金融机构改革发展的相关对策。

　　基于我国农村目前发展的现状，在短时间内解决好农村金融改革与发展问题，存在着很大的难度，需要克服很多的困难，这就需要各方面理论工作者和金融机构的专业人士，群策群力，共同努力，探索适合我国农村发展的农村金融服务体系和有中国特色的农村金融发展模式，从而更好地促进我国"三农"的快速发展以及小康社会的全面建成。

本书在写作过程中参阅借鉴了大量文献资料，在此谨向这些论著的作者表示感谢。由于水平有限，书中难免有不妥之处，恳请专家与读者批评指正。

作　者

2016 年 1 月

目　录
CONTENTS

1 农村金融发展与改革的历程及评析

我国农村金融改革的脚步始终没有停歇，农村金融改革也取得了较好的成效，服务于"三农"的资金也不断增加，促进了我国农村各项事业的快速发展。与我国经济总体的发展水平相比较，农村金融服务于"三农"的水平与力度还存在着一定的差距。因此，应大力推进农村金融改革，促进我国"三农"事业的快速发展。

1.1 改革开放前农村金融发展简要回顾

改革开放前，我国农村金融发展经历了两个阶段。

1.1.1 第一阶段（1949—1957 年）

这一阶段主要的改革措施包括：第一，在农村广泛开办农村信用合作社。到 1957 年年底，全国 80% 的乡都设立了农村信用合作社，共有农村信用合作社 88368 个。而在 1949 年年底，全国仅有 800 多家农村信用合作社。尽管这时期农村信用合作社的规模小，管理也不够完善，但其合作性质还是得到了充分的体现，总体上发展比较健康。第二，1951 年成立农业合作银行，负责办理农业、林业、水利等方面的投资拨款业务，并领导农村信用合作社。但 1952 年农业合作银行就被撤销，由中国人民银行农村金融管理局负责领导和管理农村金融工作。第三，1955 年正式成立中国农业银行，其主要任务是指导农村信用合作社，广泛动员农村资金，合理使用国家农业贷款，辅助农业生产发展，促进对小农经济的社会主义改造，但由于县以下的基层中国农业银行与中国人民银行之间职责划分不清，1957 年国务院又决定撤销中国农业银行并入中国人民银行管理。这一阶段的银行撤并带有很强的随意性，比较注重政治因素，农村经济发展对于金融组织的要求则经常被忽略。

1.1.2 第二阶段（1958—1978 年）

这一阶段主要的改革措施包括：第一，1958 年农村信用合作社被下放给人民公社管理，1959 年进一步下放给生产大队管理，在"极左"路线的影响下，合作制被严重扭曲。农村信用合作社的财务管理和业务经营主要受生产大队领导，盈亏由生产大队核算，丧失了独立自主经营的地位。第二，1962年恢复了农村信用合作社的独立地位，业务上受中国人民银行领导，并在1963 年重建了中国农业银行，统一管理支农资金及农业贷款，并统一领导农村信用合作社的工作。第三，1965 年中国农业银行第三次被撤销，1966 年农村信用合作社再次下放给了人民公社、生产大队管理。由于正常的信用关系被破坏，资金被大量挪用，存款也迅速减少。

这一时期农村金融制度模式的典型特点：第一，农村金融市场上的金融工具种类单一，仅有存款和贷款两种金融工具。除了银行信贷市场以外，严格意义上的货币市场和资本市场根本不存在。第二，利率管制严格，利率不能根据农村经济金融实际情况进行灵活的调整。第三，农村金融机构组织制度一元化。从组织制度看，表面上是国家银行与农村信用合作社同时共存的二元格局，但是在高度集权经济体制环境中，农村信用社已经由创办时的合作金融性质，蜕变为国家金融性质，成为地地道道的国家银行的服务机构，所以组织制度实际上是一元特征。

1.2 改革开放以来的农村金融改革与发展历程

自改革开放以来，为了配合整个经济体制改革的推进，推动农村经济发展，农村金融体制也进行了一系列改革，经历了以下几个阶段。

1.2.1 农村正规金融机构和金融业务恢复阶段（1979—1993 年）

1979 年 2 月，中国农业银行从中国人民银行中分离出来，专门承担农村信贷业务，明确提出大力支持农村商品经济，提高资金使用效率。随着人民公社体制的瓦解，农村信用合作社也重新恢复了名义上的合作金融组织地位。1986 年 4 月，根据邮电部与中国人民银行签订的关于开办邮政储蓄的协议，各地邮局开办个人储蓄业务。另外，还允许民间自由借贷和成立民间合作金融组织，容许多种融资方式并存，从而形成了农村金融市场组织的多元化和竞争状态。

1978 年，从农村实行家庭联产承包责任制开始的时候，中国的金融体系仍然保留着高度集中的国家银行体系。中国人民银行实际上是金融体系中唯一的银行，它遍布全国的分支机构，按总行统一的指令和计划办事，它既是金融行政管理机关，又是具体经营银行业务的经济实体，其信贷结算和现金出纳等制度，都是为了保障计划经济体制的落实而设计的。1978 年，农村信用社是当时唯一的农村正规金融机构，它为农村集体经济组织的经济活动提供金融服务。为了适应农村经济改革和发展的需要，中国农业银行于 1979 年 3 月从中国人民银行分离出来，成为专门为农村提供信贷业务的正规银行。随着中国银行、中国建设银行、中国工商银行相继设立，中国人民银行向中央银行过渡，中国"大一统"的金融体制最终开始向双重银行体制转型。与此同时，中国农业银行领导农村信用社，统一管理金融资金，集中办理农村信贷，以中国农业银行与中国人民银行拨付的自有资金、各项存款以及国家财政拨付的农贷基金为基础，提供农村国营工业贷款、国有和集体农业贷款、各类商业贷款、乡镇企业贷款、农业机械化专项贷款和中短期设备贷款的信贷服务。随着农村经济微观主体，从社队向农户转化，中国农业银行从 1980 年开始发放农户贷款，并于 1986 年开始发放扶贫贴息贷款，中国农业银行在管理体制上政企不分，并同时提供政策性业务和商业性业务，这就使得中国农业银行后来的改革成为必然。

1.2.2 政策性金融与商业性金融分离阶段（1994—1996 年）

这一阶段进一步明确了改革的目标和思路，提出了要建立和完善以合作金融为基础，商业性金融、政策性金融分工协作的农村金融体系。更具体地说，这一农村金融体系包括以工商企业为主要服务对象的商业性金融机构、主要为农户服务的合作金融机构、支持整个农业开发和农业技术进步、保证国家农副产品收购以及体现并实施其他国家政策的政策性金融机构。1994 年 4 月，《国务院关于组建中国农业发展银行通知》下发以后，中国农业发展银行及其分支机构开始组建，其主要任务是，"以国家信用为基础，筹集农业政策性信贷资金，承担国家规定的农业政策性金融业务，代理财政性支农资金的拨付"，具体业务包括国家粮棉油储备和农副产品合同收购贷款、农业综合开发贷款、扶贫贴息贷款，并代理财政支农资金的拨付及监督使用。与此同时，加快了中国农业银行商业化的步伐，包括全面推行经营目标责任制，最新的资金进行规模经营，集中管理贷款的审批权限等。另外，继续强调农村信用社商业化改革。根据 1993 年《国务院关于金融体制改革的决定》，计划在 1994 年基本完成县联社的组建工作，1995 年大量组建农村信用合作银行，但是实际进度大大落后于这一阶段所设定的目标。另外一个重要的政策变化就是规定农村信用合作社不再受中国农业银行管理，农村信用社的业务管理改由县联社负责，对农村信用社的金融监督管理职责由中国人民银行直接承担。这样，我国农村金融以农村信用社为基础的合作制金融、以中国农业银行为主体的商业性金融和以中国农业发展银行为主的政策性金融并存的局面最终形成了。

1.2.3 农村信用社主体地位形成阶段（1997—2002 年）

在经历了亚洲金融危机和 1997 年开始的通货紧缩后，在强调继续深化金融体制改革的同时，对金融风险的控制也开始受到重视，客观上强化了农村信用合作社对农村金融市场的垄断。1997—2000 年，全国金融体系进行治理整顿。农村金融也开始整顿农村合作基金会，1999 年，农村合作基金会在全国范围内被强制关闭。在此期间，中国农业银行逐步撤出在县和县以下的分支机构，农村金融业务逐步减少，中国农业银行在 2001—2004 年撤并了达到总数 1/3 的 10313 个支行及其以下机构，到 2004 年年末，中国农业银行县及县级以下机构剩余 19109 个。与此同时，自 1997 年 6 月，国务院要求"把农村信用社办成合作金融组织，按合作制原则改革农村信用社管理体制"，事实上否定了 1996 年有关建立"农村合作银行"的设想。1998 年 11 月，国务院进一步要求农村信用社"按合作制规范"，而合作制即"自愿入股、民主管理和主要为入股社员服务"。1999 年 4 月的全国农村信用社工作会议要求逐步组建农村信用社地（市）联社，承担农村信用社行业管理和服务职能。2000 年 7 月开始，江苏省率先试点农村信用社改革。中国人民银行和江苏省政府在江苏全省进行了农村信用社改革试点。改革重点是明晰产权、完善经营机制。江苏省的改革试点，为全国农村信用社深化改革提供了经验。这一阶段的农村金融市场中，国有商业银行淡出，中国农业发展银行业务受到较大限制，农村合作基金会全部撤并，邮政储蓄仅开展存款业务，剩下的农村信用社逐渐成为正规农村金融体系中的主力军。

1.2.4 农村金融改革深化阶段（2003—2005 年）

党的十六届五中全会提出了建设受阻于新农村的重大课题，建设社会主义新农村，必须坚持以发展农村经济为中心，而发展农村经济离不开农村金融的支持。农村金融作为农村经济发展中最为重要的资本要素配置制度，起到的作用越来越明显，农村金融改革也受到了前所未有的重视，国家频繁出台农村金融的重大政策。2007 年 1 月 19 日至 20 日，第三次全国金融工作会议在北京举行，会议决定从多方面采取有效措施，加强对农村的金融服务，为建设社会主义新农村提供有力的金融支持。第一，加快建立健全适应"三农"特点的多层次、广覆盖、可持续的农村金融体系；第二，健全农村金融组织体系，充分发挥商业性金融、政策性金融、合作性金融和其他金融组织的作用；第三，推进农村金融组织创新，适度调整和放宽农村地区金融机构准入政策，降低准入门槛，鼓励和支持发展适合农村需求特点的多种所有制经济，积极培育多种形式的小额信贷组织；第四，加强和改进监管，防范风险隐患；第五，大力推进农村金融产品和服务创新，积极发展农业保险；第六，加大对农村金融的政策支持。这次全国金融工作会议指明了农村金融改革的方向，为我国农村金融改革搭建了一个整体框架，国家将在信贷、建立农村保险市场、大宗农产品期货市场三个方向推进农村金融服务。在坚持中国农业银行和中国农业发展银行作为农村金融支柱和骨干作用的同时，大力培育以县级法人为单位的农村信用社联社。在这种情况下，农村信用社成为农村金融改革的重心。2000 年 7 月，新一轮的农村信用社改革首先从江苏省开始试点。在明晰产权、完善经营机制的基础上，江苏全省信用社实行了以县为单位的统一法人，并在县（市）联社入股基础上组建了江苏省联社。2003 年 6 月，国务院下发了《深化农村信用社改革试点实施方案》，标志着新一轮农村信用社改革开始并在 8 个省市进行试点。此后，各试点省农村信用社"省联社"相继成立，新的农村商业银行和农村合作银行也在各省成立。2004 年 6 月，国务院办公厅转发《银监会、中国人民银行关于明确对农村信用社监督管理职责分工的指导意见》，明确了农村信用社在交由省级政府管理后，银监会、中国人民银行、省政府和省联社在农村信用社监督管理、风险防范和处置方面的职责分工。2004 年 8 月以后，农村信用社改革推广至全国除海南和西藏以外的全部省区。

1.2.5 新型农村金融组织发展阶段（2006 年以后）

我国在改革过程中逐步放松了对农村金融机构的市场准入，成立了包括村镇银行、贷款公司、农村资金互助社以及小额贷款公司等在内的新型农村金融服务机构，开始改变农村信用社相对垄断的局面，逐步形成了多种金融机构并存的农村金融机构体系。2001 年以来，银监会逐步放宽农村地区银行业金融机构准入政策，着力引导各类社会资本到中西部和农村地区设立新型农村金融机构。截至 2012 年年底，全国 250 家银行业金融机构共发起设立 939 家新型农村金融机构，其中村镇银行 876 家，贷款公司 14 家，农村资金互助社 49 家，新型农村金融机构累计吸引各类资本 570 亿元，存款余额为 3066 亿元，各项贷款余额为 2347 亿元，其中小企业贷款余额为 1120 亿元，农户贷款 10860 亿元，两者合计占各项贷款余额为 84.4%。2003 年以来，我国政府有关农村金融和小额信贷的改革及其政策取向反映出改革思路的变化，从主要推进农村信用社的改革到逐步放开农村金融和小额信贷市场，从而改变农信社一家独大的局面。从政治上和策略上来讲，准入新的农村金融和小额信贷机构已经引导其他金融机构开展农村金融业务，包括中国农业银行在一定程度上回归农村，为下一步深化中国农业银行改革提供了必要的前提条件。

1.3 我国农村金融改革与发展的主要特点

与其他改革相比，农村金融发展呈现出几个比较显著的特点。

1.3.1 农村金融体制改革是一个渐进的发展过程

与中国经济改革与制度变迁战略一致，农村金融改革与制度变迁，也采取了一种渐进式的改革与变迁战略。农村金融领域内的改革，实际上是从 20 世纪 70 年代末期就开始到 2007 年年初，先后已经实施的改革和创新举措主要包括：①恢复成立中国农业银行；②对农村信用社放权让利，下放经营权；③恢复农村信用社的"三性"，中国农业银行推行经营责任制；④中国农业银行企业化经营、商业化发展；⑤成立中国农业发展银行，农村信用社与中国农业银行脱钩；⑥按照合作制原则重新规范农村信用社；⑦按照三种产权模式和四种组织形态明晰农村信用社产权，管理权力下放给省级政府；⑧允许产业资本和民间资本到农村地区新设小型金融机构。这些改革和创新举措的实施，一是促进了农村金融供给机制的逐渐完善；二是实现了机构的多元化局面。2003 年开始试点和 2004 年全面启动的农村信用社领域内的新一轮改革，很显著地带来农村信用社领域内以前具有同质性的农村信用社机构的分化和演进，机构多元化效应是比较明显的。

正是由于这个过程的渐进性，因此持续的时间比较长，实现的成本较高。农村金融改革和制度变迁的过程，实际上也是一个利益的重新调整问题。在这个过程中，因为改革和制度变迁的时间较长，改革不能尽快到位，而改革推动者又总是急于求成，所以往往出现改革举措实施的频率较高，政策多变。这样，一是使得改革的参与者和改革涉及的利益相关者对改革的预期和目标缺乏正确的把握，或者无所适从，或者消极对待，这就是 20 世纪 80 年代初以来，农村金融领域内的一些改革举措没有得以实施或者效果没有达到改革设计者的初衷的重要原因；二是导致改革成本巨大，还产生了一些没有预料到的新的成本，即非预期成本。国有商业银行的改革、2003 年开始试点和 2004 年启动的农村信用社改革，之所以成本如此巨大，与中国金融领域的渐进式改革战略无不相关。

1.3.2　农村金融体制改革是一个政府参与和主导的强制性制度变迁过程

中国农村金融机构的改革过程是政府主导的强制性的自上而下的机构演进的路径，属于强制性的制度变迁。政府推动的优点在于，新的制度安排取代旧的制度安排的摩擦阻力较小，改革能够很快到位，能够减少制度变迁的成本。但也导致了自下而上的诱致性制度变迁的创新路径被严重堵塞，也可以说是以政府为主导的强制性制度变迁排斥压制自下而上的诱致性制度变迁。而且，这种路径的依赖和演进，与我国农村经济体制的自下而上的诱致性制度变迁路径背道而驰。政府成为农村金融体制唯一合法的供给主体，导致内生于广大农村融资中的非正规组织和制度的变迁成本高昂（包括经济成本和意识形态成本），不能得到合理的演进和正常的发展，农村金融制度创新中自下而上的变迁路径被堵塞了。而内生于农村金融中的诱致性的制度变迁正是农村社区互助合作金融组织诞生壮大的重要制度之源。其结果是金融市场融资制度供给严重不足。

（1）政府往往是从自身的需求函数出发来推进改革，从便于管理和控制的角度出发来界定改革的目标和战略、设计改革方案，很多方面与市场需求脱节，引起制度供给不足。农村金融领域的制度供给不足主要表现在农村金融领域内正规金融的供给不足，这一点在中西部欠发达地区和传统农区表现尤为突出。一是国有商业银行改革发展战略实施的结果，远离农户和农村微小型企业；二是政策金融的供给不足，一种持续地向农户和微小企业提供政策金融服务的机制在中国还没有建立起来；三是在政府原有的农村信用社改革战略导向下，在乡镇农村信用社→县级农村信用社联社→省级农村信用社联社框架下，没有建立起一种有利于农村信用社市场主体地位提高、可持续发展能力意识增强的机制。

（2）在增强实力、提高竞争能力、利于监管和强化监管的意识支配下，政府主导的改革和制度变迁，往往陷入政府权力扩张的怪圈，"贪大求洋"。2003年开始试点和2004年全面启动的农村信用社领域内的新一轮改革，虽然设计了"三种产权模式"和"四种组织形式"，但实施的普遍结果却是一个做大的概念，合并和扩大法人，做大机构。从增强实力的角度来讲是绝对有好处，搞县级联社、省联社也是非常必要的。但是，从满足需求角度而言，大银行在满足小额资金需求方面是不及小银行的。而就整个社会的经济活动主体而言，可以说80%甚至更高比例的部分实际上均是小额资金需求者，需要与它距离更近的一些机构，农户和中小企业更是如此。这样，在满足农村金融需求方面，小银行的优势要比大银行更加突出。

1.3.3　农村金融体制改革是一个逐渐市场化的过程

市场化的过程，实际上就是一个政府逐渐放松市场准入垄断与管制，通过构建公平的市场准入和退出机制，更多地利用市场机制发挥作用的过程。农村金融市场化，具体表现为操作手段市场化和机构运作机制市场化。衡量农村金融领域市场化的程度，可以利用三个指标：一是农户和企业通过直接融资方式实现的融资占融资总量的比重；二是农户和企业从非合作金融渠道与非政策性渠道得到的融资占融资总量的比重；三是民间私人资本和合作制形式的金融机构占金融机构总数的比重。放松金融管制和促进金融创新是建立市场化农村金融体系的必要条件。近年来，中国农村金融市场在利率上限、市场准入和金融业务创新等方面的管制逐步放松。一是逐步放松农村地区贷款利率管制。考虑到农村金融操作成本高，风险大的实际情况，2003年8月，在推进农村信用社试点改革的同时，允许试点地区农村信用社的贷款利率上浮不超过贷款基准利率的2倍。2004年10月29日，中国人民银行放开了商业银行贷款利率上限，而农村信用社贷款利率浮动上限也扩大到中国人民银行基准利率的2.3倍。对于试点成立的小额贷款公司，贷款利率被限制在4倍基准利率浮动。农村地区贷款利率的逐步放开，有利于农村金融机构根据成本覆盖风险原则，合理定价，实现自身财务可持续发展。二是逐步放松农村金融机构市场准入条件。我国农村人口比重大，农业生产还相对落后，需要在农村地区有多种形式的、能够提供不同层次服务的金融机构。基于农村金融市场多样性的特点，我国在改革过程中逐步放松了对农村金融机构的市场准入，近年来成立了包括村镇银行、农民资金互助社以及小额贷款公司等在内的新型农村金融机构，在最低注册资本、存款准备金、资本充足率等方面有着比商业银行低的要求，较低的门槛为资本流入农村和设立农村金融机构创造了条件。三是逐步放松农村金融机构业务创新的限制。近几年，为适应不同层次、不断变化着的农村金融需求，各地涉农金融机构和组织在农村金融产品创新方面，进行了一些有益探索。中国人民银行、银监会等部门也积极引导各类农村金融机构开展信贷创新，鼓励开展订单农业质押贷款、农村合作组织的联合信用贷款、林权抵押贷款等。

1.3.4　农村金融服务水平得到一定程度的改善

一方面，转变扶贫贴息贷款发放方式，给农户和金融机构双向支持。扶贫贴息贷款运作 20 多年来，在帮助贫困农户获得信贷资金支持方面发挥了一定作用，但由于传统扶贫贷款运作规模小，额度低，单位运营成本高，运作效率低，出现贷款到户率低和贷款放不出去双重矛盾，经办机构和农户双方受益较低，扶贫效果不显著。2006 年以后改革了扶贫贷款管理体制，提出了两种可供选择的扶贫贷款补贴方式。其一，财政贴息资金建立扶贫贷款担保基金，给发放扶贫贷款的金融机构提供风险补偿；其二，直接补贴给农户，或将全部财政贴息资金下放到县，直补给经办机构或受贷农户，这种政策转变旨在重点鼓励直接补贴到贫困户和项目实施单位。另一方面，推进农村信用社改革的同时，探索适合农户需要的小额信用贷款和联保贷款。一是为全面改善农村信用社自身经营状况，更好地发挥其职能作用，自 2003 年 3 月以来，通过实施专项票据、支农再贷款、扩大利率浮动和优惠存款准备金率等支持政策，加快推进农村信用社改革，使其建立有效的法人治理结构，并增强可持续发展能力。二是自 1999 年以来农村信用社大力推广小额农户信用贷款和联保贷款方式，农户通过参加信用社的信用评级或者参加农户之间到五户、十户联保，可以不用提供额外的抵押担保品而获得农村信用社的贷款。这是对解决农户缺乏抵押担保的重要探索，对解决农民贷款难问题具有重要意义，取得了非常好的经济效果和社会反响。近年来，新型农村金融机构探索尝试了不同形式的小额贷款方式。实践证明，小额贷款业务是农村金融机构满足农村金融服务需求，促进农村经济发展的行之有效的方式和手段。

1.4　我国农村金融改革发展评析

1.4.1　农村金融改革与发展取得的成效

1. 农村金融服务得到了很大改善

农村金融机构数量逐渐增加，农村金融服务覆盖面不断扩大，截至 2012

年年底，全国各省、市、自治区基本实现乡镇金融机构和乡镇基础金融服务双覆盖；组建的新型农村金融机构84.4%以上的贷款投向了"三农"和小企业；全国共有4万个农村地区银行营业网点可以办理农民工银行卡特色服务业务；助农取款服务已在全国范围内开通，设置在行政村的助农取款服务网点超过66万个，覆盖44万个行政村；中国农业银行发放惠农卡1.28亿张，覆盖全国8700万农户，为840万农户提供了贷款授信，为农户发放贷款余额975亿元。

2. 对农村的信贷投入有所提高

截至2012年年底，全部金融机构本外币农村贷款余额为14.5万亿元，较2007年年底增长188.6%，5年间平均年增速为24.4%；农户贷款余额为3.26万元，较2007年年底增长170.21%，5年间平均年增速为22.3%；农林牧渔业贷款余额为2.27万亿元，较2007年年底增长81.1%，5年间平均增速为13.4%。从2002年年底到2012年年底，农村信用社各项贷款余额从1.4万亿元增长至7.8万亿元。2012年年底，农村信用社发放的农户贷款余额2.6万亿元，中国农业发展银行各项贷款余额达21850.77元。中国农业银行，涉农贷款余额1.91万亿元，比2007年增加约1.3万亿元，增幅超过130%。中国邮政储蓄银行全行累计发放小额贷款1078.246万笔，6518.88亿元。

3. 农村金融基础设施得到改善

为促进农村金融服务升级和创新，畅通农村支付结算渠道，中国人民银行制定实施了一系列政策措施，组织涉农金融机构推广适应农村需要的非现金支付工具和终端，延伸支付系统覆盖面，开展支付结算特色服务，极大便利了农民和农村地区的支付活动。农民工银行卡特色服务向全国推广，方便外出农民工异地存取款。银行卡助农取款服务向偏远农村地区延伸，加快构建支农、惠农、便农的"支付绿色通道"。农村信用环境建设持续推进，农村金融生态环境逐步改善。中国人民银行联合地方政府、相关部门、金融机构多渠道开展对农村地区的信用知识宣传，征集用户信息，完善农户农村个体户等农村经济主体的信用记录，建立信用档案，探索建立适合地方特点的农户评价体系，推动各地开展信用户、信用村、信用乡镇创建，引导涉农金融机构对授信农户简化贷款手续，降低贷款利率上浮幅度，推动地方政府及各涉农职能部门出台与信用相结合的三农支持政策、措施，共享农户信用信息，构建"守信受益、失信惩戒"的信用激励约束机制，提高农民的信用意识，改善信用环境。

1.4.2　农村金融改革与发展存在的不足

在农村金融改革 30 多年的历程中，我们发现所有问题所围绕的一个中心就是如何满足农村发展的资金需求。改革开放以来，随着所有制结构的改变，乡镇企业也得到了快速发展，这些新的经济成分在自有资金无法满足其扩展经营的需求时，就成为了市场资金的需求者。虽然国家银行和信用社能够解决部分资金需求，但无法满足其日益膨胀的需求。在农村实行家庭联产承包责任制后，千千万万独立生产的农户也成了资金的需求者。对大多数农户而言信用社几乎是他们谋求外部资金的唯一渠道。然而，目前的农村信用社根本不能满足广大农户的资金需求。那么，乡镇企业、农户以及个体户和私营企业等对资金的需求应该从何而来？在农村金融改革中，中国农业发展银行、中国农业银行和农村信用合作社都起到了不同的作用。但是仍然面临农村信贷支持不足的局面。

首先，中国农业发展银行作为政策性银行，无力直接延伸到最基层去顾及农户的资本金融需求，不与农户直接发生信贷业务关系。其次，中国农业银行经营明确向商业化方向转变，这一转变的结果是，近年来中国农业银行分支机构向城市收缩，设在乡镇的分支机构被大量撤并，因此难以支持农业及农业产业化的发展。最后，农村信用社在于中国农业银行行社"脱钩"时，被动地承担了大量的呆账，造成了我国农村信用社历史负担严重，没有能力为农村经济发展提供足够的资金支持。在正式金融机构都难以满足农村发展的资金需求和服务时，在客观上需要有私人金融组织的出现。农村金融机构因为要承担来自经济再生产过程和自然再生产过程可能带来的双重压力，加上农村中农户居住分散，贷款规模小，国有银行一般不愿向农业企业贷款。而民间金融是由农村内部自发生成的，具有微观信息灵敏的特征，借贷双方彼此了解，促使了交易费用的降低。民间金融组织是在农村土生土长起来的，与经济主体之间具有双向的利害关系，与正规金融机构相比，它们具有信息成本优势。虽然民间金融得到了快速的发展，但由于管理的不规范以及发展过快，使得民间金融在发展过程中出现了许多问题，如私人钱庄很多、高利贷发生率高等，为农村的经济发展埋下了隐患。

2 我国农村金融体系的缺陷分析

我国农村金融体系的落后制约了农业和农村经济的发展，从供给主体和需要主体全面分析我国农村金融体系的现状、缺失及对造成农村金融体系缺失的原因进行分析，对我国农村金融体系创新提供重要的现实依据。

2.1 我国农村金融体系的现状分析

2.1.1 农村金融体系的需求主体分析

我国地域辽阔，各地农业和农村的市场化、专业化和城镇化程度有很大不同，因此农村金融需求存在地域上的不平衡性。根据金融需求行为的不同，可以将我国农户划分为贫困农户、维持型农户和市场型农户；将农村企业划分为农村工商企业和产业化龙头企业。各种类型的农户和农村企业，在金融需求的形式和满足金融需求的手段上不尽一致。

1. 贫困农户

贫困农户是一种特殊的金融需求主体，其生产和生活资金均较短缺，他们作为金融机构放款的承贷主体时是不健全的，贷款风险较大。虽然贫困户也有贷款需求，但这种需求很难通过正规商业金融得到满足，只能通过政策性金融、政府财政性扶贫资金、国际金融组织和国外援助以及非正规金融等较为特殊的方式得到满足。

2. 维持型农户

这类农户已基本解决生活温饱问题，具有传统的负债观念和负债意识，一般较为讲求信誉。实践显示，金融机构对维持性农户的小额放款是较为安全的，收回率较高。因此对这部分农户的小额资金需求，一般可通过商业贷款方式得到满足。农村信用社是该农户团体的主要贷款供给者，但信用社自己实力普遍不足，难以满足农户的资金需求。除信用社外，民间借贷也是维持型农户融资的主要途径。

3. 市场型农户

这类农户开始从事以市场为导向的专业化、规模化农业生产。为实现简单或扩大再生产，他们对信贷资金的需求要比前两类农户强烈的多。满足市场型农户资金需求的方式和手段有自有资金、商业性信贷以及民间借贷。但在现有金融制度下，由于缺乏有效的承贷机制，缺乏商业金融所要求的抵押担保品，因而市场型农户从银行申请贷款依然面临不少困难。

4. 农村工商企业

这类企业一般立足于当地资源而由乡村投资发展起来的，生产是面向市场的资源利用性生产，市场的不确定性较大，经营活动的风险性较高。由于信用水平较低，金融机构对他们发放贷款时非常谨慎。中国农业银行和信用社一直是农村工商企业资金供给的主体，同时民间金融业成为一些地区农村企业的主要融资渠道。成长中的农村工商企业的资金短缺一直是较为突出的问题。

5. 龙头企业

"龙头企业+基地+农户"以其特殊的产业连带效应和对农村增收的特殊影响力，一直被公认为是我国农业产业化发展的主体模式。农村产业化龙头企业一般从事专业化、规模化农产品加工业。为降低单位生产成本，龙头企业具有规模扩张的内在冲动，因此对信贷资金的依赖程度一般较大。已具有一定规模的完整形式的龙头企业，资金实力一般较为雄厚，也是较为健全的承贷主体，贷款风险较小，一般通过获得商业金融机构的信用放款或抵押贷款满足资金需求，其中的佼佼者已开始通过债券市场融资。但对于那些处于发展初期、正在形成中的龙头企业，由于缺乏健全的承贷主体，金融机构难以对其给予贷款支持。在多数情况下，基层政府尤其是乡镇政府成为龙头企业获得贷款的担保者，这虽然能够在一定时期内解决企业的资金需求，但不符合《担保法》的要求，法律保护脆弱。我国各级政府出于促进农村劳动力转移和增加农村收入的考虑，制定了一系列支持龙头企业发展的政策措施，其中包括政策信贷支持，这在一定程度上降低了龙头企业进一步发展的主要约束因素。

2.1.2 农村金融体系的供给主体分析

目前我国的农村金融供给主体包括正规金融和非正规金融。正规金融机构主要包括农村信用社、中国农业银行、中国农业发展银行、农村邮政储蓄、农村商业银行和农村合作银行等。非正规金融主要是指民间借贷,包括私人之间借贷、地下钱庄等形式。中国农村金融体系如图2-1所示。

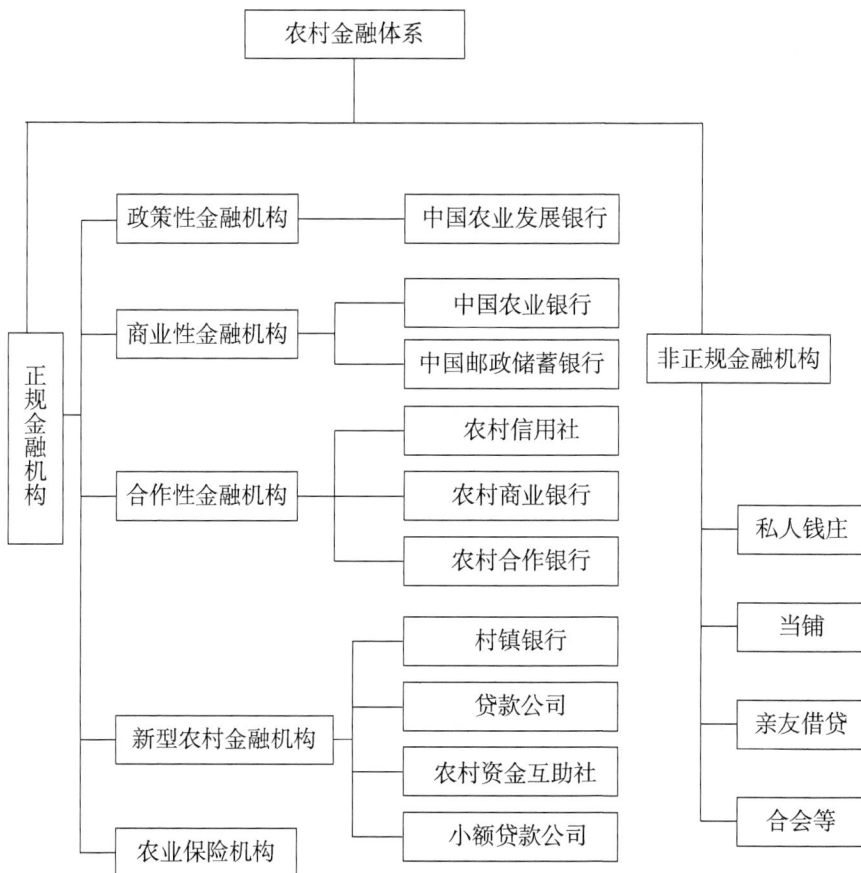

图2-1 中国农村金融体系示意

1. 农村正规金融

正规金融是指受金融监管部门监管的金融机构或者活动。我国农村正规金融体系中主要包括以下几个组成部分:中国农业银行。作为国有商业银行,中国农业银行是农村金融的重要力量,涉农贷款包括专项农业贷款、常规农业贷款、农村供销社贷款、农副产品收购贷款和农业、农村基础设施建设贷款等。主要服务对象为乡镇工业企业和农业企业等,很少对农户贷款。1997年之后,中国农业银行商业化改革步伐加快,贷款结构不断调整,贷款范围逐渐扩大,涉农贷款比重逐渐下降。中国农业发展银行。作为政策性银行，中国农业发展银行职能定位随着国家农业宏观调控任务，尤其是粮食市场调控的变化而不断调整。1998 年 3 月，国务院对中国农业发展银行的职能作了重大调整，将农业开发贷款，扶贫贷款以及粮棉油企业加工和附营业务贷款划归中国农业银行管理，中国农业发展银行专门从事粮棉收购资金的管理。到 2001 年 11 月末，中国农业发展银行贷款余额 7238.3 亿元，其中，粮油贷款 5844.2 亿元，棉花贷款 1229.48 亿元，两项合计约占贷款余额的 97.7%。近几年，随着市场经济的逐步发展及粮食流通体制改革的变化，中国农业发展银行的业务急剧萎缩，2002 年中国农业发展银行系统累计发放粮棉油贷款比上年同期减少 152 亿元，其中粮食贷款减少 62 亿元。由于职位定位不清，目前中国农业发展银行对农村经济发展的促进作用非常有限。农村信用合作社。在正规金融机构中，农村信用社是农村金融的主力军，其贷款主要投向农户，贷款对象包括农户、农村集体经济组织和农副产品加工企业。农村信用社从性质上讲应该属于合作金融组织，但实际上合作制原则流于形式，"内部人控制"问题十分严重，再加上体制和政策性因素，导致经营不善，亏损严重，巨额亏损严重削弱了信用社的资金投放能力。中国人民银行为弥补信用社贷款资金的不足，采取了输血型的再贷款政策，但资金规模远远不能满足需求。农村邮政储蓄。邮政储蓄具有单一的金融服务功能，长期以来只提供储蓄服务，没有贷款业务，一定程度上造成了农村资金的外流。虽然从 2007 年 3 月起，上海、贵州等 18 个"试点"省市同时推出了邮政储蓄小额质押贷款业务，但毕竟是"试点"，在开展地区、质押物等方面，银监会都给予了严格的限制，要真正做到服务于民还有一段路要走。农业保险。农业保险目前主要由国有商业性保险公司——中国人民保险公司来经营，其业务范围包括种植业保险和养殖业保险，共有 40 多个险种。在 20 世纪 90 年代初，中国农业保险的规模曾一度有过较大发展。后来因亏损严重，加之人保公司由政策性保险公司转为商业性保险公司，农业保险的规模逐年下降。

2. 农村非正规金融

非正规金融是与"官方"金融组织相对而言的，是指处于正规金融体制范围之外的组织或活动。非正规金融组织或活动包括所有处于金融监管部门监管之外发生的金融交易和借贷行为。除了已经被清理整顿的农村合作基金会外，非正规金融体系还包括个人借贷行为、个人和企业团体间的直接借贷行为、高利贷、各种会社、私人钱庄等。个人借贷是民间最常见的一种短期融资方式，一般以"欠条"为凭证，主要用于生活临时资金急需如结婚、建房等，现在从事工商业活动的农户和中小企业也常通过此方式获得资金。合会一般由发起人邀请亲友若干人参加，约定每月、每季或半年举行一次，每次各会员交一定数量的款，轮流交由一个会员使用，带有互助合作性质。钱庄是具有类似银行功能的专门从事资金交易活动的地下金融组织，其资金交易规模和交易范围要比合会大得多。根据国务院1998年7月颁布的《非法金融机构和非法金融业务活动取缔办法》，除了部分小额信贷、不计息的亲友借贷和企业团体间借贷之外，其他非正规金融机构或者活动均属于非法。

2.2　我国现行农村金融体系的缺陷分析

党中央提出建设社会主义新农村的重大命题，它从社会主义现代化建设的全局出发，进一步明确了解决"三农"问题是全党工作的重中之重，对于指导当前金融改革、发展和稳定工作具有极为重要的意义。

建设社会主义新农村需要金融机构全方位地支持"三农"，要求商业性金融、政策性金融、合作金融、民间金融乃至证券、保险体系设置合理、服务全面，但目前的农村金融组织仍然存在政策性、商业性和合作性功能混淆不清、利益冲突、机构单一的局面。农信社垄断农村金融市场，但无力满足农村发展的金融服务需求。在建设社会主义新农村的战略要求下，现行的农村金融组织体系需要积极地进行变革和创新，从而尽快形成功能视角下的新型农村金融组织体系，以此满足日益增长的农村金融需求。但是，从功能视角来看，我国农村金融组织体系还存在许多功能缺陷。

2.2.1　农村金融组织体系的缺陷

1. 农村金融组织体系的适应性较低

改革开放以来，我国农村金融改革与农村经济改革发展相比，明显滞后于农村经济发展的步伐，农村金融组织体系只是部分地适应了农村经济发展需要，在很多方面还存在着不适应性。

（1）农村金融组织体系的经济适应性存在功能缺陷

改革开放以来，我国农村经济结构经过不断调整和优化，早已摆脱了单一的第一产业状况，非农产业获得了长足发展。而且在第一产业内部，农业、畜牧业、渔业和林业的产业结构也在不断变动和重组。这样，农业结构调整和农村多元化经济的发展，促使农村经济货币化。改革开放以来，我国经济货币化水平有了极大提高，农村经济货币化的发展趋势更为明显。

农村经济货币化水平的提高，对农村金融服务需求产生直接影响。除了对金融结算工具和清算方式需求的改变，以及农村金融机构网点增加外，最主要的是对货币总量需求增加，包括现金货币和准货币。根据戈德·史密斯的金融结构理论，在物物交换的条件下，金融需求量与经济总量的比率是零，也就是说，这时实体经济的变动不需要货币金融的媒介。随着信用经济的诞生，就产生了实物与货币的交换关系，这时有多大的实物规模，就决定了需要有多大的与之相适应的货币金融需求量规模，即这时金融需求量与经济总趋的比率为1，这是此时的金融需求量的理论极限值。也就是说，即使在简单经济条件下，金融与经济之间是存在一定的比率关系的，即式（2-1）。

$$M = K \times G \qquad (2-1)$$

在式（2-1）中，M 表示金融需求量；K 表示经济金融需求量系数；G 表示经济总量，即 GDP。然而，当人类进入现代社会以后，经济运行不再以简单形式出现，现代金融可以使货币和信用发生自身的乘数作用，可以使经济的金融需求量出现倍数放大。在这种情况下，简单生产条件下的金融—经济比率关系模型就要被扩充为：

$$M = (K + K_1 + K_2 + \cdots + K_n) \times G \qquad (2-2)$$

在式（2-2）中，K，K_1，K_2，$\cdots$，K_n 表示经济货币化程度加深过程中的不同层次的金融需求量系数。依照上述思路，田力等人根据戈德·史密斯的金融结构理论，按式（2-2）对我国农村金融的理论需求量进行了测算，并在考虑财政部门的资金供给量、家庭部门私人资本的净流入量以及国外资本的净流入量后得出我国农村金融理论需求总量。

由于农村金融机构并没有把在农村地区吸收的存款用于农村，而是通过各种渠道大量流出了农村，这对原本就资金十分匮乏的农村地区无疑是"雪上加霜"，致使农村地区处于巨大的资金缺口状态。

运用修正的戈德·史密斯金融融量模型，杨兆廷等（2008）测算了2001—2006 年中国农村金融的理论融量，同时以流通中的现金、银行部门所提供的贷款和农业保险结算得出了中国农村实际金融融量，两相对比后发现：2006 年中国理论上的金融需求量为 37189 亿元，而实际的金融供给量为24187 亿元，存在 13002 亿元的资金缺口（见表 2-1）。

表 2-1 　　　　　　　　　　2001—2006 年中国农村金融供求状况

年份	理论金融融量（亿元）	实际金融融量（亿元）	供求缺口（亿元）	供求缺口率（%）
2001	21790	15265	6525	42.74
2002	24237	17620	6617	37.55
2003	27093	19540	7553	38.65
2004	32289	21682	10607	48.92
2005	35644	23655	11989	50.68
2006	37189	24187	13002	53.76

数据来源：杨兆廷，连漪．农村金融融量缺口及其内生性问题研究［J］．农村金融研究，2008（12）．

　　另外，我国农村金融组织体系与农业经济运行机制、运行结构也存在经济适应性方面的功能缺陷。对于农业经济运行机制，主要在于我国已从计划经济向市场经济转变，而农村金融组织体系却没有顺应这种运行机制的变化。计划经济的交易秩序是一种人为设计的秩序，而不是像市场经济的交易秩序那样是一种自然秩序或扩展秩序。美国学者哈耶克认为，这种扩展了的秩序并不起源于人类的设想和意愿，而是自发地来到世间；它来自人们对某些传统的实践，尤其是对道德实践的无意尊奉。与此不同的是，计划经济的交易秩序是基于人类理性之上，未经实践认真检验的一种人为设计。在计划经济体制下，要求单一计划金融制度结构与之相适应；但在市场经济条件下，必然要求建立现代金融制度与互相适应。就农村金融组织体系而言，它必须建立在市场经济运行机制基础上，具有货币资金商品化、金融实体法人化、金融调控间接化和金融行为法制化的特征。而我国目前的农村金融组织体系显然没有从功能上达到这些要求，主要表现就是农村金融的货币资金商品化程度低、金融实体非法人化、金融调控政治化、金融行为政策化，而最主要的原因在于，农村金融组织体系还是基于计划经济的运行机制。正如哈耶克所言，追求计划经济，其无意识后果必然是极权主义，是"通往奴役之路"，"人类知识的有限性和理性的有限性使少数人去计划千百万人的生活成为不可能"。

　　我国农村金融组织体系对于农业经济的运行结构也表现出经济适应性方面的功能缺陷。经济的运行结构是经济运行过程中各个不同领域和不同地区商品经济发展的有机组合。面对我国农村经济活动存在着不同的融资需求和不同区域商品经济的发育程度，农村金融组织体系并没有形成分层次的组织运行结构，也没有通过不同的管理方式来调节资金的运行，从而没有形成不同区域的农业金融资源合理配置和有效运用，而是金融资源大幅度向城市及国有企业集中。据中国人民银行对 5000 户企业的监测，虽然从 1998 年开始，大型企业的银行借款增幅下降，但其实际占有金融资源的比例仍然非常高。1999 年国有企业占有资金总量达 61049 亿元，相当于 GDP 的 73.38%，相当于税收的 592.21%，在金融资源的配置中具有突出的优先地位。同时，据中国人民银行货币政策分析小组的分析，2002 年年底全国省会（区府）和副省级城市的贷款余额占全国贷款余额近 40%，是当年新增贷款的 46%，信贷资源配置的城市化倾向严重。

从表 2-1 可以看出，我国农村金融理论需求量和实际量之间的差距有不断扩大的趋势。2001 年两者之间的差额是 6525 亿元，到 2006 年这个差额增加到 13002 亿元，增加了近 2 倍。这不仅显示了我国农村金融需求量水平与实际所供给量水平的差距在拉大，而且更暴露了我国农村金融组织体系在经济适应性方面存在功能缺陷。

（2）我国农村金融组织体系存在金融适应性的功能缺陷

按照金融适应性的要求，农村金融组织体系应既可以充分调动储蓄资源支持农村经济的有效增长，又能通过改变农业资金流向和流量，进而促进农村经济持续、健康、较快发展。农村金融组织无论是产权结构、管理体制、分配制度，还是组织结构都带有浓厚的计划经济色彩。尽管经过不断改革，但是从产权上看，我国农村金融组织的产权结构依然十分单一，公有制结构在整个农村金融组织体系中占绝对垄断地位。而且，无论是农业银行还是农村信用社，产权制度改革均未起步，民营资本进入金融领域仍然十分困难，金融垄断依然十分严重，推动农村金融组织提高营运效率的内在动力和外在动力不够，许多农村金融组织均处在成本和风险软约束运行之中。农村金融组织体系的金融适应性也就在所难免。

（3）我国农村金融组织体系的政治适应性存在功能缺陷

社会主义新农村建设离不开资金投入，而在资金投入上不可能完全依靠财政资金，金融资金应该成为支持新农村建设的主要资金来源。新农村建设在商品流通、工业企业建设、农村道路以及住房改造、农村水利、大型设备建设和购置等，都离不开农村金融组织体系所提供资金汇兑结算网络；广大农村也需要金融理财产品服务；等等。可以说，社会主义新农村建设对金融服务的需求是全方位的。

虽然历年的中央一号文件都对农村金融改革提出了要求，但是，农村金融组织体系至今还没有实质性进展。虽然目前农村有中国农业银行、中国农业发展银行、农村信用社、中国邮政储蓄银行以及其他商业性金融机构，但是，随着金融体制改革的深入，商业性金融机构越来越注重效益，而由于农业经济发展滞后，支持农村经济无利可图，还可能带来金融风险，金融业对农业支持严重不足，这已经成为农村经济发展，彻底解决"三农"问题的一大制约因素。例如，作为政策性支持农业生产的中国农业发展银行，尽管有中国人民银行给其提供贷款，但在实际运作中，却以追求利润为目标。中国人民银行为减少呆坏账也不愿贷款给中国农业发展银行，毕竟风险很大，而中国农业发展银行为自身利益又不愿把贷款发放给农民，转而用于其他商业贷款以获取利润。最终的结果则是，中国农业发展银行失去了本身存在的意义，或者说违背了中国农业发展银行的服务宗旨。诸如此类的农村金融组织体系的政治适应性缺陷，将影响社会主义新农村建设的进程。

（4）我国农村金融组织体系的文化适应性也存在功能缺陷

无论是农村金融的组织文化，还是农村金融的制度文化，都缺乏内在约束力的信用文化。完善的市场经济首先是一个信用高度发达的经济，也是金融文化高度发达的社会。金融不仅加速社会资金的周转运动，而且推动社会资源的优化配置，在现代市场经济中发挥着核心作用。实践证明，金融作用的充分发挥，一靠制度，二靠科技，三靠文化。但是，在我国农村金融组织体系的组织文化和制度文化层面上，国家对失信行为没有足够严厉的惩戒，一些地方政府甚至是集体逃避银行债行为的"导演"。农村金融组织之间的恶性竞争，也为失信客户大开方便之门，助长了客户失信，破坏了全社会的信用秩序。

2. 农村金融组织体系的效率性不高

金融组织体系要保持较高的效率性，金融机构必须具备有效的产权、充分竞争和严格的破产约束。从理论上讲，一个高效率的金融组织体系应该体现在它能通过有效的组织安排和业务规划，降低金融交易费用，保护债权债务关系和契约的实施，激励金融主体的"金融努力"程度和创新热情，从而最大程度地动员社会储蓄资金并转化到高效益投资领域和部门中去。然而，我国农村金融组织体系在以下三个方面都不具备，无法适应市场竞争而体现出低效率性。

（1）农村金融组织体系中存在金融垄断现象，导致农村金融中的储蓄—投资转化率低

四大国有独资商业银行处于垄断地位，股份制商业银行也基本上是由国

家控股或者变相由国家控股，城市信用社被强制合并为城市商业银行，实际上成为地方国有企业；农村合作基金会全部关闭后，农村信用社资金实力又有限，农户和中小企业没有相应的正规融资渠道。占全国工业增加值30%以上的个体和私营企业，只能得到信贷资金的1%。农村金融组织体系中的垄断现象导致的结果是农村非正规金融的发展，中国农业银行和农村信用社提供的贷款约占农村资金需求的25%，而70%左右的资金需求不能得到满足，或者只能通过所谓非法的民间金融渠道得以满足。通常社会资金转化为投资有三个途径：一是通过银行等金融中介以信贷资产形式发放给资金需求者；二是通过财政资金如国债的形式转为投资；三是通过资本市场如股票、债券等形式转为投资。

从财政融资方面来看，我国财政资金是十分有限的。财政占GDP（国内生产总值）的比重不到15%，而以美国为代表的发达市场经济国家，这个指标占30%~40%。另外，财政支出具有很强的刚性，且大部分支出为非生产性支出而不能满足农业生产资金的全部要求。在证券融资方面，由于资本市场的不规范，近年来其占比明显下降。2014年，上市公司在国内股票市场利用发行、增发和配发A股等形式累计筹集资金近7000亿元，较前几年有明显增加。即使是这样，由于资本市场的触角还基本没有延伸到农村，目前证券公司只是在极少数经济发达的县级市设有证券服务部，农民基本上没有条件参与证券投资。由于资本市场的门槛很高，农村中数量众多的中小企业难以进入资本市场融资而不能获得长期资本支持。这样，通过资本市场来为农村金融融资是行不通的，能将社会资金转化为农业投资的途径就只有通过银行等金融中介以信贷资产形式流向农村金融了。

由于上述两个融资渠道相对较弱，银行等金融中介信贷仍然是我国储蓄转化为农业投资的主要途径。目前在我国居民金融资产中，银行存款占比一直保持在75%以上，而且仍以较高的速度继续增长。但是，高速的储蓄增长并未相应地转化为农业投资的增长。

尽管我国农村金融组织体系能为广大农村地区提供储蓄、汇兑等基本金融服务，但其最基本的为农业生产配置资金的功能远远未发挥。据银监会统计，截至2014年，批准开业的全国农村金融机构共计3566家，其中农村合作金融机构（农村商业银行、农村合作银行、农村信用社）共计2350家，新型农村金融机构（村镇银行、贷款公司、农村资金互助社）共计1216家。由于农村金融机构改革的不断深入，农村合作银行与农村信用社的数量在不断减少，农村商业银行数量较2014年年初增加194家。涉农贷款（本外币）余额 23.6 万亿元，占各项贷款比重 28.1%，同比增长 13%，按可比口径较全年各项贷款增速高 0.7 个百分点，其中农户贷款余额 5.4 万亿元，同比增长达 19%，比各项贷款平均增速高 6.7 个百分点。按照可比口径，2007 年创立涉农贷款统计以来，涉农贷款累计增长 285.9%，7 年间年均增速为 21.7%。全国共为 1.6 亿农户建立了信用档案，并对其中 1 亿农户进行了信用评定。已建立信用档案的农户中获得信贷支持的 9012 多万户，贷款余额 2.2 万亿元。相较于世界上其他发展中国家的农村贷款增长情况来看，我国的贷款增长率增长较快。而相关的调查表明，农村金融机构提供存款和汇兑结算等金融服务，基本覆盖了 90% 以上的农村地区（见表 2－2）。截至 2013 年年底，中国邮政储蓄银行拥有营业网点 3.9 万多个，ATM 机（自助取款机）5.6 万多台，提供电话银行、网上银行、手机银行、电视银行等电子服务渠道，服务触角遍及广袤城乡；客户总数超过 4.3 亿人，本外币存款余额超过 5.2 万亿元，居全国银行业第五位；资产总规模突破 5.58 万亿元，居全国银行业第七位。中国邮政储蓄银行累计发放小额贷款达 8100 亿元，使近 800 万小额贷款者从中受益，其中涉农贷款累计达 6119 亿元。中国农村金融机构 90% 的覆盖面高于世界上其他国家平均 30% ~40% 的水平，比次高的印度（75%）高 10 多个百分点。但是，这些金融机构保留了吸储功能，却没有有效地转化为农业投资。

表 2－2　　　　　　　主要涉农金融机构相关情况

机构名称	2014 年		
	机构数（家）	营业网点数（个）	从业人员数（人）
农村信用社	1596	42201	423992
农村商业银行	665	32776	373635
农村合作银行	89	3269	32614
村镇银行	1153	3088	58935
贷款公司	14	14	148
农村资金互助社	49	49	521
合计	3566	81397	889845

资料来源：银监会网站。

目前只有农村信用社为农户办理贷款业务，其他商业银行却疏远"三农"。2014 年第一季度，农村信用社新增贷款中有 2256 亿元直接用于农业，占贷款新增额的 61%。在全国信贷增加总量中，新增的农业贷款是 2451 亿元，如果去掉农村信用社提供的贷款，则其他国有和股份制商业银行只提供了195亿元，相当于他们2014年新增贷款额的8.6%。同时，只吸储不放贷的邮政储蓄占据了大片农村金融市场，造成了农村金融中的储蓄—投资转化率严重不对称，本来急需资金支持的广大农村，不仅得不到现有国有商业银行的支持，而且使仅有的一些农村资金通过银行、信用社和邮政储蓄等管道流向城市。据测算，1999年以来，每年从农村流向城市的资金均在2000亿元以上（见表2-3）。尽管央行已推出了邮政储蓄改革的初步方案，对新增的邮储存款转存中国人民银行的准备金存款利率下调，但并没有引导农村资金回流。

表 2 - 3　　　　　　　　1978—2011 年农村资金外流情况

年份	农村资金流出额（亿元）	年份	农村资金流出额（亿元）
1978	121	1996	328
1979	168	1997	4181
1980	191	1998	4930
1981	223	1999	5395
1982	269	2000	6273
1983	324	2001	7317
1984	271	2002	8339
1985	325	2003	9798
1986	394	2004	11820
1987	455	2005	13786
1988	488	2006	15417
1989	591	2007	17897
1990	779	2008	19319
1991	989	2009	20901
1992	1150	2010	23266
1993	1369	2011	28104
1994	1852	合计	212355
1995	2367	平均值	6246

数据来源：由历年《中国金融年鉴》相关数据计算而得。

总之，尽管从 2004 年起，银行对农业的贷款有所增加，但农业从正规金融的渠道得到信贷资金依然较难。云南省社会科学研究院研究表明，"三农"资金缺口每年在 1 万亿元左右。以吉林省为例，该省农村存款余额 429.3 亿元，贷款余额 264.1 亿元，有 165.2 亿元没有用于"三农"，占存款总额的 28.5%。其他省（市、区）同样存在农村资金外流现象，被誉为"农村金融主体"的国有金融机构难辞其咎。中国邮政储蓄银行从农村抽走了至少 8667 亿元资金。同时，原来以支持农业为特征的国有商业银行也大量减少了对农业的信贷力度。中国农业银行在 1995 年时的 6.71 万个机构，到 2015 年年底仅存 2.41 万个，被撤并的主要是乡镇营业所和分理处。中国农业发展银行由于改革方向不明，变成了粮棉油银行，业务萎缩明显。唯一的支农主力军是农村信用合作社，则"一农支三农"，显得力不从心。金融机构对农村资金支持的变化情况如表 2－4 所示。

表 2－4　　　　1996—2009 年中国金融机构农村存贷款差额变动

年份	农村存款（亿元）	农村贷款（亿元）	存贷比（％）	存贷差额（亿元）	存贷差额占存款比重（％）
1996	9035	7119	78.80	1916	21.20
1997	10665	8350	78.30	2315	21.70
1998	12189	10024	82.24	2165	17.76
1999	13344	10954	82.09	2390	17.91
2000	14998	10950	73.01	4049	26.99
2001	16905	12125	71.72	4780	28.28
2002	19170	13697	71.45	5473	28.55
2003	23076	16073	69.65	7003	30.35
2004	26293	17912	68.13	8380	31.87
2005	30810	19432	63.07	11379	36.93
2006	36219	19430	53.65	16789	46.35
2007	42289	22542	53.31	19747	46.69
2008	51953	25079	48.27	26874	51.73
2009	63846	30652	48.01	33194	51.99

注：计算中因四舍五入，会产生微小误差，特此说明。

资料来源：根据《中国金融年鉴》和《中国统计年鉴》1997—2010 年相关数据计算而得。

（2）农业金融资源的配置效率低下

截至 2014 年年底，包括中国农业银行在内的四大国有商业银行总资产接近 50 万亿元人民币，占全部银行业资产总额的 60% 左右，吸收各类存款占全部银行业存款额的 57%，发放各类贷款占全部银行业贷款额的 55%，并承担着全社会 80% 左右的支付结算量。而包括中国农业银行在内的我国国有商业银行资源配置的效率十分低下。表现在：国有商业银行的资产利润率和资本回报率都远远低于世界平均水平；而且，包括中国农业银行在内的国有商业银行信贷流向很不合理，主要投向对经济贡献率不高的国有经济部分，而农业经济是占用国有资产比较少的部门。据统计，目前我国国有经济部门和非国有经济部门对 GDP 增长的贡献率基本在 3∶7 的水平上下浮动，但国有商业银行在这两个部门的信贷投入基本上是倒挂的。以 2003 年为例，四大国有商业银行对国有经济部门的贷款占全部贷款的 75% 左右，而对乡镇企业、三资企业、私营及个体的贷款占比分别为 4%、10% 和 3%，致使贷款投入与产值贡献率极不协调，有限的资金不能流向高效部门，资源配置严重失效。

而农业银行在金融资源的配置效率方面更加令人失望。一方面，中国农业银行有中国金融业中最多的服务网点，目前合计的物理网点约有 2.5 万个，拥有 1.8 亿个客户和 51 万在岗员工。如中国农业银行官方网站公布的数据营业利润从 2005 年的 340 亿元到 2015 年预计的 454 亿元，2015 年，中国农业银行不良贷款率为 2.39%，比 2012 年的 1.3% 增加超过一个百分点。另一方面，中国农业银行拥有巨额的不良贷款与严重不足的资本充足率这两个沉重包袱。2001 年中国农业银行的贷款余额为 16461.7 亿元，不良贷款余额为 6936 亿元，不良率为 42.13%；从 2002 年开始，中国农业银行每年都有 3000 亿元左右的贷款增长，都有上百亿元乃至几百亿元的经营利润消化历史包袱，但是在不良率逐步下降的同时，不良贷款余额变化不大。2015 年年底的不良贷款余额 2129 亿元，尽管不良率有所下降，但下降的趋势并不十分明显。

成立于 1994 年的中国农业发展银行是一家农业政策性银行，是农村金融体制改革中为实现农村政策性金融与商业性金融相分离的重大措施。中国农业发展银行的业务也不直接涉及农业农户，它的主要任务是承担国家规定的政策性金融业务并代理财政性支农资金的拨付。作为政策性银行，其业务重点是保证粮油棉购销企业按保护价和非保护价收购粮油棉的资金需求。但是，中国农业发展银行在我国农村金融组织体系中承担的金融业务单一，本应办理的扶贫、农业基础设施建设、农业综合开发等业务没有划归中国农业发展银行。由于业务范围狭窄，中国农业发展银行未发挥其政策性银行引导、示范、激励商业银行投资农业和农村以及扶持农村信用社规范发展，增加农业基础设施投资方面的功能，已不能满足对农业扶持方式的转变和农业产业化经营的需要，以至于在其运作 10 多年后，这家拥有 6 万多员工的唯一一家农业政策性银行面临着被取消的境地（中国农业发展银行相关数据见表 2-5）。而作为中国农村金融组织体系中分支机构最多的农村正规金融机构——中国农村信用合作社，是农村正规金融组织中唯一一个与农业农户具有直接业务往来的金融机构，是我国农村金融组织体系中向农业提供金融服务的中坚力量。直到 20 世纪 80 年代末 90 年代初，农村信用合作社都是中国农业银行的农村基层组织，大部分存款必须转存到中国农业银行，从而农村信用合作社事实上成为将居民储蓄引导到农业的一个主要渠道。1996 年国务院《关于农村金融体制改革的决定》规定：农村信用合作社超过 50% 的贷款必须投向其成员，超过 3000 元以上的贷款必须有抵押品保证，后来还被允许向农户直接发放消费型贷款，如生源地助学贷款等。

表 2-5　　　　　　　　我国农村金融赢利水平变化

年份	中国农业银行			中国农业发展银行		
	净利润（亿元）	总资产（亿元）	资产净利率（%）	净利润（亿元）	总资产（亿元）	资产净利率（%）
1997	5.27	15739.47	0.03	-25.31	9233.00	-0.274
1998	-9.13	8211.69	-0.111	1.39	8211.69	0.017
1999	-3.55	7938.91	-0.145	0.49	7938.91	0.006
2000	2.97	21848.85	0.014	12.55	7708.23	0.163
2001	11.52	25279.00	0.046	1.84	7698.53	0.024
2002	28.97	29765.66	0.097	0.34	7644.72	0.005
2003	19.22	34940.16	0.055	2.10	7343.31	0.029
2004	20.03	40137.69	0.0499	7.292	7496.41	0.0973

资料来源：根据 1998—2005 年《中国金融年鉴》有关数据整理得出。

从目前情况来看，农村信用社拥有的金融资产在我国各类金融机构拥有的资产中大约占 10% 的比例，而且经营范围并没有受到限制，可以涉及包括生产、消费以及商业的各个环节，可以向农户、私营企业以及乡镇企业提供贷款，而且中国人民银行还允许农村信用合作社的贷款利率拥有较其他商业银行（包括中国农业银行）更灵活的浮动范围。但是，中国的农村信用合作社只是名义上的金融"合作"组织，在实际经营中，农村信用合作社的官办性质依然存在，从而使其经营经常受到官方的行政干预，没有突出创办时所欲体现的"合作"性质，从而不仅难以履行农村信用社为农业生产融资的宗旨，而且最终的呆账、坏账往往是在行政干预下形成的，致使农村信用合作社的资产质量很低。据中国人民银行估计，农村信用合作社积累的历史坏账达数千亿元之巨，不良资产率也远高于四大国有商业银行和其他股份制商业银行，多数在 50% 以上，在某些省份甚至高达 90% 以上。

面对市场化的利润导向，农村信用社实际上也无足够激励手段向农村经济活动提供贷款。因此，农村信用社也在从农村撤并机构，其发放的贷款也没有真正用于支持农业经济。许多针对地方农村信用合作社的案例研究也表明，无论在经济发达地区和高度城市化地区，还是在广大中西部地区以及部分东部农业大省，农村信用社都表现出"非农化"特征或"城市化"特征，直接表现为农村信用社网点设置的城镇化趋势、资金流向的城市化和从业人员的城镇居民化。随着四大国有商业银行分支机构纷纷撤出县域，农村信用社也试点统一法人、县乡两级法人并试点改组为农村商业银行和农村合作银行，这必定会加大农村信用社提供农业贷款的交易成本。

另外，由于农村信用社在农村金融市场上处于事实上的垄断地位，缺乏来自外部的良性竞争，其改善内部管理、加强金融风险控制的动力不足，这无疑使其经营效率低下。尽管农村信用社资产总量从 1997 年的 12364.7 万元增加到 2004 年的 31013.4 万元（见表 2-6），目前全国农村信用社（包括农村商业银行）近 4 万个，人均资产只有 400 多万元，不到我国商业银行的一半，但人均年度费用却较高。

（3）农村金融利率的非市场化也使得居民储蓄转化为农业投资缺乏竞争性，从而从制度层面上降低了农村金融组织体系的效率性

市场利率是资金使用的价格，它既是资金供求竞争的结果，又反过来促进资金供求的竞争，进而促进居民储蓄向农业投资转化。在经济学中，无论是

表 2 - 6 我国部分金融机构拥有资产之比重

年份	项目	金融机构合计	国有商业银行	其他商业银行	特定存款机构	农村信用社
1997	总额（亿元）	120616.2	79144.1	9486.0	12567.2	12364.7
	比重（%）	100	65.62	7.87	10.42	10.25
1998	总额（亿元）	137421	88609.3	11281.8	6004.0	13638.6
	比重（%）	100	64.4	8.21	11.6	9.93
1999	总额（亿元）	150534.7	95706.3	13768.9	17743.4	14521.0
	比重（%）	100	63.58	9.1	11.79	9.65
2000	总额（亿元）	166200.5	102525.6	18242.6	19699.7	16163.1
	比重（%）	100	61.69	10.98	11.8	9.73
2001	总额（亿元）	185617.7	111882.2	22557.0	21269.8	18691.5
	比重（%）	100	60.2	12.15	11.46	10.07
2002	总额（亿元）	208240.0	135496.02	29977.16	15441.4	22052.11
	比重（%）	100	65.0	14.39	7.42	10.59
2003	总额（亿元）	246458.9	156400.05	38905.45	17964.1	26746.2
	比重（%）	100	63.46	15.79	7.29	10.85
2004	总额（亿元）	278388.6	172919.86	47624.51	19654.9	31013.4
	比重（%）	100	62.11	17.11	7.06	11.14

资料来源：根据《中国金融年鉴》1998—2005 年数据综合整理得出。

宏观经济学还是微观经济学部分，基本模型中利率几乎都是最主要的、不可缺少的变量之一。其原因在于，对于各个可以独立决策的经济人——企业、个人以及其他人来说，利益最大化是基本的准则，而利率的高低直接关系到他们的利益。总之，在市场经济的利益约束机制下，利率也就有了广泛而突出的作用。

但是，我国商业银行的市场主体地位还没有得到社会公众有效承认，利率并没有使农村金融组织体系的微观行为主体形成自我约束机制。因此，只有按照中国人民银行规定，农村信用社的 1 年期贷款利率的浮动上限不能超过中国人民银行规定利率的230%。大量的研究表明，我国并未建立一套明显的存款保险制度，如果商业银行发生金融风险而被处置时，都是由中国人民银行再贷款，政府拨出部分财政资金，对破产银行的存款进行偿付，这说明我国实际上存在政府对银行业的隐形担保。国家成为银行经营风险的最终承担者，商业银行特别是国有银行，对政府的保护有很强的预期。实际上整个农村金融组织体系中的正规金融部门都存在这种强烈的预期。

我国农村金融组织体系中的正规金融机构都是国有的，或者主要是国有占主导的股份制，农村信用社虽然说是合作制，但是国家实际都承担了隐性担保。而农村信用社目前的改革会出现多元化和民营化的发展。在新一轮农村信用社改革中，在国家帮助解决历史包袱后，主要是依靠民间注资，基本是民营性质。到 2006 年年底，随着加入 WTO 承诺的落实，中国金融市场将对外普遍开放，所有制将更加多元化。在此背景下，再由国家对农村信用社和其他商业性农村金融机构承担隐性担保已经是非常不合时宜了。

在这种国家隐性担保保护下的利率非市场化条件下，尽管农村经济货币化程度日益提高，但是，包括农业资金在内的金融资源供给的政策性因素依然存在。虽然信用社贷款利率可以浮动，但毕竟都是一种政策严格限定而不是市场竞争条件下的"浮动"，尚未形成真正的市场利率，更何况存款利率仍然是"计划利率"，这样居民储蓄转化为农业投资的价格不是通过竞争形成的，这自然限制了其转化的效率。

3. 农村金融组织体系的稳定性不够

根据凯恩斯的宏观经济学理论，在现实经济条件下，充分遵循市场经济原则的金融市场体系就其本质而言具有内在的稳定性，金融组织具有脆弱性。在这种情况下，金融组织体系要保护金融交易和活动有效进行的框架基础就需要具备稳定性功能，保证不因个别金融机构的破产倒闭而造成金融恐慌，进而影响经济和社会稳定。

基于上述理由，努力维持一个稳定的农村金融组织体系，在此基础上提高其运行效率是个世界性的课题。由于金融机构会随着时间和空间的位移和基础技术的更新换代表现出不同的组织形式和运行方式。因此，从金融组织形式以及与此相关的金融制度的"机构视角"来研究农村金融组织体系的稳定性不具有指导意义。相反，金融功能具有相对的稳定性。因此，根据农村金融组织体系的金融功能发挥程度，对我国农村金融组织体系的稳定性缺陷分析更加具有前瞻性。根据 Merton 和 Bodie 等提出的功能金融理论，稳定性功能实现的标准是金融体系能否通过创造出丰富多样的金融工具，保证金融组织体系的均衡、协调和有序运行，而我国农村金融组织体系没有实现这样的功能而表现出稳定性缺陷。

（1）我国农村金融组织体系中对有组织的民间金融力量还有很大欠缺，基本上只有单一的正规金融机构

温铁军通过对15省24个地区的个案调查发现，民间借贷的发生率高达95%，高利息的民间借贷发生率达到了85%。何广文通过对浙江、江苏、河北、河南、陕西5省21县365户的问卷调查发现，农户60.96%的借款行为是与民间放贷主体之间发生的，而从农村信用社、中国农业银行借款分别仅占30.63%、3.6%，从其他银行借款占1.8%、合作基金会占0.6%、其他非银行金融机构占2.4%。面对如此旺盛的农村民间金融需求，我国农村金融组织体系却没有相应的正式金融部门安排，多次对有组织的民间金融部门进行取缔，完全禁止民间金融活动，直到2004年中央一号文件《关于促进农民增加收入若干政策的意见》才指出：鼓励有条件的地方，在严格监管、有效防范金融风险的前提下，通过吸引社会资本和外资，积极兴办直接为"三农"服务的多种所有制的金融组织，农村民间金融的政策环境才有所缓和。

民间金融是解决金融脆弱性从而提高金融组织体系的有效措施之一。农村金融市场最大的特点就在于需求点分散，供需双方信息严重不对称，难以掌握精确的借贷者信息，使农村金融市场供求平衡的目标会因为信息收集成本太高而遭遇挫折。发展初期的农户和乡村企业主要依赖民间金融，有学者认为，有50%~65%的农户获得了非正规贷款，农户借款中民间借款所占的比例超过70%，农村民间金融所形成的有相当一部分是股权资本投入，客观上大大降低了项目投资的代理成本，经营者在对项目的选择上会变得更为谨慎，内部人控制和道德风险都可能大大降低。由此可以看出，农村民间金融的发展对农村金融组织体系的稳定性的提高是有效的。但是我国农村扶贫社和农民互助储金会是在中国民政部门登记并接受其管理的农村非正规金融机构。目前，农村扶贫社和农民互助储金会发展中遇到的问题主要是规模小、资金实力有限、抵御风险的能力差。同时，某些业务的开展还面临如何与中国现行金融法规协调的问题。

以在我国农村金融组织体系中曾经占有重要地位的农村合作基金会为例，它是20世纪80年代中期兴起的民间金融组织，其经营资本主要依赖于农户的资金注入，其经营活动归农业部管辖。到1996年农村合作基金会的存款规模为农村信用社的1/9，极大地满足了农村经济的金融需求。一项调查表明，全国农村合作基金会45%的贷款提供给了农户，24%的贷款提供给了乡镇企业。这不仅大大超过了中国农业银行的相应贷款比例，而且超过了农村信用社的贷款中投入农村经济的比例。由于农村合作基金会不受货币当局的利率

管制，因此其贷款利率较农村信用社更为灵活，贷款的平均收益也更高。但是，考虑到来自农村合作基金会的竞争对农村信用社经营所造成的冲击，中央政府决定清理整顿、关闭、合并农村合作基金会，并于1999年对整个农村合作基金会进行了清算。

（2）农村金融组织功能单一化，缺少真正实现契约性功能的农村金融组织

一方面，实现农业保险的金融组织没有有效发挥功能。作为农业大国，中国每年约有0.3亿公顷农作物受灾，占全国农作物播种面积的1/4，成灾面积占受灾面积的比重在40%以上。但对于我国目前的农业灾害损失，主要依靠由民政部门实施的政府农业灾害救济以及由中国人民保险公司以商业方式推进的农业保险。从实际情况看，这种补偿性质的灾害救济，一是受到国家财力限制补偿不足；二是不能适应经济发展和结构调整对农业保险的要求；三是不利于培育农户参与保险的积极性，在很大程度上限制了农业保险事业的发展。虽然中国人民保险公司于1982年就开始承办农业保险业务，市场上销售的农业保险产品达160多个，险种已发展到涵盖种植和养殖养两个产业、家庭财产、人身意外及合作医疗等涉及农民生活各方面的保险服务，农业保险市场已初步形成了由财产保险公司、专业性保险公司，以及外资公司等多种市场主体共同经营的局面。但是，农业保险事业发育一直不成功，波动很大。全国农业保险费收入占财产险保费收入总额的比重却由1992年的3.6%下降到2002年的0.6%。由于缺乏相应政府补贴等政策支持，加之农业保险的高赔付率，商业保险机构提供的农业保险业务极度萎缩。2002年，中国农业保险收入仅占农业增加值比重的0.043%，平均每个农民缴纳的农业保险费为2.6元，获得的农业保险赔款仅1.8元，远远不能满足农村经济发展和农业结构调整的需要。尽管到2005年第1~3季度，农业险保费收入6.07亿元，同比增长66.07%，也只占财产保险业务收入的0.63%，而农业保险赔款1.97亿元，同比却增长64%。因此，在我国金融组织体系中，农业保险作为一种市场化的风险转移和应对机制，没有在分散农业风险、补偿农业损失、提高农业综合生产能力和促进农民增收方面发挥应有的功能。另一方面，农产品期货市场的功能没有完全发挥。由于农产品现货市场容易产生价格混乱以及信息传导的不畅，会带来高昂的交易成本，滋生臃肿的流通中间环节，而最终使消费者和生产者的利益受到损害。而且由于价格信号不能有效发出，不能对农业生产和流通形成指导，市场经济体系中价格的核心作用不能有效发挥，整个农业经济体系效率受到严重损失。

由于期货市场具有以下特征：集中交易、公平竞价、信息公开、有序竞争，反映出真实的市场供给和需求之间的力量对比，因而期货市场是现实中最接近完全竞争的市场，从而可以产生出均衡价格。有的学者甚至认为，产生均衡价格是期货市场最重要的作用，期货市场因为产生均衡价格而处于市场经济价格体系的核心。在比较稳定的金融组织体系中，期货市场作为金融服务市场，具有价格发现和风险转移的功能，有着特殊的履约机制。在农村金融组织体系中，期货市场中不同品种和质量的价格差异可以引导农户调整种植结构，农户也可以根据期货市场的价格安排生产，规避农产品价格波动的风险。因此，农产品期货是世界上最早上市的期货品种，期货市场最先产生于农产品市场，并且在期货市场产生之后的120多年中，农产品期货一度独领风骚，成为期货市场的主流。虽然最近30多年来，随着国际金融期货市场的兴起，农产品期货交易额所占的绝对比例大大下降，但它仍然占据着国际期货市场上相当的份额。目前国际上仍然在交易的农产品期货有21大类、192个品种，在世界农产品的生产、流通、消费中，发挥了无可替代的重要作用，成为农村金融产业链的核心。

我国自1998年对期货交易所精简合并后，保留和成立了大连、郑州、上海三家从事期货的商品交易所，而大连商品交易所的大豆交易也逐步占据了国内农产品期货交易的主角地位。现已开办豆类、玉米、小麦和棉花等大宗农产品期货，并正准备择机开办大米、豆油、饲料等其他农产品期货品种。但是，目前我国农产品期货上市品种缺乏科学性和规范性，根据期货市场品种选择理论，上市品种应该具备一些最基本的条件：农产品能够储藏，便于运输，可以进行实物交割；农产品具有同一品质，可使合约标准化；市场价格经常波动，存在明显的价格风险；要有发达的现货市场作基础；要有足够的市场投资者。

我国农产品期货市场上市品种很多不具备上述条件，一些上市品种现货流通量很小，实物交割困难，农产品期货市场和现货市场难以有效衔接；期货交易的规模也比较小，严重阻碍了期货市场的进一步发展。在已经上市交易的品种中，具有真正农产品期货意义的大品种过少。由于白糖等农产品期货暂停交易，致使目前上市交易的品种多为小品种，如绿豆、红小豆等。农产品期货市场还未为订单农业提供风险分散的场所，没有为推进农业产业化经营，为农业生产走向规模化创造条件。

除农业保险和农产品期货的功能欠缺外，中国农村金融信托投资业还很不发达，极大地妨碍了我国农村金融组织体系的稳定性功能实现。农村金融信托业的主要问题在于：一是机构少，体制不健全；二是业务覆盖的地域范围小，交易量小，农村企业和农户信托投资需求没有得到满足。在农村金融组织体系中，由于金融分业经营和分业管理制度实施以及事实上存在的"农村金融歧视"，广大农民根本享受不到现代金融的便利。

（3）农村金融发展水平的单一也体现了农村金融组织体系的稳定性缺陷

我国农村金融相关比率（FIR）被定义为农村金融资产总量与农村 GNP（农村国内生产总值）之比，可以用来衡量我国农村金融发展水平的主要单一特征，我国农村金融相关比率如表 2-7 所示。

表 2-7　　　　　　　　　我国农村金融的 FIR

年份	农村 GNP（亿元）	农村金融总量（亿元）	FIR
1993	6882.1	8112.93	1.1789
1994	9457.2	10218.67	1.0805
1995	11993.0	12746.90	1.0629
1996	13944.2	15907.11	1.1490
1997	14211.2	19451.41	1.3687
1998	14522.4	22839.97	1.5695
1999	14211.9	25192.16	1.8233
2000	14284.5	27231.50	1.9064
2001	15036.5	30386.32	2.0209
2002	16080.1	34968.79	2.1747
2003	17142.9	41418.65	2.1461
2004	21023.8	46612.04	2.2171
2005	22420.0	49911.73	2.2262
2006	24040.0	57950.57	2.4105
2007	28627.0	67733.51	2.3660
2008	33702.0	83124.62	2.4664
2009	35226.0	102153.4	2.8999

资料来源：根据《中国金融年鉴》《中国统计年鉴》1994—2010 年数据综合整理得出。

从表 2-7 中可以看出，1993 年我国农村金融的 FIR 仅为 1.1789，这个数值并不理想，此后 FIR 数值稳步提高，到 2009 年时已达到 2.899。这只说明我国农村金融发展速度是稳步增长的，仍然没有达到与农村经济发展相适应的程度。

4. 农村金融组织体系存在政策性偏差

多年来对这种偏差一直没有得到很好地解决，主要表现在以下两个方面。

（1）我国农村金融组织体系没有形成激励相容的机制，也缺少农村金融组织体系激励相容的制度环境

在今天，对于许多经济学家而言，经济学在很大程度上已经成为研究激励问题的学科：努力工作的激励、提高产品质量的激励、投资和储蓄的激励，等等。如何设计制度给经济主体提供正当的激励，已成为当代经济学的一个核心问题。新制度经济学在将市场泛化的基础上，认为制度的产生既源于交易成本又是为了降低交易成本。一种制度有没有效率，取决于施行这种制度的交易成本，而交易成本的高低，则取决于这种制度是否"激励相容"，即这种制度所要实现的目标是否与制度内个体追求利益最大化的行为相一致。而长期以来，包括中国在内的一些新兴国家和地区的金融监管中存在的一个缺陷，就是缺乏正向激励、缺乏与激励相容的监管理念和机制，甚至还可能出现抽肥补瘦、鞭打快牛的负面激励。

而在农村金融组织体系中恰恰缺乏有效的与激励相容的金融运行机制。主要表现在：缺乏激励手段，没有有保障的"剩余索取权"等方式的激励手段。在中国农业银行、中国农业发展银行、农村信用合作社等农村金融组织中，由于没有"剩余索取权"，拥有控制权的内部人往往采取滥用资产，利用职务享受个人消费等道德风险行为，在职消费已经超过了该农村金融组织的资产状况和盈利水平相匹配程度。在制度经济学家眼里，市场经济不是天然产生并持续存在的制度，也不是先天稳定、和谐的制度，恰恰相反，它是一个在历史进程中高度容易支离破碎的构成物。市场经济的决定性的对抗力量是权力，也就是经济和政治权力，权力会制造社会的不公平和经济的不公平。因此需要在政治上设计一种制度来保护市场经济，使之免受权力的影响。

但是，农村金融组织的内部人往往面临双重激励：货币和行政级别激励。前者是任何一个最激进的新古典经济学家愿意看到的"个人效用最大化"情形，而后者是与市场经济条件下的激励不相容的。农村金融组织的内部人在行政级别激励与货币激励面前往往无所适从，两者都想得到，最终导致的是经营中的相机抉择问题，极易导致金融腐败和违法犯罪。以中国农业大学一项调查为例，2002年东北某县一个拥有12名员工的中国农业发展银行支行，粮食总贷款额不足50万元，而当年费用却高达110多万元。某些县支行近两

三年甚至没放过一笔贷款。另有资料显示，全国 1000 多家中国农业发展银行县级支行，均斥巨资建办公楼。如辽宁某市中国农业发展银行分行办公楼，耗资近 1.2 亿元。另据审计署的报告称，1996—1999 年，中国农业发展银行总行以租赁的名义，委托一公司购买电子设备和汽车等固定资产，总金额 9.2 亿元，其中 8.1 亿元曾被挪用投入股市，所获收益去向不明，涉嫌重大经济犯罪。以至于有人认为：对于当前的中国农业发展银行来说，生存还是毁灭，确实成了问题。

亚隆·雅各布认为，评价一个农村金融机构的运行绩效，不仅要看其是否促进了农村经济的发展，而且要看其是否促进了"公平"目标的实现。作为农村金融组织的目标应当是：为农户提供优质的金融服务，缩小农户之间的收入差距。由于真正的外部监督主体缺位，而我国农村金融组织遵循的是，谁对其的控制力大就贷给谁，谁有向农村金融组织"内部人"寻租的能力谁就能得到贷款。

（2）农村金融组织体系的财政杠杆与金融杠杆未能形成功能耦合

财政政策与金融政策作为政府干预农村金融的两大基本杠杆，其作用范围与功能空间存在着明显的差异性与互补性。但主要是通过政策导向与市场导向来运作，相应地，分别使用了财政杠杆与金融杠杆。如果农村金融只使用财政杠杆，忽视利用金融杠杆，则农村金融机构只会按照行政指令发放贷款，不会主动关心利率和风险，成为典型的政策性贷款。而如果农村金融只使用金融杠杆，注重营利性，忽视利用财政杠杆，银行完全按照市场条件发放贷款，则成为典型的商业性贷款，即与金融杠杆完全重合。但是，农村金融是增加农业生产投入的重要手段，应同时使用财政杠杆与金融杠杆，才能实现其基本功能。

但是在我国，财政杠杆与金融杠杆在农村金融组织体系并没有形成功能耦合机制，财政部门没有通过有效的财政杠杆，及时应用于金融部门，使其输入足量的激励机制，然后通过农村金融市场的杠杆效应，不断向财政部门输出贷款额度、利润、供求关系等信息，使农村金融组织体系的政策安排之间互相冲突和抵制的部分，形成相互依赖、相互推进的负反馈环，从而完全抑制了农村金融组织体系的基本功能的发挥。

2.2.2　农村金融市场体系的缺陷

1. 资金供求的市场价格机制不完善

由于国家对农村金融市场实行十分严格的金融管制，利率机制还未完全市场化,致使民间借贷市场十分活跃,资金市场也存在两个价格,从而扭曲了资金供求的基本信号,严重影响了稀缺资源的优化配置。同时这也是导致农村资金被抽往到城市和民间金融禁而不绝的一个重要原因。

2. 资金供给短缺

首先,农村金融的供给方仅仅有农村信用社、中国农业银行、中国农业发展银行,能够提供资金的金融机构太少。其次,中国农业发展银行根本不与个体农户直接发生信贷业务关系,中国农业银行设置在乡镇及其乡镇以下的分支机构也被大量撤并。所以对于许多落后地区的农村居民和企业而言,可以享受到的金融服务仅仅来自农村信用社的供给,形成寡头垄断的局面。而且除了金融供给主体区域布局失衡现象严重以外,自身资金实力也有限等客观因素限制,造成农村金融商品供给严重不足,供给难以长期满足农民和农村经济的需要。

3. 金融产品供给不足

由于随着经济的发展,农户和农村企业的经济活动内容和规模也有所扩张,其对金融的需求也表现出多层次性的特征。但以农村信用社为主力军的金融机构所能提供的金融产品仍然停留在存款、贷款等传统业务上,金融产品和金融衍生工具创新少,加之资金规模又有限、结算手段落后,更加难以适应不断发展的农村经济和农民的需求。

4. 拆借市场发育不健全

拆借市场发育不健全主要表现在以下几方面:同业拆借市场的范围比较小;农村信用社的上网拆借资格也有限;跨区域性的网下拆借十分困难。所以导致民间自由借贷市场依然很活跃,并在相当大的程度上影响到正规金融体系对资金的筹集和运用。

2.2.3 金融监管体系存在缺陷

1. 分业监管严格

目前,我国实行的是按金融机构的不同类别进行纵向个别立法、个别监管的立法体系和监管架构,这与国际范围内金融业发展的趋势——混业经营发展的模式和要求是不相适应的。

2. 监管目标狭窄

我国中央银行对金融业的监管,仅仅是从金融风险控制和贯彻执行国家的货币政策出发,而不是从促进金融业的发展和满足人们的金融需求出发,是一种消极的监管,不利于整个国家金融业的稳定发展。

3. 监管手段简单

目前，我国的中央银行并没有针对不同金融机构和组织特点制定相对应的监管方式。而且在监管过程中，过分重视中央政府的政治任务和目标，缺乏监管本身应具有的积极性与主动性。此外，基层央行仅仅依靠检查、通报、罚款、撤销等简单手段进行监管，难以针对当前金融风险的复杂多变性，从根本上化解金融风险。

4. 监管机构之间、监管机构与中央银行之间信息不对称

目前，银行、证券、保险三大监管机构之间的协调机制尚不健全，中央银行与监管机构信息难以共享，使得监管的政策措施相互重叠或相互抵触的现象时有发生。中央银行与金融监管部门由于信息不对称，一方面由于中央银行救助过度，导致金融机构和金融机构负责人的"能力风险"和"道德风险"，为金融机构提供了监管套利的可能；另一方面可能由于救助不足影响整个金融稳定。

2.3　我国农村金融体系缺失的原因分析

我国农村金融体系发展过程中存在着诸多违背农村金融发展规律的现象，农村金融体系所存在的问题与我们的改革思路出现偏差、计划金融向市场金融转变缓慢以及农村经济发展滞后等有着重要的联系。

2.3.1　改革的主体错位

回顾我国农村金融体系的变迁历程，可以发现我国农村金融体系改革，均是政府行政力量推动下的强制性制度变迁的产物，农民作为农村金融的需求主体在整个改革过程中却被忽视和遗忘。如农信社的改革进程，在20世纪50年代，农信社随着合作化运动的蓬勃发展而兴起；60年代，农信社两次下放，交由人民公社和贫下中农管理；80年代，农信社划归中国农业银行管理，成为中国农业银行的基层机构；90年代，行社脱钩，农信社由中国人民银行和地方政府管理。农村金融的控制权、收益权不在农民手中，农村金融不断偏离农村的实际，出现农民贷款难的现象也就不奇怪了。政府主导的农村金融体系改革符合农民的需要，必须具备两个条件：一是政府必须完全了解农民的需要；二是政府的目标函数必须同农民的目标函数相一致。但在现实中，这两个条件很难具备。一方面，由于存在信息不对称，政府也会"失灵"，对于不断变化中的农民需求，政府并不能准确地了解和掌握。另一方面，事实

证明政府的目标函数同农民的目标函数并不一致。例如，政府为了便于掌控农村金融资源，在历次农村金融体系改革中，力图保持农村金融系统的国有和准国有性质，对作为准国有金融系统有力竞争者的民间金融，采取了打击和排挤的态度，致使其只能以"灰色"的形式存在。只有充分调动农村各经济主体的内在动力，真正实现农民的自主参入，通过自下而上的改革和自上而下的服务相结合，实行诱导性制度变迁，才能真正培育出符合"三农"需要的农村金融体系。

2.3.2　缺乏全局改革观念

长期以来，我国农村金融体系改革的实践和理论研究都缺乏全局观念，总想找到一种办法来解决所有问题，忽视了农村金融体系是一个有机联系的整体这一根本前提。事实证明，改革的效果并不理想。整个农村金融体系的改革是一项系统工程，不能局限于对现有农村金融体系的小修小补，从某一特定部门或从某一特定角度来观察、考虑和解决农村金融体系问题，必将陷入改革误区，到头来只能是"头痛医头，脚痛医脚"。我国农信社改革一直未能取得实质性进展，很大程度上源于此。农村金融体系的完善并不是一个改革现有的金融机构和增设一部分农村金融机构的简单问题，而是涉及如何确保农村金融体系真正能够有效提高农村金融资源的配置效率、满足农村的金融需求以及农村金融体系顺畅运转等一系列问题。例如，在这一次农信社改革过程中，一部分改制后的农村商业银行的经营机制得到了进一步的完善、经营效果也有很大改善，但其服务于"三农"的比重不仅没有增加反而不断下降，农村金融短缺的局面进一步恶化，并未完全实现改革的初衷。只有从全局出发，统筹考虑农村金融体系改革的一揽子问题，农村金融体系改革才能取得实质性进展。

2.3.3　微观运行机制不够完善

一个运作良好的市场必须有一批成熟的微观经济主体为基础；没有成熟的微观主体作为支撑，任何制度安排都只能是"空中楼阁"。长期以来，我们在改革过程中过于重视外部改革，忽视了农村金融机构微观运行机制的完善，浅层次改革多，深层次改革少。农信社"婆婆"数次更换，但其产权模糊、治理结构残缺、经营管理混乱的状况一直未能得到改变，离成熟的市场主体相距甚远。微观运行机制的残缺必然导致其行为的"异化"，"内部人"控制、违规经营和资产质量不断下降等现象的出现也就成为"异化"的必然结果。只有深化农村金融机构的产权改革，完善农村金融机构的治理结构，建立完善的微观运行机制，农村金融机构的业务经营才能步入正轨，农村金融体系的风险隐患才能真正消除。

2.3.4 城乡金融改革分割

在我国金融体系改革过程中，存在严重的城乡改革分割现象，整个金融体系改革一直缺乏一个全面整体的规划，城市金融体系和农村金融体系改革相分离，城乡金融改革的不同步，人为地割断了城乡金融体系之间的统一。从国外发达国家金融体系改革的实践来看，各国均将整个金融体系看成一个整体，抛弃城乡概念，在改革过程中执行统一的政策，以便形成一个全国统一的金融市场，促进城乡的同步发展。在我国金融体系改革过程中，采取城乡改革分离，执行不同的标准，实际上是歧视农村金融政策的延续，这显然同我国城乡一体化的政策相悖。长期以来，我国在农村地区执行的是比城市更加严格的金融管制，以便农村金融资源向城市的单向流动，为工业发展积累资金，整个改革忘却了农村，金融体系改革不仅没有促进农村金融体系的完善，反而让农村金融体系承担了改革的部分成本，进一步削弱了农村金融体系的实力。

2.3.5 农村经济发展滞后

我国经济体制改革虽然先从农村开始，并取得了一定成就，但整体上看我国农村经济发展严重滞后于城市，城乡差距不断扩大。我国长期以来执行了严格的城乡分割制度，奉行"先城市后农村""先工业后农业"的发展思路，形成了农村资源向城市的单向流动，城市化步伐严重滞后。目前，我国农村地区仍然养活着全国约70%的人口，农业生产仍停留传统小农经济状态，市场化程度低，无法形成规模化优势。农村经济与农村金融发展之间不是孤立的，农村经济发展状况在一定程度上决定了农村金融的发展程度。目前，大多数农民仍处于温饱水平，资金实力有限、缺乏有效的担保品、偿还能力弱、抗风险能力差，制约了农村金融的深化和农村金融体系的完善。而农村金融发展的滞后，又进一步制约了农村经济的发展，形成了农村经济与农村金融发展之间的恶性循环。

2.3.6 政府作用的"缺位"和"失位"

农村金融市场上存在一定的市场失灵，需要政府的干预和调节。我国政府对农村金融市场的干预和调节在方式、手段、内容等方面存在诸多问题。我国政府对农村金融市场的干预多以行政干预为主，试图通过外部的正式金融安排和干预农村金融机构的业务经营，来增加农村金融供给、防范农村金融风险。事实证明，政府的干预是非常失败的。而农村金融体系健康发展所必需的良好的制度环境、有效配合的政策金融体系、完善的担保体系、健全的分担机制、完善的服务体系等却严重缺失。农村金融环境的不断优化是农村金融体系自我发展、不断完善的有力保证。恶劣的农村金融环境，不仅制约了农村金融体系的完善，而且还阻碍了金融资源向农村地区的合理流动。政府作用的"缺位"和"失位"，导致了农村金融发展的滞后，破坏了农村金融体系自我发展、自我完善的良性循环。

3　农村商业性金融的发展方向

金融支持是解决好"三农"问题的关键。商业性金融作为金融资源市场化的代表，其资金实力雄厚，人才储备丰富，管理机制更加科学，金融创新能力更强。因而合理调度和使用商业金融资源将对满足农村金融需求，推动农村经济发展，加快城镇化建设进程，乃至全面建设小康社会都具有非常重要的作用。对金融机构来说，农村金融市场就像一片尚待开垦的广阔的"处女地"，虽然需要一个开发过程，但却孕育着无限的发展潜力。这里所说的商业性金融主要是指中国农业银行、中国邮政储蓄银行和农村商业银行。

3.1　农村商业性金融的内涵

农村商业性金融是指在农村以及与农业密切相关的各个领域中，按照市场规则，为农民和农村经济服务的各类商业性活动的总称。目前，我国农村商业性金融机构主要包括中国农业银行、中国邮政储蓄银行、农村商业银行等银行业金融机构，以及各种农业保险、信托、期货等非银行金融机构和各种形式的农村非正规金融机构。本章仅仅研究农村商业性银行机构。农村商业性金融按其自身的特征来说，主要表现为以下四个方面。

第一，从经营目标和经营原则来看，农村商业性金融按照营利性、安全性和流动性的方针来经营管理。自主经营，自负盈亏，在保证安全性和流动性的前提下追求利润最大化，是商业性金融基本的经营原则。

第二，从经营基础来看，农村商业性金融主要凭借自有资本、资产和企业信誉来开展业务活动，获取经营利润，实现经营目标。农村商业性金融主要满足农业生产、农产品加工、运输等环节的金融需求。

第三，从资金来源来看，农村商业性金融主要是吸收公众存款。从资金运用上看，就商业性金融而言，商业银行主要对符合其信贷原则的客户提供中短期贷款，主要用于增加农户、企业的流动资金，满足企业的流动性需求。

第四，从风险性或不确定性的角度看，农村商业性金融与其他金融相比成本较高，风险较大，而且由于农业生产的特殊性，使其还存在一定程度的不确定性。因此，农村商业性金融机构往往利用资金价格——利率进行风险定价，通过差别利率来覆盖贷款风险。

随着小农经济向农业产业化和工业化方向发展，农业和工商业企业经营规模的不断扩大，对资金的需求量也不断增加，农村金融市场上原有的合作金融和民间金融因自身实力的关系很难提供充足的资金来满足需要，农村商业性金融将日趋成为农村金融体系发展的主要方向。进一步看，农村商业性金融与政策性金融作为金融体系中相互独立的重要部分，两者之间应保持一种互补关系。一方面，政策性金融通过项目实施为商业性金融的开展提供条件。农村政策性金融的具体作用领域包括非营利性或低营利性的公共部门领域，如农业基础设施建设；属于非市场性的有效需求，难以通过商业金融来满足，如农村中低收入户的贷款需求、农村产业结构调整、农村小型企业的贷款需求、龙头企业发育初期的贷款需求。另一方面，政策性业务可以通过商业性机构来代理。政策性银行对期限长、资金量大的业务存在优势，而商业性银行在期限短、资金量小的业务上存在优势。同时，商业性银行网点多，与客户联系紧密，政策性银行网点相对较少。因此，现阶段来看，两者之间可以实现优势互补、相互协作。

3.2 农村商业性金融面临的问题

第一，农村商业性金融的发展也面临着一些问题和挑战。主要表现为国有银行商业化引起宏观上的金融供需失衡、市场化不充分、监管不完善和微观上的金融产品服务稀缺、金融排斥等现象。农业的弱势性和农村金融市场的不发达性使得金融机构运作风险加大，资金在农村中的收益相对于城市偏低。在国有银行商业化后，其商业性质（营利性、安全性和流动性）必将引导资金流向比较利益较高的城市地区。风险和收益的双重制约使得商业银行如抽水机般将农村资金不断抽向城市地区，加深了城乡二元经济差距。我国目前提出农业结构调整战略，要求生产高附加值的经济作物必然会加大对资金的需求，大量的资金流出必将严重制约农村经济的发展。1990—2006 年我国农村储蓄不断通过商业银行等金融机构抽出资金，平均资金抽出占存款比达 36%，抽出资金额从 1990 年的 747.9 亿元增至 2006 年的 17213.9 亿元，去除通货膨胀率的因素，增幅高达 1026%。2007 年后在支农政策的强调下占比虽有所减少但总量依然上升，这为我国政策性金融机构对"三农"的再贷款增加了巨大的负担。因此引导资金从城市回流农村是目前实现城乡一体化、搞好新型城镇化建设面临的重要问题之一。

第二，我国在经济转轨过程中，由于市场化程度还不够充分，农村出现商业银行与民间传统钱庄、当铺、高利贷等并存的局面，导致非正规的商业性金融行为活跃，且缺少相应的规范制约。农村农户的教育、生活、医疗和生产的支出不能满足时，就倾向于以民间借贷方式融资，据国家统计局调查结果显示，农户从正规金融渠道取得的贷款占全部贷款的比例不足1/3，从非正规金融渠道取得的贷款占比却高达2/3。如民间自由借贷、合会、私人钱庄、经纯粹民间借贷业务的典当行、非政府小额信贷等民间金融机构，在浙江福建和广东等地区异常活跃，资金量总量和流量均异常惊人，俨然形成一个与正规金融体系并存的地下金融市场。民间金融在弥补正规金融供给不足的同时，也出现不少问题，如高利贷行为盛行，回报率有的竟高达一年180%，由于缺乏必要的专业知识，往往通过人情关系甚至高利息方式来操控业务，信用体系不健全、风险较大，干扰正常的金融秩序甚至经济的正常发展，如中国人民银行温州市中心支行调查显示，温州有89%的家庭个人和59.67%的企业参与民间借贷，2011年温州的民间金融事件中大量的中心企业纷纷倒闭。

第三，由于农业生产具有系统性风险大、周期长等的弱势性，商业性金融在面向创业农户和中小农企时产生了一定的金融排斥问题。产生金融排斥的原因是多方面的：中国农村经济发展普遍落后于城市，农民资信状况不透明、贷款品种范围分散等因素使银行难以产生规模和范围经济；金融产品服务单一，加大了资产的流动性风险；农村外部环境较差，难以吸引金融人才向农村转移；农村资本投资回报率相对较低，商业性金融将资金转移到风险更低更易获利的城市地区。前几年，商业银行在农村开办的网点出现亏损甚至难以经营的现象，银行网点纷纷撤出农村。这进一步拉大了城乡存贷差距和社会资源配置的扭曲程度。逃避无利解决问题，商业性金融应有勇气重返农村，在政策的配合下，合理配置农村市场资源，加大力度进行金融创新和监管，充分认识和管理农业市场风险，为农村金融提供优质的服务。

第四，商业性银行出于资金逐利性的特质，纷纷撤离农村市场。金融机构的融资行为，受到信息获取成本、信用评估成本、风险控制成本、网点设置成本等的制约。对于大金融机构而言，当其面对大量分散的农户的时候，其获取信息的成本很高，难以对如此众多而分散的客户群体进行信用评估和甄别工作，因此贷款的风险和不确定性增大。而且就网点设置成本而言，与有限的预期收益、较小的客户容量相比，国家商业性银行在农村地区遍布网点的代价太高，不符合成本收益核算的基本原则。这些特征，决定了国家商业性银行难以成为解决农户投资需求的主导性金融机构。近年来，我国四大国有商业银行出于防范风险和提高经营效益的考虑，已经大规模撤离农村，贷款权纷纷上收，留在县和县级以下的分支机构主要以吸收存款为主，从农村吸收的资金更多地投向回报高的产业和地区，造成了农村金融需求难以满足和农村资金流出的消极后果。出现这种现象的根本原因是商业性金融机构的本质具有逐利性，他们必须保持资金配置上的优胜劣汰。可以说，商业性金融服务是典型的私人品，其消费具有严格的排他性和竞争性，即只有条件好、抗风险能力强、经营前景优良、信用等级高的农户才能获得。显然，只有当整个农村地区进入城镇化、产业化和工业化的阶段后，农村商业性金融的自发形成与进入才是顺理成章的。

第五，农村商业性金融产品和服务数量较少，缺乏创新。当前城市金融产品和服务创新较快，金融产品和服务品质相对丰富，电子银行、银行卡、委托理财、衍生产品、资产证券化等新产品层出不穷，大大满足了各类金融的需求。与城市金融相比，农村地区由于长期以来经济发展中的二元经济结构和优先发展重工业的战略，农村金融发展不充分，目前多数农村地区网点仅仅能提供基本的存、贷、汇服务，业务品种缺乏，服务方式简单，结算手段老化，不能满足日益强烈的农村商业性金融需求。

3.3 明确农村商业性金融的市场定位

作为企业，要想在市场中生存和发展，必须正确地确定自己的经营范围和目标群体。一般来说，商业性银行是企业，正确的市场定位能够保证银行的生存和发展。由于特殊的国情，我国的商业银行既有企业的一面，又有公共部门的一面。从企业的角度来说，商业性银行以营利为目的，因此，必须从自身的利益出发进行市场定位；从公共部门的角度来说，政策执行者的身份使得它们又要顾及社会利益，而不能单纯以自身利润最大化为自身市场定位的出发点。

市场定位受到银行自身条件以及外部生存环境内、外两个方面的影响与约束。自身条件包括商业性银行的业务种类、财务状况、法人治理结构、员工素质等，这些条件既包括银行的竞争优势，又含有自身的比较劣势与漏洞。外部生存条件包括商业性银行的监管体系、客户情况、国民经济运行情况、农村经济的变化情况等，这些条件包括可以利用的有利环境与需要避免的不利情况两方面内容。农村商业性金融必须在自身与外部两方面的约束条件下使自己的目标函数值最大化。

农村商业性金融的界定，不能仅仅从实体角度来考虑，而应从商业性金融机构开展业务的功能这个角度考虑。如果商业性金融机构开展的业务从功能上与农村经济有关，那么，我们在分析农村商业性金融时就应该将该金融机构考虑进去。从目前参与农村金融活动的情况来看，我国农村商业性金融主要包括中国农业银行、中国邮政储蓄银行、农村商业银行和村镇银行。

3.3.1　现阶段农村商业性金融市场定位分析

1. 农村商业性金融与非农商业银行的市场定位趋同

从目前农村商业性金融的经营活动来看，他们在业务内容与拓展方向上普遍存在趋同现象。在业务范围与经营领域方面，农村商业性金融之间没有根据市场需求与自身条件进行行业分工，基本保持一致。在设计金融产品时，不考虑银行之间自身情况与所处环境的差异，一味相互模仿，互补性较弱，相互之间的替代性很强。在目标客户选择上，国家垄断性行业、大型企业集团、政府事业单位等成为大家争相追捧的焦点。与之相对照的是，地处农村的经济主体则无人问津。这样一种定位上的错位与越位，虽然从某种程度上促进了商业银行之间的竞争，但造成了银行在人力、资金等方面的重复投入和浪费；同时也使得农村经济的发展由于融资渠道不畅而受到抑制。商业性银行的市场定位应着眼于各自的实际情况，利用各自的比较优势进行差别化定位，分割出各种不同的专业市场，从而做到和谐相处、共同发展。

2. 农村商业性金融的市场定位依据不是主要来自市场客观情况，而是出于行政方面的考虑较多

出于历史上特殊的体制环境，我国的农村商业性金融大都是根据当时经济形势发展的需要，按照国家政策在政府的主导下采取自上而下的方式建立起来的，而不是从市场机制中自发生成的。国家在建立这些农村商业性金融时较为明确地规定了它们的性质职能、经营对象和业务范围，由此决定了我国农村商业性金融普遍缺乏根据市场需求来选择目标客户和业务经营的市场定位意识和自主权，这种以行政定位替代市场定位的模式使得农村商业性金融在市场经济的竞争中由于制度惯性而处于下风。此外，对于农村非正规金融机构这一农村商业性金融的另类来说，政策的限制与打压也使得它们不能放开手脚开展业务，行政、法规等在影响它们经营的因素中所占权重大于市

场因素。

3. 农村商业性金融的市场定位脱离农村，面向城市的倾向严重

由于国家垄断性行业、大型企业集团、政府事业单位等优质客户大多集中于城市，因此，为了争取客户，获得可观的利润，农村商业性金融将注意力集中于城市，而对资金需求很大的农村逐渐受到忽略。从企业盈利的角度讲，农村商业性金融舍弃其在农村网点多这一优势，去争取城市客户，这是不利于自己发展的；从政策执行者这一角度来说，将城市作为开展业务的主阵地使得农村商业性金融丢弃了发展农村经济这一职责，不利于政府支农政策的实施以及"三农"问题的解决。

3.3.2 农村商业性金融定位应遵循的原则

1. 以市场导向为基本准则

自改革开放以来，我国农村金融体制改革走的是一条在政府推动下的强制性制度变迁之路。长期以来，政府一直对农村金融的发展采取了较为严格的管制政策，对农村金融市场的准入设定较为严格的准入条件，限制农村商业性金融和民间金融的发展，同时对现有农村政策性、合作性金融机构实行信贷配给制和信贷补贴制度，但这一发展模式并没有解决我国长期存在的农村金融抑制问题，我国农村金融发展单纯依靠政策性和合作性金融是根本行不通的，必须走以农村商业性金融为主的改革发展道路。商业性金融的目标是合理配置资源、管理风险，而要顺利实现这一目标就要坚持以市场为导向，以农户和农村企业的实际需要为出发点和切入点，满足广大农村地区的融资需求。商业性金融机构以追求经济效益为开展各项经营活动的根本目标，并且这一效应必须建立在可持续发展的基础之上，只有通过在市场中的积极探索，金融机构才能精准定位自身的业务方向，准确把握发展目标。

2. 以服务"三农"为根本

是否满足和在多大程度上满足农村经济主体的金融服务需求，是检验农村金融发展成效和农村金融体系完善程度的根本标准。深化农村金融体制改革，建立新的农村金融体系，必须从我国农村经济社会发展的实际出发，从满足农村经济主体的金融服务需求出发，要遵循金融发展的一般规律。基于农村经济社会发展的基本现状，我国广大农村地区的金融服务需求，仍然是以资金融通和汇兑结算等低层次便捷性需求为主。坚持农村金融机构的布局，要尽量接近农户和农村中小企业，提高农村经济主体基本金融服务的可得性和便捷性。农村金融体系的构建和创新，必须以农户和农村中小企业的参与为基础，必须为提高农村经济主体的经济地位服务。如果不能通过农村金融体制改革和农村金融组织创新，把农民和农村中小企业的利益，与农村金融的发展联系起来，那么农村金融资源被城市吸收和占有的趋势就难以实现根本扭转。

3. 力争做到统筹兼顾

随着农村经济社会改革发展的不断深入，我国农村金融服务需求日益呈现出多样化和多层次化特征，这是由我国农村经济结构的多元化和多层次化所决定的。农村经济结构的多元化主要体现在，农村经济发展过程中各种所有制形式、各种组织类型、各种发展水平的经济主体不断涌现；农村经济结构的多层次性主要体现在，农村经济社会发展过程中，不同地区农村经济发展水平之间的差距不断扩大。农村经济结构和农村金融需求的多元化和多层次化，决定了构建多元化和多层次农村金融机构体系的必要性和必然性。因此，对农村各种类型金融机构的布局和建设应进行统筹兼顾，不同类型的农村金融机构之间既要实行相互竞争，又要分工协作，以满足多样化和多层次的农村金融服务需求。农村金融体制改革的一项重要内容就是要构建一个既符合市场经济体制和现代金融制度要求，又能够与农村多元化和多层次金融服务需求相适应的农村商业性金融机构体系。

3.3.3　农村商业性金融机构的定位选择

农村经济环境的变化，充分说明了发展农村商业性金融对于农村经济增长和农民收入提高均具有现实必要性。我国目前属于转型中的发展中国家，既面临着农业的规模化、产业化经营中的金融需求，又面临着农村工业化进程中工商业活动的金融需求，同时广大农民也是潜在的金融消费群体，这意味着农村商业性金融在农村金融市场上有着相当大的发展空间，具有现实可行性。基于这些考虑，农村商业性金融机构应重新进行市场定位。

1. 中国农业银行应定位于农村高端商业性金融机构，主要满足大规模的资金需求

应基于现有的业务优势，重点处理好"面向三农"和"商业运作"的关系，充分利用在县域的资金、网络和专业等方面优势，着眼于县域经济发展中的大中型客户，满足农村产业升级、龙头企业和农村大中型基础设施建设方面的资金需求。为此，中国农业银行在经营中要区分各地的经济发达程度，不可盲目撤并农村经营网点，在经济发达地区，还要扩充服务功能。

2. 农村商业银行应定位于农村中端金融机构，主要满足农村中小企业或较高收入农户的融资需求

应及时转变传统的支农观念，由原来的支持"三农"扩展到立足于支持地方经济的发展，服务三农，服务中小农业企业和专业户。具体到贷款投向，要由发放生产资料贷款转向重点支持科技含量高、发展潜力大、形成适度规模、生产经营集约化程度较高的项目。业务对象也由农户扩展到依托农业的各类企业、公司、基地和农贸市场。

3. 中国邮政储蓄银行应定位于农村低端金融机构，针对广大农户和农村中小企业提供专业化的零售金融服务

应该充分依托和发挥网络优势，完善城乡金融服务功能，以零售业务和中间业务为主，建立符合"三农"需求特点的零售业务体系，为广大农村地区居民提供零售金融服务，与其他商业银行形成互补关系，积极扩大涉农业务范围，促进邮政储蓄资金回流农村，支持社会主义新农村建设。

3.4 农村商业性金融服务体系构建思路

3.4.1 构建多元竞争的农村商业性金融机构体系

构建现代农村金融制度，要求的就是农村金融体系必须具备完善的市场竞争结构。就目前的实际情况而言，农村金融机构稍显单一，竞争不足，这是导致目前农村金融服务水平低下、创新不足的重要原因之一。因此，必须对现有农村金融市场准入机制进行改革。其一，降低准入门槛，鼓励民间资本等各类社会资本到农村地区设立包括村镇银行、贷款公司、农村资金互助社等新型农村金融机构在内的各种金融机构，引导农村非正规金融转型为合法的金融组织。其二，运用经济激励机制诱导现有各类商业性金融机构积极开展涉农金融服务，参与到农村金融中来。在降低准入门槛的同时，必须构建完善的退出机制，加强监管，形成有序竞争、良性循环的农村金融体系。

3.4.2 促进农村商业银行的健康发展

全国的农村商业银行都是在农村信用社基础上改制而成。将有条件的农村合作金融机构改制为农村商业银行，是农村合作金融机构产权模式和组织形式改革的一个有益探索，目的是为了更好地化解农村合作金融机构风险，更好地提升农村合作金融机构竞争力，更好地支持和服务农村经济发展。农

村商业银行作为农村金融体系乃至整个金融体系的重要组成部分，是金融总体资源中一种不可或缺的金融资源，必然存在合理开发与高效利用问题。

1. 赋予农村商业银行明确的法律地位

在法律上具有明确的主体地位，是农村商业银行整个制度结构当中的基础，是进行其他相关制度调整的基本依据。很难想象，一个在法律上身份模糊的经济主体，会获得应有的权利保障。为此，应对现行的《商业银行法》进行修订，在其中确立农村商业银行作为股份制商业银行的主体地位，并根据农村商业银行的实际，对其设立、组织机构等事项做出一般性规定。同时，中国人民银行应在遵循《商业银行法》和《公司法》基本规定的前提下，制定专门的部门规章，对农村商业银行的相关事项做出具体规定，调节农村商业银行的经营行为。其他与农村商业银行有关的政策性文件也都应以《商业银行法》和《公司法》作为法律依据，避免政策的随意性。

2. 调整产权制度和公司治理结构

以规范的股份制商业银行制度安排作为参照物，对农村商业银行的产权制度进一步进行改革，完善其法人治理结构。根据当前所存在的主要问题，重点应在以下几个方面做出调整：一是调整股东结构，适当集中股权。鼓励股权份额过小的自然人股东进行股权转让，适当提高单个自然人和单个法人的持股比例上限，取消自然人持股总比例的低限要求，允许形成相对控股股东。这是增强股东利益相关性和监督意识所必需的。二是建立权利和责任对称的有效激励约束机制。特别是要强化对农村商业银行高级管理人员的激励约束。主要措施：改革收入分配制度，适当提高高管人员的收入水平，以体现管理劳动的价值；增加高管人员的持股比例，或在条件成熟时，实行股票期权制度，给管理人员戴上"金手铐"，在其个人利益与银行利益间建立关联机制。三是逐步完善内部管理架构。应使股东大会、董事会、监事会、经理层的权利和责任制度化、规范化，权责范围得到清晰界定，以利于绩效考核和奖惩。使股东大会、董事会、监事会、经理层的权利和责任制度化、规范化，权责范围得到清晰界定，以利于绩效考核和奖惩。根据银行的发展进程，逐步在董事会中建立各专门委员会并引进独立董事制度，使董事会的决策、监督行为更加科学有效。在明晰产权的基础上，应着力按照现代金融企业制度的要求，规范其管理人员的权责，完善高管人员的聘任制度。在增资扩股中，尽可能吸引满足条件的农民、农村工商户、企业法人和其他经济组织入股，依法合理设置股权结构。同时，农村商业银行可以考虑引进战略投资者，这样不仅能改善农村商业银行的资本结构，解决内部控制问题，而且有利于改善其法人治理结构，使改制后的农村商业银行能真正按现代企业制度的本质要求运作。

3. 明确农村商业银行的市场定位，实施差异化战略

所谓市场定位，就是用以将自身与其他同业竞争对手区隔开来的产品或业务。农村商业银行无论在品牌、规模、成本还是技术、产品和服务等领域，都无法与国有商业银行、股份制银行和外资银行抗衡，要想在市场竞争中生存，必须实行差异化战略，取得在细分市场上的竞争优势。即立足现实，扬长避短，避开国有商业银行的锋芒，把自己业务的发展定位在广大的农村地区和众多的中小企业。在农村地区广设网点，把业务和服务遍及每个角落，使之成为最方便的银行。

4. 积极开发农村商业银行的业务品种

从长期来看，农村商业银行单纯以公司业务为主的运营模式是不合理和不可持续的。特别是当前金融危机下，大多数企业都遭遇了不同程度的损失，如果公司客户占据份额过多，且行业相对集中，风险会相对集中。而且，农村商业银行基础较差，难以与国营大银行竞争，单纯以公司业务为主的运营模式，运营会相对困难。开展个人金融业务，不仅有利于分散风险，同时也能改善资本充足率状况，增加利润收入。特别是在竞争激烈的信息时代，电子金融产品更是必不可少的，手机银行、电话银行功能有待完善，农村商业银行要实现可持续发展，必须将业务品种的创新提到农村商业银行可持续健康发展的战略高度来看待，这就要牢牢抓住科技的臂膀，研发更多的金融产品，以满足客户群体日益增长的需求。

另外，农村商业银行可以与其他银行、券商、保险公司合作，开展组合业务，可以提高金融机构的整体效率，更好地满足客户的需求。在合作方式上，一是开展业务渠道的合作，如共用计算机网络和营业销售网点；信息合作，与其他银行共享客户信用状况信息；业务委托和代理，如资金结算、证券和资金托管、交叉销售等。二是开展券商合作，农村商业银行为证券公司提供证券化资产，并进行证券化资产的评估和方案策划，证券公司在银行开立托管账户，增加银行手续费收入和存款量。三是保险业务拓展，一方面大力发展代理保险业务，让员工参与计划，制定代理手续费分成激励机制，有效拓展收入来源；另一方面，对贷款抵押物的保险也可同步加强。

5. 全面构建风险控制制度，加强农村商业银行风险管理

现阶段，我国农村商业银行在信用风险、操作风险、市场风险上都面

临新的挑战，需要全面强化风险管理观念，以风险度量为基础，以定价覆盖风险成本和风险资本的配置为两大管理手段，对三大风险进行既专业分工又综合统一的管理，逐步建立全面风险管理体系。例如，常熟农村商业银行针对小企业信贷业务占主导地位的状况，强化三个方面的管理：一是实行"四只眼睛"管理。对小企业贷款实行支行行长和客户经理共管制度。客户经理负责贷款调查和贷后管理，并作为贷款调查和贷后管理的第一责任人；支行行长负责权限内贷款的审批和发放，并作为贷款审批的责任人。二是强调"三个更加注重"，即更加注重小企业经营账户的现金流量，更加注重小企业的实有资产，更加注重小企业业主的综合素质。三是统筹考虑"六性原则"，即统筹考虑小企业生产经营的合法性、经营效益的稳定性、发展阶段的成长性、现金流量的充足性、担保方式的安全性、行为信用的可靠性。

6. 重视农村商业银行的人才培养

人才对任何一个企业都是非常重要的资源，农村商业银行要坚持"以人为本"的管理理念，打造一支高水平的员工队伍。一是继续完善干部聘任机制，全面推行考试考核、竞聘上岗的用人机制，本着公开、公平、公正的原则择优选拔人才。避免暗箱操作，增加用人选人的透明度，让真正有能力的人才脱颖而出。二是加紧建立人才培养和培训机制。各级领导应高度重视对人才的培训工作，建立起一整套的人才培养计划和实施方案，深入挖掘现有的人力资源。制订全员技能目标要求的总体方案，实施技能与工资挂钩，经过严格考核后发给技能级别证书。通过技能考核，促进大家学习业务，不断提高服务水平。尤其对引进的大学生，不能简单地一"招"了事，要通过再培训和再教育，使他们尽快适应工作需要，为农村商业银行发展做贡献。同时，可建立与有关高校的长期合作机制，定期输送单位的业务骨干尤其是高级管理人员到金融院校进行深造，全面提高干部职工的知识层次。

3.4.3 中国农业银行应该把农村作为主打方向

前几年，经营业务的结构性调整使得农业银行从农村大规模撤退，基层营业网点大面积萎缩。中国农业银行原本以为可以在城市获得优质客户，结果事与愿违，除了业务开展不顺利，受到城市其他国有商业银行及股份制银行的打压之外，其在农村金融市场的竞争中也一败涂地，丧失了原有的优势和客户。

目前在政府政策的引导下，中国农业银行已经着手重新调整业务方向，将农村作为业务发展的重点。笔者认为，要想在农村打开局面，中国农业银行需要在以下几点下功夫。

1. 扩大对农村基层网点建设的投入力度

业务发展需要市场覆盖面扩大，市场覆盖面的扩大需要营业网点来支撑。因此，若要重返农村金融市场，就要恢复以往的市场覆盖面，才能够继续开展业务。

2. 细分农村金融市场，利用自己的比较优势在不同的市场中竞争

相对于其他农村商业性金融来说，中国农业银行的资金实力是最雄厚的，从业人员素质是最高的，因此，中国农业银行应利用资本与人力两方面的优势在扶持现代农业、推出新的金融衍生产品方面扩大自己的利润源。

3. 建立农村经济发展基金，促进农村经济结构升级

一般来说，传统农业的收益低，从而不是中国农业银行的利润源和理想的客户。因此，中国农业银行要推动农村经济的升级，转变传统农业占农村经济比重大这一现实特征，为自己培养优质客户。基于这种分析，成立农村经济发展基金，支持农村经济转型是中国农业银行值得一做的事情。加快中国农业银行的改革。将中国农业银行定位为县域金融机构，经营目标为支持县域经济发展和新农村建设，使中国农业银行在国家金融战略布局中真正成为联结城乡的重要金融纽带。要建立面向"三农"的组织体系，从体制上和业务流程上提高服务"三农"的效率。对于不同地区，中国农业银行应采取不同的"三农"服务模式。在东部发达地区县域，积极提供多层次金融产品和全面金融服务，打造当地一流银行，进一步提高在系统内的效益贡献度；在广大中西部县域，找准服务"三农"的客户、区域和产品定位，取得适度盈利；在国家贫困县及西藏、青海等基本不具备商业化经营条件的特殊地区，尽可能实现微利，并争取国家必要的政策支持。另外，中国农业银行可以通过控股和参股其他地区性农村金融机构、组织银团贷款、提供批发融资、代理服务等方式，成为对农户融资的最主要批发商，成为农村金融政策性业务最主要代理商，成为农村金融网络的最主要运营商，成为农村现代金融业务的主要开发商。

3.4.4 中国邮政储蓄银行应积极发展农村业务，扩大为"三农"服务范围

自 2003 年 8 月 1 日邮储实现资金自主运用以来，按照"集中运用、审慎

拓宽、分散风险、兼顾收益、向'三农'倾斜"的监管原则，积极开辟新的资金运用渠道，鼓励和支持邮储将一定比例的资金返回农村使用。近年来，邮政储蓄资金通过自主运用返回农村使用的比例有了明显提高，在支持新农村建设方面已经初具规模。为了更好地发挥其在农村商业性金融中的独特作用，应加强以下几方面工作。

（1）围绕着自身的发展战略和市场定位，按银监会的监管要求，专门内设农村金融服务部门，并通过统一规划和整合优化各项农村金融产品和服务资源，逐步实行战略事业部管理，指导邮储系统面向"三农"开展金融服务，继续加强与政策性银行、农村金融机构全面开展业务合作，进一步加大邮储资金的支农力度，提高农村金融服务的覆盖面和满足度。

（2）在国有商业银行纷纷退出农村金融市场的同时，充分发挥了邮储依托邮政网络经营的低成本优势，按照市场经济原则，制订科学的业务拓展计划，在农村县域金融服务空白地区新增设邮政储蓄网点，扩大银行业务覆盖面，从而有效地改善农村地区金融服务的状况。

（3）完善内部控制制度和相关管理办法，严格按照监管要求，加强内部管理，切实控制贷款业务风险。同时，尽快建立并完善与小额质押贷款业务相适应的激励机制，实行明确有力的贷款奖励和问责制度。对新开办此项业务的邮储管理机构，要建立专门的管理部门和人员队伍，加强业务培训，提高从业人员业务素质。

（4）中国银监会应在加大网络交叉销售力度、增强网点分销功能和提高服务覆盖面三个方面对中国邮政储蓄银行进行重点引导。在加大网络交叉销售力度方面，应积极引导中国邮政储蓄银行加强与政策性银行、商业银行、农村信用社等各类金融机构开展全方位和支农业务合作。在增强网点分销功能方面，进一步选择业务发展较好的地区，积极支持中国邮政储蓄银行开办农户小额信贷业务，逐步发展农村消费信贷、小企业贷款等风险性业务。在扩大服务覆盖面方面，考虑到邮政储蓄有 2/3 的网点分布在县及县以下农村地区，中国邮政储蓄银行的农村网点应从服务"三农"的大局出发，不仅要基本保留农村邮储网点，而且要通过完善功能，充实业务，进一步提高农村金融服务的覆盖面和满足度。

（5）通过批发市场积极将资金回流农村。中国邮政储蓄银行可以通过专项融资，产业基金和银团贷款等专门渠道，在中小型批发市场为农村地区和国家基础建设项目提供资金支持。同时继续扩大与其他农村金融机构的协议存款等业务，如巩固完善同农村信用社、中国农业发展银行、国家开发银行的协议存款业务。积极开展同大型金融机构的银团贷款项目合作，逐步参与农村基础设施项目投资，进一步提高中国邮政储蓄银行资金回流农村市场的规模。除此之外，中国邮政储蓄银行还可以同农村市场的农村商业银行、村镇银行以及相关小额贷款公司等搞好关系，向他们提供资金，充分利用这些金融机构的低成本、灵活放贷优势，坚决向农村市场"输血"。

4 农村合作金融的发展构想

合作金融是合作经济大范畴中的一个分支，具有合作经济的基本内涵和特征。它是人们在经济和社会活动中，为改善生产及生活条件，获取融资服务，按照自愿入股、民主管理、互助互利的原则组织起来的一种信用活动形式。其组织形式包括信用合作社、合作银行、合作企业设立的各种融资组织。合作金融的特点：经营目标的自为性、组织上的互助性、管理上的民主性、经营上的灵活性、业务上的区域性。其原则主要包括自愿参加、门户开放、集股缴纳、照章开业、民主管理、自我服务、自我约束、盈余分配、自负盈亏等。农村合作金融是在农村地域范围内弱小的中小企业或农户依法联合组建的以自我服务为根本目标的金融组织。它是农村信用社、农村合作银行、农村合作保险及农村制度外合作金融等具有合作性质的金融组织的总称，其实质是交易的联合。

4.1 农村合作金融发展的必要性分析

目前，我国农村金融供给显然无法满足农村金融需求，其原因是多方面的，但其中一个很重要的原因就是我国农村金融组织发展的不健全，职责难以得到有效的发挥尤其是农村合作金融组织的缺位，因此目前大力发展我国的农村合作金融不仅具有现实的必要性，而且具有深远的影响。

4.1.1 农村合作金融可以增加农村地区资金供给

随着我国农村经济体制改革的逐步深入、农村产业结构的战略性调整以及农业产业化、现代化进程的加速，农村经济主体资金需求量越来越大。例如，在目前经济环境下，每个农民的资金需求量不少于1000元，全国农村资金需求量不少于1万亿元，这还不包括农村水利、道路、水土保持等公共工程所需要的资金。还有专家估计，未来十年，我国至少每年要转移1000万人进入小城镇，而按人均5万元计算（因为小于5万元将很难建成真正的小城镇），在小城镇上投入将不少于5万亿元。而发展中国家的农民能获得正规金融贷款的仅是一小部分，在我国平均每年只有34.4%的农户可以从正规金融机构取得贷款，另据调查，在温州的农村金融市场上，80%的农户要通过民间资金和自筹资金来满足需求，当前民营中小企业难以从正规金融机构获得充足的资金支持。因此，规范和发展我国农村合作金融对于缓解当前农村地区资金短缺的现状具有重要意义。

4.1.2 发展农村合作金融是农村经济发展的客观需要

当前农村经济已不是单一的第一产业的发展，第二、第三产业均有较大的发展，同时随着乡镇企业的"改制"，私营经济、股份经济和合作经济成分大幅增加，且随着农村经济组织形式的多样化和农村经济结构的逐步调整，根据经济决定金融的原理，客观上也需要多层次、多样化的金融组织为之服务。从目前的情况来看，在较长的一段时期内，农户家庭经营仍是农村基本的经营方式，农业仍是农村的主要产业，在当前正规金融机构无法满足其多样化的金融需求时，作为弱者联合体的农村合作金融应该是农村地区大力发展的主要金融组织。

4.1.3 农村合作金融是引导民间私人借贷的重要途径

民间信用是把双刃剑，规范的、自律的民间信用能够很好地弥补正规金融机构金融服务的不足，反之则会产生很多的弊病。当前农村经济主体信贷资金很多的来源是民间私人借贷，然而当前民间私人借贷发展很不规范，暴露出较多的问题，例如利率太高，有关学者在对中国民间借贷的典型调查中发现，山东省夏津县100个农户中，民间借贷占其借款总额的94.3%，月利率为1.5%~5%，而湖北仙桃等地的民间借贷利率相当于当地信用社利率的2~4倍。同时民间借贷债权无法律保障，许多资金被用于非法途径，极易引起民间纠纷和社会不安定。因此，大力发展合作金融组织来引导民间私人借贷、趋利避害是十分重要和迫切的要求。

4.1.4 发展合作金融是改善农村金融机构合理布局的需要

"三农"问题一直是困扰我国经济和社会发展的瓶颈问题。党的十六大进一步提出，要全力解决"三农"问题。解决"三农"问题，就要加大政策导向力度，增加对农村的投入，鼓励农民增产增收。农民要发展生产，重要的一条就是要解决融资难的问题。我们可以用科布—道哥拉斯生产函数来说明资金对于农村经济的重要性。$Y = ALK\beta$，其中 Y 代表生产产出，L 代表劳动力投入，A 代表科技技术进步，K 表示资金供给，β 表示边际资金产出。因为我国农村技术进步比较慢，因此我们可以把 A 看成一个常数。农村劳动力处于过剩状态，因此增加一单位的劳动力对产出的影响并不大。对于一个国家来说，β 在一定时间内可以假定为一个常数，所以影响 Y 产出的因素只有资金投入。资金供给的增长很大程度上制约了农村经济的发展。

但是，目前农村金融机构分布不合理，使得农村资金短缺，农民贷款困难。目前我国农村金融大致可以分为正规金融和非正规金融。正规金融主要包括四大国有商业银行、部分股份制商业银行、中国农业发展银行、农村信用合作社、农村商业银行、中国邮政储蓄银行等。非正规主要包括亲友借款（包括计息或者不计息）、高利贷、各种合会、私人钱庄等，还有已经关闭的合作基金会。当铺是介于正规与非正规之间的融资机构。在正规金融中，农业发展银行作为政策性银行，它只经营粮、棉、油收储贷款业务，根本不与农民发生信贷业务关系，原规定其对农业提供基本建设和开发性贷款，也因多种原因而无力顾及，致使农业政策性金融有名无实。中国农业银行于1996年将政策性职能剥离，成为自负盈亏的商业银行。四大国有商业银行的战略向大中城市转移，在农村的网点已经全面收缩。据中国人民银行统计，全国已经削减了一万多个县及县以下的银行处理分处和营业网点。并且，四大国有银行实行新的信贷授权制度，县以及县以下的金融机构信贷权限缩小。部分股份制商业银行只存在于富庶的乡村，邮政储蓄被比喻为农村资金的抽水机，吸取农村大量资金，然后以比较高的利率存于中国人民银行，赚取利差。据邮政储汇局统计，2014年，全国邮政储蓄系统储蓄增加6363亿元，其中61%来源于县及县以下的邮政储蓄机构，直接来自农村的超过30%。因此在农村的正规金融中，只有农村信用社在农村发挥了较大的融通资金的作用。在非正规金融中，高利贷一直是被打击的非法融资行为，各种合会、私人钱庄也只是民间组织，属于非法机构。基金会一度被允许存在，但后来还是取缔了。同时，非正规金融和正规金融也存在功能错位的问题。据国际农业发展基金的研究报告，中国农民来自非正规市场的贷款大约为来自正规信贷机构的四倍。对于农民来说，非正规金融市场的重要性要远远超过正规金融市场。正规金融机构之所以在贷款上冷落农民，一是因为额度小；二是因为地域分散；三是因为抵押不足又很难找到担保人。但我们不能说额度小和地域分散的金融需求是无效需求。正规金融的缺位、难以满足农村金融服务的需求，才使得民间借贷能够挤入农村金融市场。本来应当是正规金融高度发达以抑制非正规金融，而实际情况则是许多地方民间借贷比重高于正规渠道借贷，出现了正规金融和非正规金融功能错位。这说明目前我国农村存在的金融结构很不合理，制度的缺失在某种程度上加剧了农村的贫困。这可以说是制度缺失的代价。农村金融需要发展一种能够真正解决广大农户融资问题，协助解决"三农"问题的正规金融组织。

4.1.5 农村合作金融能满足农民分散化、多样化的融资需求

众所周知，在任何经济体中都有各种各样的生产力层次，因此需要多层次的制度结构与之相适应。党的十一届三中全会后，随着我国农村家庭联产承包责任制的推行，农户家庭作为最基本的生产单位，重新活跃在农业生产的舞台上。一方面，以个体、家庭经济为主的农村经济形式需要在融资形式上采用分散、灵活的金融制度，才能最低程度降低交易费用。另一方面，农户家庭零星的、分散的，但又是大量的、丰富的资金需求也重新出现，并迅速扩大。这大量的、多样化的融资需求，既非机构人员与财力十分有限的国家银行信贷所能满足，也非农村民间信贷所能解决。唯一的办法是重新求助于合作金融，让农民通过资金上的互助共济，满足自己的融资需要。

4.1.6 农村合作金融可以有效分散金融风险

合作金融的优势，首先体现在合作信贷上，由于合作金融有较强的信用意识，能在某种程度上降低道德风险。中国农村长久以来形成了独特的文化和道德传统，轻易地践踏信用规则的败德行为会在相当长时间内影响个人乃至整个家族的信誉和声望。因此，通过合作社员的自律和相互监督，能有效降低道德风险带来的损失。

合作金融的优势，还体现在合作保险上。农业互助合作保险的风险分摊机制是一种在农户间自发分摊风险的手段，通过相互融资合作保险把一家一户的整体风险均摊到所有社员。农业保险作为农业风险管理的工具，是利益外溢特征的正外部性产品，趋近于准公共物品。完全采取市场导向又与农业保险的特殊性不符，完全采取政府导向会引起效率低下和加重财政负担。国际经验表明，无论是专业性股份制农业保险公司，还是政府直接经办的政策性农业保险公司，均无法有效解决农业保险经营中普遍存在的信息不对称、逆选择和道德风险问题。相比而言，建立合作金融性质的农业互助合作保险组织，在经营农业保险业务上具有得天独厚的优势：首先，作为非营利性的互助合作组织，农业互助合作保险组织的投保人同时也是保险人，保险组织

的利润盈余可通过冲减续保保费的方式返还给被保险人。共同的利益关系有助于形成相互监督机制，避免出现"联手吃保险"的情况，从而能有效抑制逆选择和道德风险。其次，农业互助合作保险组织的乡土特色，适应了农业保险需求的高度分散性，能有效降低农业保险的交易成本。最后，农业互助合作保险的成员是精通农业技术的农户，他们熟悉本地农业生产的特点，对保险组织以及其他投保人面临的各种农业风险有更清楚的认识和评价，这有助于开展农业保险的承保、查勘核损、理赔及风险管理工作。

4.2 当前我国农村合作金融发展存在的问题

在几十年的发展过程中，我国农村信用合作社为农村经济、金融的发展和繁荣做出了巨大贡献，是农村经济发展不可缺少的主要推动力之一，这种历史的作用不可否认。但是，长期以来，农村信用社的管理体制严重制约其自身业务的发展，同时也限制了其支农作用的充分发挥。

4.2.1 我国农村合作金融产权存在缺陷

我国的农村合作金融在产权上存在很大缺陷，按照合作金融的国际原则，已经不能算真正的"合作制"。

1. 产权形成的非自愿性，背离合作制基本原则

从股权形成上看，中国农村合作金融产权的形成基本上没有体现自愿性原则。在我国农村信用社整个实收资本结构中，最初实收资本所占比重较少，绝大部分实收资本是通过规范和改革进行几次大的增股和扩股后形成的。先从基层农村信用社入社自愿来看，多数农民是在政府及其代理人的宣传动员中入社的，而不是农民在自愿基础上的自主选择，或者说是政府选择代替了农民选择。再从退股的自由来看，多年以来，全国4万多农村信用社没有一个申请退股离社的，这种状态实际上反映出的问题是，实际中退股是不被允许的。这种行政主导式的产权确立方式从一开始就背离了合作制的初衷。

2. 产权虚置

从上面的分析中可以看出，我国农村合作金融组织在初始产权框架的确立上，与真正的合作制存在明显差别。由于农民入股的非自愿性，加上我国在成立农村合作金融组织之时正式制度的不配套，农村信用合作社的产权在一开始就没有得到清晰的界定。在一个正常的制度环境中，出资入股的社员毫无疑问是信用合作社的产权所有者，而在我国，虽然信用合作社成立之初就以章程的形式规定了社员的地位、权利和义务，指出由全体社员或经全体社员推选出的社员代表组成的社员（代表）大会是信用社的最高权力机构，并明确要求每个独立社都必须成立相应的理事会和监事会，但在计划经济体制时期，由于社会资源的配置都是以政府为中心进行的，政府对信用社资金的来源与运用都具有垄断性的支配权，因此即使以全体社员为基础确立的"三会"，在实际运作中是对地方政府负责，并不是对社员负责，而即有关农村信用合作社的一切活动的最高决策权属于政府。而全体社员对他们出资组建的信用合作社只有名义上的产权归属关系，实际上的产权所有者却是国家或者集体。可见，全体社员作为产权主体的地位实际上被架空，他们基本上难以享有本该享有的权利。

农村合作金融组织由于产权模糊，长期处于所有者缺位的状态，缺乏所有者的有效监督和控制，存在信用社内部人控制的弊端。从当前的实际情况来看，农村信用合作社社员入股演变为高息定期存款。管理体制不顺，内部人控制现象严重。责任约束机制不灵，法人治理结构有待进一步完善。其一，信用社理事长和主任拥有对机构事实上的控制权，制衡机制的建立比较困难，监督约束机制难以发挥有效作用；其二，农村信用合作社负责人的任命遵循干部管理体制，理事长、监事长、主任事实上的任免权在上级管理机构，无法形成有效的产权约束。大部分入股社员以获取贷款优先权利和分红为目的，并不真正关心参与农村信用合作社的民主管理或经营决策。

3. 单一合作制模式与我国农村经济发展不相适应

农村金融制度的选择不能脱离我国的基本国情。虽然目前的农村信用合作机构照顾了广大农民社员的利益，但在市场经济体制下和新农村建设背景下，不利于它的生存和发展。具体表现为：第一，单一合作制金融机构无法满足新农村建设的资金需求。单一合作制金融组织一般都是区域性的中小金融机构，虽然目前它们在各个方面凭借比较优势占据着农村金融市场，但在融资规模上，它无法满足新农村建设的金融需求。第二，单一合作制不符合市场经济要求。市场经济要求金融业务经营必须遵循市场法则，把追求利润最大化作为主要经营目标。而合作制金融主要为入股社员服务，不以盈利为目的，这不符合市场经济的要求，不利于农村信用社发展。市场经济要求金融业务经营必须遵循市场法则，把追求利润最大化作为主要经营目标。而合作制金融主要为入股社员服务，不以盈利为目的，这不符合市场经济的要求，不利于农村信用社的发展。合作制金融在计划经济时代为我国农村经济发展着实做出了很大的贡献，但随着市场经济的发展，合作金融组织违背了市场法则，越来越不适应市场经济的需要，在单一合作制体制下，农村信用社经营越来越困难，包袱越来越沉重。在建设社会主义新农村的条件下，单一合作制金融已经与现实的农村经济发展不相适应，合作社作为一支支持农村经济建设的主力军，需要在新农村建设背景下做好金融支农工作，它要想更好更长远地发展下去，也要适应市场化经济运行规律。因此，单一合作制已经满足不了新农村建设的金融需求。只有创新金融合作、金融改革模式，才能更好地解决农村的金融需求，促进农业的产业化、市场化，中小企业发展和农村城镇化建设。

4.2.2 我国农村合作金融法人治理结构不健全

农村信用社的"三会"指社员代表大会、理事会和监事会，这三会构成农村信用社的管理框架。目前，我国农村信用社的三会制度形同一纸空文，只有虚名，没有发挥实际作用，主要表现在以下几点。

1. 社员代表大会权力弱化，民主管理流于形式

根据国际信用合作制度的基本原则，合作金融应具有民主管理的基本属性，其本质指的是"一人一票制"。"一人一票制"意味着无论出资多少，都是一人一票，人人平等。社员代表大会是最高权力机构，应由社员代表大会民主选举产生理事会和监事会。但从农业信用社成立之初到现在，实际上，民主管理从未真正体现出来。入股社员股本非常低且高度分散，社员普遍存在一种"搭便车"心理，很少有社员真正关心信用社的发展。社员代表对信用社经营管理中的情况基本上都不了解或了解得很少，理事会也从来没有就经营管理过程中的重大事项向社员代表大会作适时汇报，使理事会与社员代表大会之间信息严重不对称，这一定程度上加剧了最高权力机构名不副实的状况。在此，相当一部分信用社已经连续几年没有召开过社员代表大会，理事会和监事会大多数是直接任命，或者经过象征性地选举产生，权力机构成了摆设。

2. 理事会一手遮天，内部人控制现象严重

不论基层信用社的理事会成员还是信用联社的管理人员，都未经社员代表大会选举产生，而是由上级提名候选人，社员代表或基层信用社代表对候选人投票选举，最后由监管部门对候选人进行资格审查。因上级提名是硬约束，代表选举就难免走过场。信用社的其他高管人员也是由上级任命。这样产生的领导集团，并不代表社员的利益。农村信用社的发展目标、运营机制、经营决策的重大决策权，主要掌握在政府和信用社高管人员手中，社员几乎

没有什么发言权。信用社实质上脱离了社员，成为内部高管人员的信用社，难免存在"内部人控制"现象。

3. 监事会形同虚设

农村信用社的监事会在实际中也并未通过严格的社员代表大会选举产生，而大多数由理事会任命，或由理事会内部人员兼任。这样形成的兼事会，不独立于理事会，且受控于理事会，监管的作用无法得到体现，监事会作用被架空，监事会也就形同虚设。

4.2.3 经营状况不佳，支农力度较弱

1. 经营业绩不佳，不良贷款包袱沉重

由于农村信用社自身经营不善，近年来，农村信用社出现了较大亏损，资不抵债的农村信用社逐年增加。一些农村信用社甚至发生支付风险，中国人民银行不得不通过动用存款准备金和发放救助再贷款，化解出现的挤兑风险。另外，农村信用合作社的贷款中有很大部分是被政府部门或公职人员占用，这部分贷款的清收工作阻力很大，拖欠贷款、赖账现象比较严重，形成的呆账、坏账，给农村信用合作社造成了沉重的负担，影响了正常的贷款发放工作的进行。此外，由于制度原因，农村信用合作社的历史债务包袱也造成农村信用社不良贷款清收困难。这些历史包袱一部分是地方政府行政干预信用社、通过指令性贷款支持乡镇企业等形成的，另一部分是在体制改革过程中形成的，如农行和信用社脱钩时，农行遗留给信用社的呆账；清理合作基金时，随着合作基金会与农村信用合作社合并，合作基金会的历史债务也转移给农村信用社。1993 年高通货膨胀时，保值储蓄的补贴也给农村信用社增添了债务。

1994—2003 年，全国农村信用社连续 10 年亏损。2002 年，全国农村信用社轧差亏损 58 亿元，亏损面 33.5%。2003 年，亏损 6 亿元。2004 年实现 10 年来首次盈余，全国轧差盈余 105 亿元。2005 年轧差盈余 180 亿元。即便如此，2005 年年底，全国农村合作金融法人机构亏损数仍有 5839 家，占对外经营法人机构数的 21.55%，亏损金额为 60.47 亿元。2005 年年底，全国农村信用社不良贷款余额 3763.5 亿元，不良贷款比例 4.8%，明显高于其他商业银行。

2. 金融产品单一，服务落后，支农力度弱

随着市场经济在农村地区的发展，农户逐渐摆脱了传统的耕作方式，农村种植、养殖、个体工商业和产业化经营企业占农业比重不断提高，农业经

济日益活跃。农户除消费性需求外，扩大生产经营对较大额的资金需求不断增加，农村第二、第三产业的发展对创新性金融服务的要求也进一步提高。尤其是随着社会主义新农村建设的逐步推进，在商品流通、工业企业建设、农村道路以及住房改造、农村水利、大型设备建设和购置等各方面，都离不开金融的支持，对农村金融产品与服务创新提出了更高的要求。但是，农村地区的金融产品单一，服务仍比较落后，与农村地区日益多样化的金融服务要求不相适应。

目前，我国农村信用合作社主要经营存款和放贷业务，在信贷业务上，也仅面向具有一定实力的农村企业，而面向农户的小额信贷受到严格的控制，这样，缺少资金支持的农业生产受到冲击，不利于农村经济的整体发展。农村信用社的中间业务如代收代缴业务和满足农民生活需求的信贷业务，都没有推广，金融服务的功能没有充分体现，支农力度弱。

4.2.4 缺少有利于农村合作金融发展的外部环境

1. 专门的合作金融法律法规空缺

我国现行农村信用社立法由诸多的行政法规和规章组成。行政法规包括1993 年《国务院关于金融体制改革的决定》、1996 年《国务院关于农村金融体制改革的决定》、1997 年《国务院办公厅转发中国人民银行关于进一步做好农村信用社管理体制改革工作的意见》、1998 年《国务院办公厅转发中国人民银行关于进一步做好农村信用合作社的改革整顿规范管理工作的意见》、1997 年中国人民银行颁布的《农村信用合作社管理规定》和《农村信用合作社县级联合社管理规定》、1999 年 6 月中国人民银行颁布的《农村信用合作社市（地）联合社管理规定（暂行）》、2003 年 9 月中国银行业监督管理委员会颁布的《关于农村信用社以县（市）为单位统一法人工作的指导意见》《农村信用社省（自治区、直辖市）联合社管理暂行规定》。除此之外，还包括 1997 年中国人民银行颁布的《农村信用合作社章程（范本）》《农村信用合作社县级联合社章程（范本）》和 2012 年中国人民银行颁布的《农村信用合作社市（地）联合社示范章程》。

从立法现状来看，存在立法分散、立法层级低等缺陷，但最为严重的是存在合作金融立法的空白，对于社员与信用社、信用社与联合社以及政府职能的规定等方面都不甚明晰，缺乏按照合作制原则运作信用社的规范指导，缺乏政府指导和扶持农村信用合作社发展方面的规定。从国际经验看，在合作金融发展的比较好的国家和地区，都有完善的农村合作金融法规。作为合作社起源地的德国，具有《合作社法》保障了农村信用社的经营，其主要范围包括：组织体系、民主管理制度、风险和保护系统、审计监督、上一层机构为下层机构服务、基层合作社为社员服务。通过法律，较好地保障了合作社的性质。其他的国家如美国、法国等也都有完善的法律法规来规范合作金融的发展。我国农村信用社迫切需要制定相应的法律法规来规范。

2. 合作金融机构外部风险防范措施不完善

农村合作金融机构的风险管理问题突出，究其原因主要表现在：第一，支农服务与经营效益产生矛盾。服务"三农"、支持"三农"发展是农村合作金融义不容辞的责任，但"三农"贷款信贷需求数量大并且高度分散，农业生产的季节性和周期性都很长，受自然灾害影响大等特点决定了支农服务成本高、投入高，支农服务与经营效益产生矛盾。第二，资金紧张与资金需求扩大产生矛盾。随着农业结构调整和农村经济发展，"三农"对贷款的需求已经远远不限于粮棉生产，农村合作金融信贷资金投入不足，支农资金与农民贷款需求相比还具有很大差距。第三，政策扶持与政策局限产生矛盾。经营困难的农村合作金融本身业务量小，税收金额小，减免税也少，减免税收政策对经营困难的农村合作金融基本没有得到实惠；中国人民银行再贷款业务远没有达到帕累托最优状态；"三农"贷款中的生产性借贷周期与中国人民银行再贷款周期的差距，使实际增加的支农资金投入有限，不能发挥更大的支农作用；许多经营活动受到政策歧视，造成农村资金大量外流。第四，发展不平衡的矛盾。区域性经济差异，导致了各地农村合作金融资产质量和经营效益差异很大。

从农村合作金融风险管理的现状可看出，农村合作金融在风险管理方面尚存在不少问题。一是忽视结构性风险的管理。二是在风险管理中，惩罚和奖励之间缺乏一种良好的协调机制。对违规问题的处理惩罚往往不到位，违规成本低。三是风险管理偏重于行政性，缺乏有效的风险监测量化标准体系，难以保证风险管理的科学性。四是风险管理的方法比较落后，还没有建立系统的风险管理体系。五是风险管理方式不能适应农村合作金融体制改革与自身发展的需要，不能与国际国内通行的风险管理模式很好地衔接，不适合银行的现代化、国际化和企业化潮流。六是缺乏懂得先进的风险管理经验与管理技术的高级人才，难以有效地运用农村合作金融工程工具和计算机仿真技术防范与化解金融风险。正确认识、全面分析其存在的问题，重视"风险管理"缺失的严重性和深刻性尤为重要。另外，对农村合作金融机构加强"风险管理"的艰巨性和长期性也要有很充分的认识。

3. 政府的政策扶持不足

国家对农村信用社给予了一定的政策扶持，历年来实施了一系列财政和货币政策。从财政政策来看，截至 2006 年年底，中央银行发行了 1656 亿元专项票据，用于置换农村信用社的不良资产和弥补历来的亏损；财政直接免税约 100 亿元，"营改增"后，农村信用社所负担的增值税与改革前所负担的营业税基本持平，所得税是西部地区全免，东部地区减半，在这种情况下，给农村信用社减轻很多负担。从货币政策来看，中央银行对农村信用社一直实行比较低的存款准备金率，农村信用社存款准备金率比其他金融机构低 2 个百分点左右，据估计有 1500 亿元左右资金用于发放贷款，以做好经营。

农业和农村经济存在着许多先天性不足，其发展需要政府予以大力支持，这也是被国外农村合作金融的实践所证明的，尤其在中国这样一个农村生产力相当落后，农户经营规模小、生产周期长、受自然条件影响大的国家，政府更应该加大对农村合作金融的支持力度。以上所采取的诸多扶持政策对于农村信用社的发展起到积极的促进作用，但相对于新农村建设的需求来看，在政策扶持手段和力度上仍显不足。

4. 信用环境状况不佳

由于缺乏相应的担保、保护措施以及健全的社会信用体系，导致农村金融资产质量差、风险大。到 2005 年年底，农村信用社按照四级分类统计不良贷款率为 16.9%，从整体上看比城市金融机构高 20 多个百分点；农村信用社等机构所反映的焦点问题之一就是信用环境差，乡镇企业以改制和破产等方式逃废债务问题严重。目前中国市场经济还不够成熟，与之相适应的社会道德规范还未完全建立，加之国民教育文化整体水平不高，人们的产权意识、法制观念、信用观念还未能达到成熟市场经济所要求的高标准，导致在广大农村诚信缺失现象还比较严重，拖欠甚至逃废债务现象屡见不鲜。这些都给农村金融正常运作带来很多负面影响。这种状况最终使农村信用社面临坏账多，亏损严重，经营困难。

4.2.5　商业化经营与合作制原则的两难选择

合作制是指一种产权结构或组织管理体制，商业化是指一种经营原则或经营机制，合作银行经营的商业化调整可以在不改变合作金融产权性质的基础上进行，同时又是合作金融在新的历史时期自我发展的必然要求。在现代市场经济条件下，利润是任何经济主体生存和发展的基础和动力。合作金融是一个自主经营的独立的经济实体,同样必须建立起适应现代市场经济发展要求的商业化经营机制,不断地实现更多的利润,增加更多的积累,才能保持强大的生命力和竞争力,以实现合作制的最高目标,更好地实现自我服务,否则在激烈的市场竞争中就难以生存下来。

改革开放以来,我国城乡经济发生了重大变化,农村联产承包的专业户、重点户和个体户逐步实行规模经营,乡镇企业异军突起,与此同时,地区经济的发展在我国的地位日益重要。近年来,虽然我国农村信用合作社的改革取得了较大进展,但是远远不能适应我国市场经济体制建设的需要。目前在理论和实践上迫切需要解决的就是"合作制"与"商业化"的组合和权衡问题,以及怎样把合作金融办成真正的农业和中小企业的金融组织,并为农村经济的发展提供强有力的金融支持等问题。

4.3 农村合作金融发展的原则

合作金融在我国农村金融体系中具有不可替代的作用,要在立足现有农村信用社的基础上,重新推动农村信用社向合作金融转变,同时注重从农村民间金融中发展合作金融组织。

4.3.1 坚持合作制

随着农村合作金融管理体制改革的不断深化,以合作制、股份制、股份合作制,"三位一体"的农村合作金融管理体制逐渐确立,极为明显的是合作制原则既是其基本特征,也是在实践中应遵循的基本原则。要解决社会有效需求不足,增加农民收入,必须引导农民走合作社、民主管理、利益分享、共同富裕、可持续发展之路。合作金融与市场经济本身不矛盾、不排斥,合作金融在社会主义市场经济中有其基本功能和重要作用。合作金融组织要真正办成"由社员入股,实行民主管理,主要为入股社员服务"的合作性质的金融组织,这是合作金融改革的最终目标。因为发展农村合作金融不仅不与社会主义市场经济相矛盾,而且会促进市场经济的完善。所以,在建立社会主义市场经济条件下,仍要大力发展合作金融。要以法人为单位,改革产权制度,明晰产权关系,完善法人治理结构,区别各类情况,确定不同的产权形式和管理体制。使得多元化的组织结构能够适应多元化的经济基础,从而更有效地引导农村经济结构调整,帮助农民增加收入,促进城乡经济协调发展。

4.3.2 坚持服务农村

农村合作金融是由辖区农户、个体工商户和中小企业入股组成的社区性地方金融机构，是我国金融体系的重要组成部分。我国是一个农业大国，农村经济发展很不平衡，东西南北差异较大，农业和农村经济的发展以及农民增收，需要在资金、技术、人力等方面增加投入。随着金融改革的不断深化，四大国有商业银行基层机构相继从农村撤出，农村合作金融成为了支持"三农"的主力军和联系农民的金融纽带。农村合作金融主要任务是为农民、农业和农村经济发展提供服务，为此，要按照为"三农"服务的经营方向，改进服务方式，完善服务功能，提高服务水平。努力实现农村经济结构的调整和农民的增产增收的目标，偏离了这一方向就背离了改革的宗旨和目标。所以，建立和完善农村合作金融管理体制必须坚持为"三农"服务的原则。

4.3.3 坚持因地制宜

建立和完善农村合作金融管理体制的目标是达到"明晰产权关系、深化约束机制、增强服务功能、转换经营机制"。但是与当前及今后一个时期我国农业和农村经济发展新阶段的要求相比，农村合作金融在管理方式、经营模式、服务方式等方面还存在诸多不适应，在管理体制、产权制度、风险防范等方面还存在一些制约因素。在这种背景下选择适应不同地区农村经济发展水平和服务要求的农村合作金融组织形式，建立和完善适合我国国情的农村合作金融管理体制，必然要涉及方方面面的责权利关系的调整，情况复杂、政策性强，必须积极慎重，循序渐进，不能急于求成，一蹴而就，要认识到改革的艰巨性、复杂性和长期性，要进一步的探索和试验。为此，要结合各地区实际情况，充分考虑农村经济发展的不平衡性，在产权制度设计、组织形式选择等方面，不搞"一刀切"，要结合各地区的情况，实施区别对待。按照因地制宜、循序渐进的原则，积极探索分类实施合作制的实现形式，建立与各地经济发展、管理水平相适应的组织形式和运行机制。

4.3.4 坚持稳健发展

农村合作金融是我国金融体系中的重要组成部分，是农村金融的主力军，是联系农民的金融纽带。农村合作金融的生存和发展，事关农民增收、农业发展、农村稳定的大局，然而由于农村合作金融的经营模式已越来越无法适应服务"三农"的需要，尤为重要的是其经营状况也越来越陷入困境，因此坚持科学发展观，防范金融风险已成当务之急。为此，要加强监督机制建设，要把防范信用风险、操作风险与市场风险作为主要任务，坚持合规监管与风险监管并重，重点督导农村合作金融建立和认真执行各项内控制度，改进和完善自我约束机制。同时要加强现场检查工作力度，及时发现问题，堵塞漏洞。要做好农村合作金融风险防范和处置工作，进一步加大对重大风险事项的监管力度。对监管工作中发现的重大风险事项，及时预警，集中力量研究，有效化解，保证农村合作金融改革的顺利进行与经营的健康运行。

4.4 农村合作金融发展的方向选择

4.4.1 产权制度创新

在坚持合作制为农村金融组织基本产权形式的原则下，对现有农信社产权重新界定，并根据各地区经济、金融发展及各农信社的实际情况，在有合作制客观需要的地区或群体，按合作制原则重建真正意义的农村信用合作社；对一部分处于城乡结合部和县域经济中心的农村信用社，以及经济较为发达的县（市）农村信用社，在统一法人的基础上，可以将农信社分别建成合作银行。政府对合作金融组织给予政策和税收方面的扶持，但不对其人事、财务和经营活动等进行直接干预。

健全法人治理结构是合作金融健康发展的关键所在。一是改革理事会结构，彻底废除法人高度集权的体制。应严格按照现代企业所有权与经营权分离的机制，改善决策层法人治理结构。扩大理事会成员范围，将市（地）联社的入股社员的部分二级法人代表纳入理事会。二是完善监事会结构，充分发挥监事会的作用。三是强化社员代表大会职能。以法律制度强制赋予其如下3项权力：对理事会高管人员的民主选举权，最后审议权和法人罢免权。

4.4.2 监管体制创新

要加快完善合作金融法律。一是加快合作金融的立法工作。通过合作金融的立法，从法律上对农村合作金融组织的性质、成立条件、组织体系、业务范围、经营原则、服务宗旨和管理制度等予以细化的规定，使合作金融能依法经营，为其稳定运行提供有力的法律保障。二是制定农村合作金融机构兼并、重组、改制及市场退出等有关法律和政策法规，以规范兼并、重组、改制及市场退出。三是建立市场退出的保险机制，对某些经营恶化的农村合作金融组织实行破产关闭，做到优胜劣汰。通过建立存款保险制度，保护存款人的合法利益，促使投资人和存款人增强风险意识。

同时，要加强风险防范和监管。一是合法合规性监管要与风险监管相结合，并逐步由合法合规性监管为主转变到以风险审慎监管为主；二是行业监管要与法人监管相结合，并逐步由行业监管为主转变为以法人监管为主；三是业务监管要与内控制度监管相结合，并逐步由业务监管为主过渡到以内控制度监管为主；四是对高管人员的资格监管与行为监管相结合，并逐步由资格监管为主转变到以行为监管为主；五是专项检查与序时性全面检查相结合，并逐步由专项检查为主转变到以序时性全面检查为主；六是事后处置与事前、事中预警防范相结合，并逐步由事后处置为主转变到以事前、事中预警防范为主。同时，要加强制度建设，从根本上保障农村合作金融监管工作的规范化、制度化，逐步形成一整套适应农村信用社特点的、完整科学的监管制度体系，使农村合作金融监管工作有章可循、有规可依。

4.4.3　营运机制创新

在现有的农村信用社按合作制原则进行整顿规范的基础上，建立科学的金融企业内部激励机制和约束机制，推进组织制度创新；发挥自身优势，把市场定位在"以农为本，为农服务"上，进一步调整经营发展战略；调整利益分配机制，维护入股者的权益，适当提取一定比例公积金用于扩大积累，真正体现亏损自负、风险共担的制度约束，彻底打破社内分配中的"大锅饭"或"亏社不亏人"的利益格局。从而，建设一个充满生机和活力的，具有自我发展、自我约束能力的，以及调节自如、高效运转、符合社会主义农村市场经济发展要求的农村合作金融系统。

4.4.4　业务服务创新

一是资产业务要创新。首先贷款品种要大力创新，积极扩大低风险权数的贷款品种；其次要积极为富余资金找出路、想办法。二是代理业务要创新。现阶段，农村信用社可以代理国有商业银行撤出农村市场后的一些资产处置和贷款清收业务，还可以代理乡镇政府、学校发工资和代理保险公司收保费等，因此目前农村信用社代理业务的发展空间是十分巨大的，亟待开发。三是贷款对象要创新。在坚持为社员服务的同时，逐步为大众服务，服务对象不再仅限于社员，非社员个人、企业单位、社团组织、政府部门等都可以成为其服务对象。

4.5　深化完善农村信用社改革

农村信用社是我国农村合作性金融的典型形式。自 2003 年 8 月以来，农村信用社改革在管理体制、产权制度等方面都有新的重大突破，农信社的制度变迁再次成为农村金融体制乃至整个金融体制改革的焦点。新一轮农村信用社改革的主要任务是，不断完善产权制度、组织形式和内控机制，进一步发挥农村金融主力军作用。

4.5.1　改革农村信用社产权制度

1. 深化农村信用社产权制度改革的意义

产权制度改革是深化农村信用社改革的主要内容。由于合作性金融产权制度自身的缺陷，以及我国农村合作性金融制度设计，尤其是股权改革中出现的问题导致产权制度改革成效不明显。要按照股权结构多样化、投资主体多元化原则，根据不同地区情况，采取多种模式改造农村信用社，形成多种产权形式相互竞争和功能互补的农村合作性金融体系。

产权制度是对财产权利在经济活动中表现出来的各种权能加以分解和规范的法律制度，它是以产权为依托，对各种经济活动主体在产权关系中的权利、责任和义务进行合理有效的组合、调节的制度安排。

产权制度改革对于农村信用社实现可持续发展具有重要作用。第一，产权制度改革有利于明确农村信用社为"三农"服务的市场定位。农村信用社可以通过产权制度改革明晰其现有的产权关系，改变长期以来所有者缺位的现象，有利于确立优先为入股者或社员服务的宗旨，明晰农信社为"三农"服务的定位。第二，产权制度改革有利于完善农村信用社法人治理结构。长期以来，我国农村信用社的产权关系一直处于模糊状态，所有者是谁不明确，所有者与经营者的关系不清，这就难以建立起完善的法人治理结构。近年来，相当部分的农信社管理混乱，缺乏生机和活力，效益低下，与没有一个权责明确、相互制衡、科学规范的法人治理结构有直接关系。建立健全法人治理机构，使入股社员在社员代表大会上充分行使所有者权利，理事会作为社员代表大会的常设执行机构真正发挥所有者代言人作用，监事会真正行使监督理事、监督经营管理和财务管理的权利。第三，产权制度改革有利于形成农村信用社合理的产权激励与约束。当前，我国农村信用社无激励无约束，单凭经营者的道德、素质在经营农信社。经营者实际替代了缺位的所有者，因此，在同等条件下，经营者的素质好，信用社效益就好，反之，效益就差。产权制度改革有利于明确出资人与经营者各自的权利、责任，规范财产委托—代理的关系，从而形成合理的激励和约束机制，一方面激励经营者追求效益，另一方面又对经营者的行为形成强大的约束，形成自主经营、自负盈亏、自我发展、自我约束的法人实体，使农村信用社真正成为市场的经济主体。

2. 明晰农村信用社产权归属

农村信用社产权制度改革无论最终采取何种组织形式，必须以清晰的产权归属为前提。为此，首先要进行全面的清产核资，从存量上清理农村信用社产权。对农信社历年来的经营状况做出准确的评估，核实其资产、负债和资本金的确切金额，并对其历史积累或挂账亏损做出统一处理，为下一步改革做准备。其次，要做好增资扩股工作，从增量上明晰农村信用社产权。对新入股的股金进行登记，明确新社员、新股东。在吸收新股金时要严格按规范操作，保证增资扩股工作的效果，使农信社通过增资扩股达到资本充足的目的。再次，要从根本上规范农信社的股金，对于在以往不规范的筹集股本金工作中形成的"存款化"股金、"贷款化"股金、非现金股金等必须予以清退，或者使其按规范转化为真正意义上的股金；要限制农信社股金的过度流动。对于合作制性质的资格股允许退股，但要适当提高其入股金额，并对其退股的条件做出一定的限制。对于股份制性质的投资股则只允许依法转让，不允许退股；要使农信社的股金真正履行股金的职能。坚决执行农信社股金"只分红、不保息"的规定，使股金对农村信用社的经营充分负责，真正用于弥补亏损和防范风险，体现"利益共享、风险共担"的原则。总之，只有明晰农村信用社产权归属，量化历史积累和化解金融风险，规范新增股权并实现股权多元化，明确和落实出资者的权利与义务，才能保证合理的产权组织模式的选择和构建。

3. 农村信用社产权模式及选择

我国各地经济发展不平衡，各地农村信用社的经营状况和经营环境也极不一致。因此，选择农村信用社产权改革模式，应由地方综合权衡当地经济发展程度、经济结构特点以及农信社经营状况等多方面因素，在统一法人的基础上，自主确定适合当地特点的农村信用社产权模式。从全国各地农村信用社改革试点经验看，有三种产权模式可供选择。

（1）股份制

在我国东部沿海经济相对发达地区和省会等大城市郊区，可以选择股份制组织模式，把符合条件的农村信用社改造成为商业化经营的股份制农村商业银行。这些地区已不再以传统农业为主导产业，个体私营经济、专业户经济以及乡镇企业等非农产业较为发达。随着农业产业结构的调整，对金融的需求也发生了较大的变化，农业产业化经营组织与乡镇企业要求获得更多的信贷资金支持，享受多样化的金融产品服务，而原有的农信社由于信贷规模小、金融服务产品单一，已不能满足其需求。这种情况下，应该发挥股份制农村商业银行的优势，由其取代合作制农村信用社的地位。

在农村信用社的股份制改造中应注意以下问题：一是设立农村商业银行要严格按照《农村商业银行管理暂行规定》中规定的条件，在未达到条件的传统农业主产区和经济欠发达地区不适宜采取这种模式；二是农村信用社股份制改革后，应真正走向商业化运作。积极引入多元化的股东，让所有者、董事会和管理层拥有基本决策权；三是改革后的农村商业银行应保留"农村"色彩。农村商业银行是地方性的金融机构，要坚持为当地农民、农业和农村经济发展提供金融服务的宗旨，促进农业产业化经营和城乡一体化进程。金融监管部门应监督其切实承担适当的支农任务。

（2）股份合作制

对暂时没有达到股份制改革条件的经济中等发达地区，可以积极探索股份合作制农村合作银行的改革模式。股份合作制是我国改革开放后，随着农村经济发展，在农村自发形成的一种新型的经济组织形式，在农村生产、流通领域得到普遍推广和发展。股份合作制作为现代股份制和传统合作制的结合，既坚持了合作制民主管理、为民服务的原则，又具有股份制产权清晰、考虑投资人利益的优点。同时，农村信用社转变成股份合作银行，仍保留了"合作"的称呼，容易被农民接受，而加上"银行"二字，直观上提高了农信社的信用层次。因此，股份合作制符合合作金融自身发展的规律，也适合现阶段我国农村相当一部分地区的生产力发展水平。

把农村信用社按股份合作制改造成农村合作银行，一方面，农户可以通过持有合作制性质的资格股参与农村合作银行，确保自身能获得较为优惠的金融服务；另一方面，部分高收入农民以及乡镇企业、私营企业等经济主体可以通过持有股份制性质的投资股而成为农村合作银行的股东，在自身利益驱动下参与农村合作银行的管理,提高其经营效率。因此,在我国经济发展中等水平的地区顺应国际上合作社发展潮流,积极推动农信社的股份合作制改造,是寻求支农社会效应与追求营利经济效应的较好均衡途径。

(3) 合作制

在我国经济欠发达的中西部传统农业地区,应坚持把规范的合作制作为农村信用社组织模式改革的方向。对符合条件的进行以县为单位统一法人的重组。中西部农业主产区商品化程度低,以生产传统农副产品为主,生产规模小,该地区的农户和农村经济组织对金融服务的需求主要是对小额信贷资金的需求,资金需求周期和农副产品生产周期相一致,规范的合作制有其生存和发展的经济基础。在合作制的情况下,社员通过民主管理可以确保信用社为社员或农户自己服务。同时,社员以平等的身份共同管理信用社,使得农信社可以低成本甚至无成本地取得有关贷款申请人的信息。信息成本上的这种优势使农信社可以简化贷款评估的烦琐手续,随时在社员需要的时候提供贷款。如果对这些地区的农村信用社进行股份制或股份合作制的产权改革,农民和农村中小企业,将难以获得必要的信贷金融支持。可见,在农户从事小规模经营的农村地区,只有合作制的产权制度能够确保实现农户的贷款便利。

4.5.2 完善农村信用社法人治理结构

1. 建立合理的股权结构

建立农村信用社法人治理结构,首先,要以增资扩股为契机,积极吸引农户、个体工商户、个体承包户和私营企业主等各类经济主体投资入股农村信用社。无论哪种产权组织模式都可以根据实际需要设立资格股和投资股,组织模式的性质可以通过资格股与投资股的力量对比和章程约束来体现。通过资格股和投资股的搭配,既确保农信社的支农效果,又扩大股金来源,优化农信社股权结构。其次,根据当地经济发展的实际情况,合理确定入股农村信用社的最低股金要求,并适当放松对单个社员或股东持股上限的控制。入股门槛过低、持股上限控制过严所形成的高度分散的股权结构不利于农信社的法人治理,必须鼓励对农信社经理层有约束力的大股东的出现,尤其要着力吸引有能力、有意愿投入大额资金、积极参与农信社管理的战略投资者入股。最后,要允许乡级政府及所辖村委会成为农村信用社的团体社员,其入股资金可以从乡级财政中列支,这样,乡、村两级组织必然在企业改制和盘活乡、村集体贷款方面积极配合。

2. 建立有效的权力制衡机制

全面规范农村信用社"三会"运作，构建有效的权力制衡机制，使社员能充分地实现"用手投票"。

（1）完善社员代表大会制度

社员代表大会作为农村信用社的最高权力机构必须真正代表社员利益，并能依法不受干扰地行使职能，决定农信社的人事任免和重大经营决策。在股权资本化的基础上，由拥有 A 类股份的社员按其股份推选一定数量的社员代表，组成新的社员代表大会。应保证社员代表大会的权力不被悬空，并独立行使职权。地方政府不能行政干预，不能侵害社员代表大会和理事会的权利。

（2）建立独立理事制度，严格实行理事长与主任分设

理事会作为社员代表大会的常设机构和执行机构，必须对社员代表大会负责，可引进独立理事制度，即考虑从社会上聘请一些知识水平较高、社会责任心强、有一定威望的人士担任信用社的独立理事，以更好地发挥理事会的监督管理作用。同时，应严格实行理事长与主任分设，以建立有效的权力制约机制。谨慎选聘经理层，并有力地约束经理层可能损害社员利益的行为，严防经理层越权决策的"内部人控制"局面。

（3）实施名副其实的监事会制度

监事会作为农村信用社的内部监督机构，必须要有常设机构和现实监督权，且级别不低于理事会。而且要赋予监事会更大的权力，包括对农信社业务和财务的审计权，对管理层和员工行为的监察权，对理事长、信用社主任明显违法违规的重大决策的否决权等。监事会要独立依法行使职权，不受制于理事会和主任，又对社员代表大会和全体社员负责。对于选择股份制道路的农村商业银行，应按照股份制公司治理原则规范地建设股东大会、董事会和监事会，构建股份制权力制衡机制；对于选择股份合作制的农村合作银行，则应根据实际对"三会"的形式做出选择，并在资格股股金与投资股股金之间合理分配权力，构建股份合作制权力制衡机制。

3. 建立完善的激励约束机制

通过合理配置剩余索取权和剩余控制权，创新农村信用社的激励相容约束机制，尽可能地使社员和经理层的效用函数趋于一致，使经理层在利益驱动下自觉努力经营好农村信用社，维护广大社员利益。要全面构筑对经理层的激励相容约束压力，实行经理层人员竞聘上岗制度，并由"三会"协作对经理层加强监督，消除经理层人员的相机抉择行为；要全面构筑对经理层的

激励相容约束动力，实行经理层收入与其经营业绩完全挂钩的薪金制度，奖勤惩懒，使经理层的经营努力能得到相应的回报，偷懒行为受到相应的处罚，并采取有效措施把经理层利益与农村信用社当前以及长远利益相统一，激发经理层经营的积极性，避免其短期化行为。

4.5.3　创新农村信用社金融业务与服务

农村信用社的产权改革和法人合理结构建设必须落实在业务层面上，才能达到改革的初衷。农信社要把自己当作真正的企业，在经营中严格按企业化进行运作，在满足股东、贷款户、储户等相关利益主体的前提下，将自身价值最大化作为经营目标，同时，要做好自己的市场定位，根据自身的特点，业务规模及人员素质选择相适应的业务对象，根据地区经济发展战略，农村经济发展关键点及经济布局与结构创新相应的金融业务及其服务。

1. 业务创新定位

农村信用社的"根"在农村，脱离农村、离开农业、远离农民，农信社将成为"无源之水，无本之木"。农信社的改革发展，必须在农村找出路，也只有在农村才能找到出路。农信社应当坚持扎根农村，坚定不移地坚持服务"三农"的市场定位，在农业、农民和农村这个大市场中找准自己的位置。同时，农信社作为吸收公众存款的银行类机构，作为市场经济条件下的独立企业法人，应当按照市场经济的客观规律办事。只有市场化的取向，才能做到自身可持续发展，进而更好地支持"三农"发展。为此，农信社要发挥比较优势，在自己最擅长的领域加大企融服务力度，采取灵活多样、切实有效的措施，在农户中培育一批"黄金客户"，注意拓展信贷领域，扩大支农范围，加大对农村运输业、农产品加工业及农业综合开发项目的信贷支持力度，着力培养农业新的经济增长点，并以此为自身带来利润增长点。

2. 业务创新思路

农村信用社应根据客户服务要求特点进行业务创新，尤其要针对不同贷款对象，采取不同的贷款方式，不断改进服务方式和提高服务质量。

（1）积极开展农户小额信用贷款和联保贷款

农户小额信贷和联保贷款，是农村合作性金融在长期实践探索的基础上，认真总结形成的一种行之有效的信贷管理办法，是信贷管理制度的一种创新。几年来的实践证明，这种制度符合我国农村、农业和农民的实际，符合农村合作性金融的管理实际，在增加对农户的信贷支持、缓解农民贷款难问题上，发挥了重要作用。在社会主义新农村建设中，要继续巩固农户小额信贷和联保贷款的成果，并向纵深发展。一要针对目前农村经济发展和产业结构调整的新形势、新要求，对小额信贷的对象、额度、期限等进行延伸。将小额信贷的对象延伸到个体工商户，具体包括传统种养大户、订单农业户、进城务工经商户、小型加工户、运输户和其他与"三农"有关的城乡个体经营户；根据当地经济发展水平和农户经营实力，适当提高贷款额度，授信额度上限扩大到 3 万~5 万元，以更好地满足贷款对象的资金需求；改变过去"春放、秋收、冬不贷"的传统放贷模式，根据农户贷款用途、生产周期、还款来源等因素合理确定期限，允许跨年度使用。二要着力完善和加强农户信贷登记管理系统建设，对农户经济档案建立、信息收集和分析、信息数据更新、档案动态管理等建立起一套规范的制度体系，并借助计算机技术和网络的支持，提高利用效率，更好地发挥后台管理的作用。三要进一步推广农户信用等级评定制度，在评级的基础上，完善农户贷款授信制度，采取有效措施防范信贷风险。着手建立农户小额信贷和联保贷款的风险补偿机制，完善损失计提办法，增强抵御风险的能力。

（2）探索发展支持农业产业化发展的信贷业务

建设现代农业的根本出路在于产业化。农信社要强化措施，在加快推动农业产业化发展的同时，借助农业产业化增效创利。一要加大对优势农产品产业带建设的信贷投入。采取"聚集项目、捆绑资金、集中投向"的方式，支持具备区域资源优势、品质好、特色鲜明、竞争力强的优势农产品产业带建设，建成优势农产品出口基地、龙头企业的原料基地和名牌农产品生产基地。二要加大对订单农业的支持力度。要采取"公司担保、联合共管、分环节投贷"的方式，大力支持发展订单农业，建立"公司＋基地＋农户"的农业产业化经营模式，带动科技农业、高效农业的发展。三要信贷支持涉农龙头企业的发展壮大。要建立支持农业产业化龙头企业项目库，重点支持发展一批从事国家或省级确定的农业产业化开发经营项目的企业和利用当地资源、经营规模大、带动力较强的大型涉农加工企业，培植大龙头，创造大品牌，使千家万户的小生产与千变万化的大市场有机联结起来。四要加大对农副产品物流企业的信贷支持。要支持建设一批集收购、销售、流通于一体的农副产品批发市场，使农副产品更多地进入超市，提高农产品的商品率和市场竞争力。

（3）积极介入支持农村城镇化的信贷服务

农村城镇化是改变城乡二元结构，实现以城带乡，加快社会主义新农村建设的重要保证。农信社应大力支持城乡一体化建设和农村基础设施建设，积极介入中小城市和重点镇、中心村的道路、供水、供电、通信、住房、广播电视、普及沼气等基础设施建设。要支持集教育、观光、旅游、休闲、度假于一身的休闲农业的发展。要支持农民进镇进城务工经商和引导外出打工农民回乡创业，促进农村企业和小城镇发展。

（4）拓宽信贷领域，发展中间业务

农村信用社要根据农村经济发展的需要，拓展农村的住房贷款、生活消费品贷款、教育消费贷款等农村消费信贷业务，提供"一家一户"式的金融服务。同时，发展汇兑结算，投资、理财、技术咨询、金融委托等中介业务。针对农户的金融需求，实行贷款、理财、咨询等综合信贷产品服务。针对农业产业化龙头企业的金融需求，实行资产、负债、中间业务一体化营销，在贷款、承兑票据贴现、应收账款融资等方面实行配套服务。

（5）开发一揽子信贷产品

一揽子信贷产品是集不同功能、不同性质贷款于一身，既可拆分又能有机结合的信贷产品。可将农户小额信贷、农户联保贷款捆绑在一起，促进农民奔小康；可将订单担保贷款、公司为农户担保贷款、仓单质押贷款捆绑在一起，以此推动"公司 + 基地 + 农户"的农业产业化发展；可采取信用、抵押、质押、担保相结合的方式提供贷款支持，促进农村城镇化。

4.5.4 提供有利于农信社发展的扶持政策

农信社的发展，需要一个稳定的宏观经济环境。国家宏观经济政策的变动，对农信社有着极大的影响。过去，国家宏观经济政策着眼于发展重工业，着眼于发展城市经济，忽视和压制了农村经济的发展，对农村资源采取了严格控制的政策。在对农村资源严格控制下，大量农村资源被抽出，流向城市，农村金融资源也不例外。农村金融发展严重受到抑制，农村信用社的发展几经反复，体制经常发生变化，合作制原则没有得到过真正的实施。在不同的经济发展周期、不同的阶段，国家实行的不同财政、金融政策，对农信社的影响是巨大的。因此，国家实施宏观经济政策时，应充分考虑农信社的优势和特点，既可以发挥其支持农村经济发展的应有作用，又可以通过合作金融组织来引导农村经济主体贯彻产业发展意图和产业政策导向。

政府发挥作用，将为农信社发展提供有利的支持。农信社是区域性合作金融企业，为地方农村经济发展、为农业和农民提供信贷服务。农信社与地方政府之间又有许多联系。从协作关系来看，农信社的金融业务，特别是信贷业务，在服务于农村、服务于农业、服务于农民的过程中，具有不确定性，尤其是农业项目，由于存在高风险、部分社员信用观念差等因素，导致农信社经济效益低、风险大。在农村资金市场尚不发达的情况下，信用社还需要借助行政、法律手段，才能促使其正常的业务得以开展，这就需要地方政府支持和政府有关部门配合。从农信社需要扶持的角度来分析，由于农信社服务对象较为分散、服务收入较低，这要求地方政府部门对其给予必要支持，以保证农信社稳定、健康发展。

4.6 培育农村制度外合作金融组织

"要解决农村金融问题肯定不能把希望全部寄托在农行与农信社上，中国的农村不缺大血管，缺的是毛细血管，就是能够有效地在村一级、在最基层提供金融服务的多元化的金融机构，农村金融改革最重要的就是要制造一个很好的毛细血管系统。"这是一位金融专家对中国农村金融的分析和判断。2006年年底，中国银监会发布《关于调整放宽农村金融机构准入政策，更好支持社会主义新农村建设的若干意见》，并决定在吉林等六省（区）进行试点，这为规范和发展民间合作金融，培育农村制度外合作金融组织提供了可能和契机。

4.6.1 农村民间金融合法化

培育农村制度外合作金融组织，主要是指让民间金融合法化，将之纳入规范化、法制化管理的轨道，充分发挥其作用，更好地满足农村经济主体的融资需求。从某种程度上说，我国应当放弃对民间金融的歧视与管制政策，为合作金融的成长提供生存的土壤和空间。要让一些已具适当规模的民间金融组织，如合会、互助储金会等浮出水面来。我们已经从现实中知道了其"有益补充"的作用，若是没有民间金融的支撑，也许就没有沿海发达省市等地民营经济的迅速崛起与发展。要承认它们存在的现实，并严格按照有关的规则进行规范和治理。一方面，有利于减少金融风险，减少高利贷给弱小借贷者所带来的负担，从而也将使农村更加稳定；另一方面，作为正规金融的补充，若将这些组织培植并发育成规范的合作金融组织，将会极大地促进农村经济的发展，更好地服务"三农"，更好地服务最广大的弱势群体。

1. 合法化的制度构建

规范和发展农村民间合作金融就必须让已存在的农村民间合作金融组织活动合法化、公开化、规范化，构建在农村居民自愿入股基础上的新型合作金融组织。一方面，通过制度创新，将那些已有一定规模、机构比较完善、运营和管理比较规范并在国家监管之下的民间金融机构合法化，成为互助性的农村合作金融组织（或称借贷合作社）；另一方面，由于民间金融的借贷过程极不规范，如一般只有一张简单的借条而没有成文的贷款契约，贷款期限和付息时间更是以口头约定为主，所以应对民间金融进行规范化：规范民间借贷协议，明确民间借贷双方的权利和义务；同时建立必要的资金借贷登记，使金融监管当局能准确地掌握民间借贷活动，便于进行宏观调控。

国外实践表明，农村民间金融在二元经济结构中是普遍存在的，在我国也不例外，金融监管当局不能简单地对其采取取缔的方式，而应引导它成为农村金融服务体系的组成部分。首先，引导民间金融合会等民间金融组织从"地下"走向"地上"，向规范化、合法化、机构化金融转变。在现实条件下，一方面，政府要降低金融准入门槛，允许那些股东人数、资本金、经营者资格及其他条件达到法律规定标准的规模较大的合会等，以合作制的形式进行注册、登记，按正规金融的要求规范管理和监督，使其转变为正规的农村合作金融机构；另一方面，政府要引导小规模的民间资金参与农村信用社、农村合作银行等农村正规金融的改制，使它们通过控股或参股取得部分产权，将原先投向地下钱庄的社会闲散资金吸引到合法的投资轨道上来，截断地下钱庄的社会资金供应来源。其次，规范农村民间借贷市场与典当行的经营行为。政府要将它们纳入监控范围，健全市场契约制度，使其合法并规范运作，从而充分发挥其为农村、农业和农民服务的作用。

2. 合会的合法化

合会这种具有互助性的资金合作组织，是合作金融发展的雏形。目前在我国许多农村地区尤其是经济发达地区广泛存在，对当地农村经济发展和缓解农村资金短缺压力有着重要的作用。但由于它属于非制度性的民间合作金融组织，并没有被纳入金融监管体系，仍属于非法金融组织，在发展的过程中难免存在一些不规范的问题。目前，绝大部分学者都主张合会合法化，认为将农村民间合作金融组织纳入农村金融体系建设的整体规划，可以有效控制农村金融风险，促进农村民间金融的健康发展。在合会合法化的具体措施方面，有的学者主张应借鉴日本或中国台湾地区的经验，制定《合会运作管理条例》或将合会纳入"民法典"中进行调整。对具有一定规模和管理制度的合会，应允许其领取执照开展业务，短期内可限定其利率浮动范围，长期内则可以完全放开利率以自由浮动。同时，应该规范其活动范围、活动内容、审批程序以及风险处置方式等。

本研究认为，政府有必要在法律上加以保护和政策上加以引导：合会的会员应是由同村的或相互熟悉的人入股组成，在会员准入上应该严格审核，须经全体会员同意方可吸收入会，有不良信用记录的人决不能纳入；合会不办理存贷款业务，只是将会款定期或不定期以不同的方式满足其成员的资金需求；合会不设立独立的法人治理结构，一切事务均由会员共同协商办理；每个从合会取得资金的会员对其他成员应承担无限责任制，并由政府法律法规予以保护；同时由于合会具有数量多、规模小、组织分散等特征，监管成本很高，因此当前不可能设立一个专门的监管部门对其进行监管。但合会一经设立，应到村委会进行登记，并随时将其运作情况向村委会进行汇报，然后村委会定期再将有关情况上报给银监局合作金融监管部门，当然监管部门可定期或不定期抽调相关人员到基层了解合会的具体情况，一旦发现有将资金用于非法目的（如赌博、高利贷等）或变相利用合会资金（如抬会）的合会，应坚决予以取缔。同时，相应的法律或法规应对其人员数量以及经营范围、利率等方面进行严格规定和限制。

总之，合会应在国家和法律规定的范围内开展活动，它应是一种以资金互助为目的的低层次的民间合作金融组织，随着会员数量和地域范围的逐步扩大，可将其逐步引导向较高层次的合作金融组织转化，如农村资金互助合作社、农村合作银行等。

4.6.2　农村资金互助合作社

农村资金互助合作社，是由当地农民或自然人按照自愿入股的原则，投资创办的资金互助组织，以信用贷款为主，为本社社员提供存款和贷款等服务。农村合作基金会自产生之后就在我国广大农村地区迅速蔓延开来，足以显示其较强的生命力和适应力，也反映出农民对它的强烈需求。结合目前我国农村地区的经济发展现状及金融供求状况，完全有必要也有可能重新构建一种类似于原有农村合作基金会，但须经严格规范和培育的农村内部互助融资组织。在现实实践中，已经有了比较成功的模式，例如，2007 年 3 月 9 日，经中国银监会批准，全国首家全部由农民自愿入股组建的农村合作金融机构——吉林省梨树县闫家村百信资金互助社正式挂牌营业。百信农村资金互助社，是由闫家村 32 位农民自愿发起设立的农村资金互助社，注册资本为10.18 万元，目前经营业务的范围包括：办理社员存款、贷款和结算业务；买卖政府债券和金融债券；办理同业存放；办理代理业务；向其他银行业金融机构融入资金等。仅仅两个多月时间，百信资金互助社的入股农民从开始的

32 户增加到了 70 多户，入股股金达到 11.84 万元，先后为农民发放贷款 43 笔（会员用最低 100 元作为入会费，可以享受入会费十倍以内的贷款额度）。现在，吉林省梨树县的农民已经自发组织了 10 余家这样的资金互助社，资本金规模大的达到了 70 多万元。目前，多家资金互助社已经向当地银监部门提交了相关申请，正在等待正式批准。农村资金互助合作社的产生和建立，是我国农村金融体制改革的一大重要成果。结合目前的实践，有必要从制度上加以完善，促其又好又快发展。

1. 农村资金互助合作社的性质原则

农村资金互助合作社，应该是农民这一弱势群体间自营自救的合作金融组织。必须完全按照合作制原则成立、运营，体现农户的互助合作经济关系，而不是以盈利为目的，它的资金来源主要包括会员的股金、政府的补贴或低息贷款、借款等。资金互助合作社主要是向会员放款、为会员提供贷款担保及其他金融服务。要坚持以下几项原则。

（1）自愿的原则

入会和退会完全是自愿的，在会的会员可以享受资金互助社的分红、低息贷款及其他金融服务。会员的资格及股金经资金互助社过户可转让给他人，会员在退会时，其股金和红利完全由资金互助社退还。

（2）互助的原则

资金互助社体现会员互助合作关系，而不是以盈利为目的，资金互助社只维持很小的存、贷利差，其利润以维持资金互助社运营稍有盈余为限。由此可以看出，资金互助社有别于慈善机构，其会员使用资金是有偿的，不仅要还本还要付息，但其利息成本要远低于从其他金融机构贷款的利息成本。

（3）民主的原则

资金互助社实行民主管理，管理人员完全由会员民主选举产生，会员在投票时实行一人一票制，而不是以会员所出的股金量为准。另外，会员还有对管理人员工作实行民主监督的权利。

2. 农村资金互助合作社的发展条件

在世界各国中，政府对于农村资金互助合作社普遍实行优惠政策，这主要是因为：一是资金互助社是服务的机构，而不是营利为目的的机构；二是资金互助社是农民这一经济弱者在资金方面的自救组织；三是对资金互助社的支持有助于保证社会的稳定和经济发展。我国政府在鼓励资金互助社方面应采取税收的减免、政府对资金互助社给予补贴、政府给予资金互助社以特权，允许其发行债券，筹集所需资金等优惠政策。

应该注意的是，资金互助社是基层合作金融组织，它必须严格按照合作制相关原则进行经营与管理。待资金互助社发展壮大之后，可由小做大，突破地域范围、服务范围、股权结构等限制，甚至在民主管理方面可有所异化，从下至上，层层入股，实行多级法人制，逐步向更高层次的合作金融组织发展。

4.6.3 农村合作银行

这里的农村合作银行是指在农村资金互助合作社发展到一定阶段之后，随着社员人数的增加和金融需求的多样化，产生了扩大组织的内在需求，借鉴国际经验，实行层层入股，组建具有中国特色的农村合作银行体系。它可由几个村的农村资金互助合作社共同入股组成上级合作银行，一个镇（乡）可组建一个合作银行或组建几个合作银行，每个合作银行都是独立的法人机构；入股社员可突破单个自然人的限制，吸收自然人、个体工商户、农村资金互助社、企业法人、机关事业单位、其他经济组织入股，但以农村资金互助社为主，从而扩大了合作金融组织入股成员的范围。

1. 农村合作银行的股权设定

每个农村合作银行的资本金水平应达到金融监管部门的监管要求，为了提高合作银行的资本充足率和做大做强合作银行的需要，在股权设定上可分为 A、B、C 三种类型，A 类股份为农村居民和农村中小企业为取得投票控制权而对合作银行的原始投入通行证资金，有投票权和分红权，企业股和居民股的认股金额应不同，投票权也可有所不同（可适当给予多认购者较多的投票权，但最多不能超过 3 票），不同地区入股金额也可有所不同（贫困地区金额起点可降低），A 类股份不可转让出售，如要退出，也应在理事会同意后一段时间内退出。B 类股份可以分红、转让但无投票权，社员可追加投资任何的 B 类股份，为了提高资本充足率，可增设 C 类股份，即将每个借款人借款额的 5% ~ 10% 的资金实行资本化，待其偿还贷款后可以兑回，如借款人不兑回的情况下即可转换成 B 类股份，C 类股份无投票权、分红权。村合作评议委员会的设置。这个机构的调协非常重要，因为随着合作金融组织的扩大，社员之间经常互不了解，所以在社员入社、审贷上经常存在信息不对称的问题。因此应在每个农村资金互助合作社的基础上选拔几个社中代表再加上若干村委会干部共同组成村合作评议委员会，每个村设一个，它主要负责向镇合作银行选送合格的社员代表、帮助评议新的社员入社资格，更重要的是在该村社员贷款时，它应提供相关的信用资料和信息并加以保证，这也使得它负有连带清偿责任（贷款社员负有无限清偿责任），从而大大减少了合作银行的工作量和业务风险，也提高了每个社员贷款偿还的意识。同时该组织还肩负着向本村社员传达信息、宣传教育、业务咨询等职责。

2. 农村合作银行的治理结构

农村合作银行主要是为入股社员服务的合作金融组织，但民主管理可有所异化，其法人治理结构设置为：第一，实行社员代表大会，随着社员人数的激增，只能由各村合作评议委员会选派几个素质较高、合作意识较强的代表再加上法人代表组成社员代表大会，不一定实行一人一票制，投入较多股金的个人或企业可拥有 2～3 票，且在对社员贷款最高额度上与其股金呈一定比例关系。第二，理事会由社员代表大会选举产生并向它负责，主要处理合作银行的日常事务和执行一些重大决策。第三，监事会应由非理事会成员担任，至少由三人组成，负责对理事会和经营管理人员进行日常监督并定期向社员代表大会报告。第四，农村合作银行主任应由理事会聘任产生，最好为职业经理人，拥有较高的企业管理素质和合作金融意识，负责银行的日常经营管理，但是当理事会或主任忽视社员的利益而做出决策或没按合作制相关原则进行经营管理时，社员代表大会有权罢免理事会成员和主任。

3. 农村合作银行的业务范围

农村合作银行应突破农村资金互助合作社存贷业务的局限，存款上可吸收社区外各类经济主体的存款，贷款上主要为社员贷款服务（同等条件满足的情况下应优先贷款且利率较低），也可对非社员贷款（其比例应控制在一定范围内）。除此之外，随着合作银行体系的扩大，农村合作银行还可办理信用卡业务、代理业务、外汇交易、投资甚至国际业务，扩大其盈利来源和范围，适当进行商业化经营，从而更好地为社员服务（在盈利与为社员服务发生冲突时，应以社员服务为主，但社员的贷款需求必须是有偿还能力的需求）。随着镇级农村合作银行的发展及防范风险的需要，可借鉴国外做法再实行层层入股，实行多级法人制，组建县、地区、省级直至中央农村合作银行，每一级机构都是独立的法人，上一级合作金融组织主要职责是为下一级组织提供各种服务包括结算、调剂资金、业务指导并办理较大额度的资金融通业务，从而形成多层次的、独立的农村合作银行体系。

4.6.4 农村中小企业互助基金会

作为市场主体的农村中小企业在市场竞争中处于弱势地位，与受政府宠爱并占支配地位的大企业相比，在获得资金、技术、高层次人才和关键信息等方面十分困难、代价更大，特别是为扩大经营规模急需筹资融资，农村中小企业往往受到某些金融机构的歧视或不公对待。这些问题的存在，严重制约了农村中小企业的发展、壮大。农村中小企业融资难、贷款难问题，究其原因，不外乎集中在两个方面，一方面是农村中小企业自身存在问题或由于内部条件的欠缺导致贷款融资难；另一方面是外部环境及作用造成农村中小企业贷款融资难。外部环境造成农村中小企业贷款难的困境主要体现在：银企之间联系较少，信息不对称；单笔贷款金额小、次数多，银行手续烦琐、成本高；还款能力弱，银行贷款效益低、风险大；银行无法掌握贷款企业的经营状况、资金使用和真实的财务账目。鉴于我国农村地区中小企业融资难及资金需求量较大的缘故，本研究认为，按照《中小企业促进法》规定，农村中小企业应该积极建立自己的行业协会和互助基金会，按年产值的比例向基金会交纳基金并形成企业的基金股份，基金会实行保本或维持性经营，确保基金低息或无息融贷给中小企业。在实践中，农村中小企业互助基金会也取得一定的进展。例如，2007 年 2 月，海安县小企业应急互助基金会在海安挂牌。基金会由财政拨付 1000 万元、企业筹集 4000 万元成立，主要为企业贷款先借后还间隙期的资金周转困难和特殊经营资金困难提供资金融通，防止企业资金链断裂引发银行贷款风险。

1. 基金会的股权设定

农村中小企业互助基金会，是一种由中小企业入股且为之专门服务的具有合作制特征的互助融资组织。基本运作思路是：由若干农村中小企业入股，成立互助基金会或担保公司，当会员企业需要向银行贷款时，该基金会可作为担保机构为其进行担保，从而实现会员间的互助融资。它必须由同一个县域内或一定经济区域内的农村中小企业入股组成（最好是隶属于同行业的企业），入股的企业之间必须相互了解（主要是指对企业的大体经营实力、信用状况、业务范围、法人代表及管理人员素质与信用等），同时该行业一般为该县或地区的支柱产业或朝阳产业；在政府政策引导下，由企业自发成立，政府应规定最低的注册资本金和最低的法人机构数，但条件可有所降低；企业应有一个最低的入股金额（如 10 万元），以后其获得的担保额与入股金额有一个最高比例关系（假设比例为 1:3，就是该企业入股 10 万元，最高可获得 30 万元的担保额度），会员对于互助基金会承担的是有限责任义务，即以其入股金额对基金会负责，但如果有接受担保的企业，其法人代表应承担连带清偿责任；互助基金会性质是为入股社员服务、不以盈利为主要目的、实行民主管理的合作金融组织。

2. 基金会的治理结构

农村中小企业互助基金会应设股东大会、监事会、经理人，实行股东大会（董事会）领导下的经理负责制。股东大会（董事会）由每个入股企业派一个代表人（应具有银行经营管理的素质和能力，对合作金融的相关经营原则应熟悉）组成，实行一人一票制，其主要职责是对申请新入会企业的条件资格进行严格审核并做出决定（必须是所有会员同意方可吸收新会员），制订企业内部规章制度、方针政策、预算决策目标，定期对经营管理人员业绩及行为进行评估并决定到期是否继续留任，对一些重大事项做出决策；经营管理人员应由专门的职业经理人员担任，具有较高的经营管理素质和合作金融意识，其职责主要是对社员的贷款担保申请进行严格审核并决定是否予以批准，管理日常事务；监事会主要是从股东大会中选派几个代表担任，主要负责监督经营管理人员的业务经营及日常事务管理。农村中小企业互助基金会作为农村中小企业之间的互助融资担保机构，经营业务与范围主要是：为会员企业的贷款提供担保，不经营日常的存贷款业务和其他金融业务。利润来源主要是向会员企业收取担保费及会员资金的存款利息，基金会每年的收入除了支付员工的工资之外，盈余不分红，作为扩大基金会的资本金，从而不断做强基金会，为会员企业提供更大额度的贷款担保。

3. 基金会的扶持与监管

农村中小企业互助基金会是由中小企业入股组成，且处在农村地区，其风险抵抗能力较弱，因此政府应给予较多的政策扶持。首先，政府要出资扶持，由于中小企业自身实力不强，所能入股金额有限，资本充足率可能达不到金融监管部门的要求，因此在创立时当地政府可出资参股但不参与具体管理，待其发展壮大之后再进行偿还；其次，政府应给予一些优惠政策如减免税收、简化成立的程序和手续等；最后，政府应制定相关的法律法规对其地位进行法律保护，为其发展创造良好的外部环境。由于农村中小企业互助基金会是一种区域经济合作组织，一般是单一银行制，建议将其纳入当地银监局合作金融处或非银处进行监管。除了在资本充足率和存款准备金上适当降低一些标准外，其他应严格按照同行业标准进行监管。当前我国的农村合作金融的发展与创新主要取决于这次农村信用社改革的模式与效果。众所周知，农村信用社是我国农村金融的主力军，机构网点遍布农村，将农村信用社改革成为真正的合作制金融组织或者股份合作制的区域性金融组织，能较好地解决农村地区的资金短缺和金融需求问题。因此，必须把农村信用社改革作为农村合作金融转型的重中之重，切实加以重视，积极推进，取得真正的实效。同时也要清醒地看到改变农村信用社固有的弊端，解决农村地区的资金短缺问题在短期内很难得以实现，此时组建新型的合作金融组织也就具有现实的必要性了。本研究认为，农村资金互助合作社和农村合作银行，可在某些典型地区进行试点改革，待总结经验并制定相关法律法规之后再进行推广；关于合会和农村中小企业互助基金会，这是农村金融服务的很好补充，即不管是信用社还是农村合作银行（合作制），它们都可以与之并存，发挥很好的辅助作用。因为目前就我国农村地区而言，短期内不管商业金融、合作金融、政策性金融怎样发展，最终都还是有一部分人、一部分企业无法从正规的金融机构取得贷款和金融服务，而合会、中小企业互助基金会作为一种小型的、低层次的、有特色的资金互助合作组织，正可以很好地适应这种需求和弥补这种缺陷，只是在相关的法律定位上可以将其定位成为具有合作制特征的非制度性的民间合作金融组织，并受相关法律法规的保障和约束。

4.7 建立健全农村合作金融的外部支撑体系

农村合作金融要健康快速发展，即需要内部加强管理，规范发展；也需要良好的外部环境，良好的外部环境可以为农村金融提供肥沃的土壤，让其生根、发芽、发展、壮大。因此，建立健全农村合作金融的外部支撑体系尤为重要。当前应着力建立健全以下体系。

4.7.1 完善政府对农业的支持和保护体系

农业是国民经济的基础，但它又具有先天的弱质性，因此，世界上不少国家普遍对农业采取了支持和保护政策。据有关专家分析，在西方发达国家，如美国、加拿大、英国等，对农业提供的财政支持可达到农业 GDP 的 25%，即使印度这样的发展中国家对农业的支持也达到了农业 GDP 的 10%。近年来，随着建设社会主义新农村的起步和建设和谐社会的要求，我国不断增强对农村、农业、农民的支持力度，在减免农业税、减轻农业负担的基础上，财政投入也不断加大。2007 年，财政部按照党中央和国务院的要求和部署，进一步提高财政支农力度，初步安排农作物良种补贴、农机具购置补贴、测土配方施肥等专项资金 88.7 亿元，安排 5 亿元用于设立棉花良种补贴。2007年中央一号文件也明确了发展现代农业是社会主义新农村建设的首要任务，党中央、国务院为此做出详尽的部署，提出了一系列有针对性的政策措施，有重点、有计划、有步骤地扎实推进，并强调要把发展现代农业作为新农村建设的总抓手，并贯穿始终。对此，各地、各部门要紧密结合实际，投入更多力量，从最有利于农民、最需要解决、最有条件解决的问题入手，结合当前实际，进一步完善对农业的支持和保护体系，科学安排，循序渐进，确保国家巨额财政投入取得明显的支持作用，确保现代农业建设取得实效，确保农民群众得到实惠。金融是经济发展的产物，依托于经济增长而增长，又对经济增长起到反作用。农业的基础设施得到改善，农业抵御自然风险的能力提高，农业的投资收益率提高，必然为农村金融、农村合作金融提供良好的发展环境，引导资金各农村流入，促进农村金融和经济的快速发展。

4.7.2　加强农村金融的法制体系建设

市场经济是法制经济，西方国家合作金融的健康发展，除了制度本身适应经济发展的形势外，也得益于完善的信用合作法律为其提供保障。要实现农村金融健康、快速发展，加快农村金融的立法进程，完善农村金融的法律体系建设已成为当前我国迫切解决的问题之一。金融法制由两部分组成：一是有关金融的法律法规；二是对金融机构内部有约束力的章程和制度。目前已有的金融法规，如《中国人民银行法》《商业银行法》《外资金融机构管理条例》等，对农村金融具有普遍的适应性。但是有关农村信用社的市场定位、产权形式、经营管理的法律法规、农村合作基金、信用合作方面的条例等还处于空白。法制的不健全制约了农村金融市场和农村合作金融的培育和发展，因此，应加快制定和颁布《农村合作金融法》《农村信用社合作条例》《农村合作基金条例》《农村私募基金管理条例》《农村民间借贷条例》等相关法律和制度。确立新生的机构的活动地位和经营行为，以法律的形式明确对为农村提供金融服务组织的扶持措施（如减免税、财政补贴等），实现农村金融的快速增长，支持农村经济的发展。

4.7.3　建立完善的农村信用体系

市场经济也是信用经济。健全的信用体系可以大大降低交易费用，提高经济和金融的运行效率。农村合作金融更是以信用为基础，缺乏社员间的相互信任，信用合作组织的成立将成为不可能。长期以来，我国社会的信用秩序较差，个人、企业逃废债现象层出不穷，严重扰乱了正常的经济与金融的发展。对此，一是应进一步加强信用宣传，认真贯彻社会主义荣辱观，使每个人都认为，诚实守信光荣，就是品牌，就是创造财富；见利忘义就是耻辱，最终也是死胡同。二是要充分发挥政府的作用。政府应积极引导信用体系的建立，以优化金融生态、建设金融安全区为载体，积极开展创建"信用户、信用村、信用镇（社区）"活动，促进社会信用环境的不断完善。同时，要制定相应的法律法规或政策来规范人们的行为，给失信者以严厉的制裁，逐步将农村建设成为一个文明、守法、诚实、信用，遵守社会公德的社会主义新农村。

4.7.4 加强对农村金融市场的监督和管理

政府解决"市场失灵"的途径之一就是要以政策引导、法律监督、经济调节等方式对参与经济活动的市场主体进行规范。在农村金融体系建设上，政府一方面要尊重农村金融各市场主体的自主经营权，另一方面要加强监督和管理，促使金融这一行业在农村地区的健康发展。银监会"允许设立村镇银行等金融机构，允许农村地区的农民和农村小企业，发起设立为入股社员服务、实行社员民主管理的社区性信用合作组织"。并调整和放宽农村地区银行业金融机构准入政策，必然对促进农村地区形成投资多元、种类多样、覆盖全面、服务高效的金融服务体系产生积极的作用。如果管理不力，就会扰乱正常的金融秩序，引发更深层次的金融风险。为此，一是监管当局应"严监管"就是强化监管措施，其次对新机构从设立开始，就要实行严格盯住式的监管，密切关注其经营的合规性和风险性，对相关指标要求达不到标准的，要实行"刚性"市场退出约束。二是建立农村合作金融的自律组织。由于农村合作金融规模小、数量众多又是独立法人的特点，会使监管当局监管成本大大提高，监管成效也不明显。因此应尽快成立相关的行业自律组织，分层次的设立行业协会。明确行业自律组织的职能，充分发挥其自我监督、协调、指导、培训、服务等多方面的职能。三是充分发挥基层政权，如村委会等的作用，明确其对社区性资金互助组织的监督职能，在合作性金融的初级阶段就跟进监管，形成农村合作金融全方位的监督体系。

4.7.5 加强对农民的金融知识宣传和培训

大力发展农村合作金融，需要尽快提高农民的金融意识。我国农民长期在自然经济和计划经济下生活，几乎没有现代的金融意识。如今，国际竞争也将在我国农业领域全面展开，提高农民的金融意识，以金融助推农业的快速发展已显得非常重要。通过向农民普及金融法规知识，既可以使他们自身做到在金融活动中守法，培养他们在金融活动中诚实守信的品格，又可以帮助他们防止金融诈骗，规避风险，最终促进农村金融的繁荣发展。因此，一是要深入持久的开展合作制金融的启蒙教育，宣传合作制的理念和基本知识，政府、中国人民银行、银监局及有关机构应抽调人员，定期或不定期的到基层，以开办讲座、散发传单、进行文艺表演等形式对合作制进行宣传，使农民真正了解什么是合作金融，从而激发他们参与的热情。二是各类合作金融组织应每年提取一定的费用，对广大社员、职工和拟发展的社员进行教育和培训，从而不断提高从业人员及社员的理论水平和专业修养，为更好地经营合作金融打下坚实的基础，并为合作金融不断向高层次的发展提供人才储备。对农民金融知识的宣传和教育，是一个长期的过程，不可能一蹴而就，也不能等闲视之，要持之以恒，否则农村合作金融的规范发展将成为空中楼阁。

4.8　优化农村合作金融发展环境

农村合作金融要获得健康稳定的发展离不开良好的外部环境支持，尤其是政府的支持和法律的保护，而这对于处于弱势地位和起步阶段的我国农村合作金融来说意义更为重大。

4.8.1　加强对农村合作金融的宣传力度

合作社历来重视教育。国外合作金融之所以取得成功，其中一个重要因素是拥有一套完善的宣传教育机制和一支较高素质的社员队伍。而我国农村合作金融的发展，无论是农村信用社还是农村合作基金会，都是属于政府主导型的，不仅农民群众对合作制知之甚少，缺乏参与合作社的热情，就连许多信用社职工、管理者对合作金融也是一知半解。因此，在这种基础上发展起来的合作金融机构偏离合作制也在所难免。可见当前对于政府和合作金融组织来说，首要的工作不是靠行政力量推动合作制改革（带有虚假性的规范），而是开展富有成效的全民合作制教育，这是推动合作金融发展的基础和保证，也将是一项漫长而艰巨的工作。在今后的合作制宣传与教育过程中，一方面要深入开展较为持久的合作制启蒙教育，向广大农民宣传合作理念以及合作制的基本知识。另一方面政府、人行、银监局及合作金融机构应抽调相关专业人员组成宣传小组，定期或不定期深入基层，以开办讲座、文艺表演、散发传单等形式进行广泛的合作制宣传，使广大农民真正了解合作金融并激发他们自愿参与合作社的热情。其次，各类合作金融组织应将每年盈余中的一定比例提作教育基金，用于对广大社员、职工、管理者的教育和培训经费，并定期或不定期对职工和经营管理人员所掌握的合作金融理论与实践知识进行考试和检查，并将其列为业绩考核和年终考核的重要部分之一，从而不断提高其理论水平和专业修养，为规范和发展我国农村合作金融奠定一个最基本的人才储备。合作制的宣传教育是一个极其漫长而曲折的过程，需要付出较大的教育成本和时间成本，不能等闲视之，否则农村合作金融的发展也将成为一句空话。

4.8.2 加大政府部门的政策扶持力度

国外发展经验表明，作为扶持弱势群体的弱势金融组织，农村合作金融机构应当享受到较其他类型金融组织更为优惠的政策支持和优惠措施，就发展我国农村合作金融业来说，政府要做好以下几个方面的工作：

首先，在市场准入方面，除了中央银行、银监局应放低门槛之外，政府也必须适当降低相关标准并简化一些手续程序。同时对于一些处于贫困地区或资金实力较弱的农村合作金融组织，政府还应以出资参股等形式加以扶持，积极为农村合作金融的发展创造各方面条件。

其次，实行税收优惠政策方面，借鉴国外经验，对农村合作金融应减免所得税、营业税。鉴于政府财力有限，可实行区别对待的政策，对于一些处于贫困地区、经营困难的农村合作金融组织应免征一切税收；对于略有盈余的机构，应免征所得税；对于处于发达地区、业务量大、盈余颇丰的机构，可征收所得税和营业税，但其税率也应低于商业银行的税率。

再次，加强对农村合作金融组织的业务发展支持力度。一方面，帮助其提高低成本存款的比例，可将部分机关事业单位存款转存合作金融机构。另一方面，对于农村合作金融组织发放的支农贷款、扶贫贷款，政府应给予一定的贴息政策。当然，如果是由于政府的不正当干预或国家政策需要而造成农村合作金融机构发生损失，其损失部分应全部由政府承担。

最后，应理顺政府与农村合作金融组织的关系。一方面，农村合作金融机构的发展应符合地方政府的总体发展规划要求，接受政府的宏观指导，充分利用自身的优势，与各级地方政府紧密配合，为当地经济社会发展做出应有的贡献。另一方面，政府应充分认识到农村合作金融的重要性，积极创造各方面的优惠条件和政策，发挥宏观调控与沟通协调职能，使其真正成为自主经营、自负盈亏的市场经济主体。

4.8.3 加强对农村合作金融组织的外部监管

众所周知，银行业是风险高度集中的行业，而农村合作金融机构是弱者的联合体，自身抵抗风险能力偏弱，在国际金融业越来越注重审慎经营管理的背景下，科学有效的金融监管体系就成为了我国农村合作金融业健康稳定发展的根本保证。当前中国银行业监督委员会及各地银监局作为我国农村合作金融机构的主要监管部门，应更好地监管与扶持农村合作金融组织，为其发展创造一个宽松的环境：一是在市场准入监管方面应实行区别对待政策，应将其与商业银行或其他金融机构市场准入区别开来，尤其是对于合会、农村互助合作基金会、农村中小企业互助基金会等小型合作金融组织，可适当降低其门槛标准，例如在资本充足率、管理人员资格认定、业务范围等方面都可适当降低条件。二是降低存款准备金比例，可借鉴国外合作金融发展的相关经验，减少或免除各级农村合作金融组织上缴的存款准备金。三是风险控制监管方面，在制定相关的指标或标准时，可适当降低条件，但是如果合作金融组织仍低于这个标准时应就予以惩罚甚至撤销机构。四是在存款保险制度的建立上，应尽快帮助建立全国性存款保险公司，可采用官办、官银合办或由合作金融组织自办等多种形式，但都应在监管机构的有效监督与指导下尽快完成。同时，除了加强银监部门对农村合作金融的监管之外，还应设立独立的或委托相应的审计监督部门，定期或不定期对农村合作金融组织进行审计检查，从而进一步保证其运行的合法性、合规性及透明性。

4.8.4 建立农村合作金融的行业自律组织

行业自律是保证农村合作金融健康发展的重要因素。由于农村合作金融机构规模小、分散且都是独立法人，这就使得银监部门的监管成本大大提高，同时监管成效也不明显，因此尽快成立行业自律组织也是势在必行。结合我国农村合作金融发展的现状及未来发展模式构想，可分别针对不同类型的合作金融组织设立相应的行业自律协会，或设立统一的合作金融组织协会，同时可根据农村合作金融发展的规模，设立镇级、县级、地市级、省级乃至全国的行业协会，但更为重要的不是在于其组织形式，而在于行业协会的性质与职能的定位。

行业自律协会的性质只能是自律性的社团法人，不应是行政管理组织，其主要职能是监督、协调、咨询、指导、培训、服务等。具体包括代表合作金融组织经济、法律、财务等方面的政策利益；为其成员在业务方面提供咨询和信息服务；制定一些内部规章制度；为成员提供员工、管理人员培训服务；向成员提供资金清算服务、审计监督等服务；协调与政府、监管部门的关系等。然而，农村合作金融行业协会的建立也是一个渐进的过程。首先需要在一定时间内规范所有的基层合作金融组织，待基层组织发展到一定数量和规模后，先在基层合作金融组织发展较快的地区，根据基层社的要求成立基层合作金融协会，然后再逐步推开直至成立全国性的农村合作金融行业自律协会。

4.8.5 加快合作金融法制建设

国外合作金融组织发展的历史经验表明，合作金融业的发展与完善是与健全的国家法律法规建设分不开的。例如美国的《联邦信用社法案》、德国的《德意志合作银行法》、日本的《信用金库法》等，而且其权威性等同于本国的商业银行法，从而为合作金融业发展提供了法律保障。然而，目前我国规范农村信用社的法规只有中国人民银行于1997年颁布的《农村信用社管理规定》，只是一个部门法规，不具有法律效应，且存在许多不完善的地方，这就使得农村合作金融机构在维护自身利益、业务经营等方面无法可依，且易导致政府的行政干预，使得农村合作金融机构无法真正成为一个真正独立的市场经济主体。因此当前应加快我国合作金融立法工作，结合我国农村地区的实际情况尽快制定《合作金融法》或《农村合作金融法》，并制定相应的配套规章制度及实施细则。该部法律的主要内容应包括：合作金融组织性质、组织目的、组织形式、资本金构成、市场准入、社员资格审查、内部机构设立、管理方式、业务种类和范围、国家政策扶持、金融监管、审计监督、行业自律等方面。

5 农业政策性金融发展思路

农村政策性金融是一国政府为了满足农业生产、流通与服务的融资需要，通过设立农业政策性银行进行金融资源有效配置的一种金融形式。它融财政与金融优势于一体，在一国农村金融体系中占有重要地位，它既充当政府贯彻农业政策的工具，又补充、纠正商业性金融与合作性金融的不足与偏差，通过农村金融资源的供给增加和有效资源再配置，实现政府宏观农业和农村经济调控的政策效应。中国农业发展银行作为我国唯一的农业政策性金融机构，长期以来，在体现国家农业扶持意向和扶持力度方面发挥了其他金融形式不可替代的政策性功能。

5.1 我国农业政策性金融机构发展现状分析

现阶段，农村政策性金融机构由中国农业发展银行一家独当，而农村政策性金融业务由多个涉农金融机构分别承担。目前，我国农村政策性金融业务，由中国农业发展银行、中国农业银行、农村信用社等分别承担。中国农业发展银行主要承担粮食收销贷款；中国农业银行主要承担扶贫贷款，以电网改造为重点的农村基础设施建设贷款和农村城镇化贷款，其中扶贫贷款是中国农业银行按3%的利率发放，年终中央银行再进行贴息到正常利率；农村信用社主要承担的是小额信贷、助学贷款。

作为我国专营政策性金融业务的农村政策性金融机构，中国农业发展银行成立于1994年，是直属国务院领导的国有农业政策性银行，自成立以来，中国农业发展银行先后建立了总行营业部和29个省级分行的营业部，并在275个地（市），1263个县（市）组建了分支机构。截至2012年年底，中国农业发展银行共有各类机构2182个，其中，地（市）级333个，县级1816个，目前中国农业发展银行基本形成了相对比较完善的总、省、地、县4个层级组织机构体系，业务经营方式由委托代理转变为基本自营，成为我国农村金融领域的一支新生力量。

近年来，中国农业发展银行逐步形成了"一体两翼"的业务发展格局。2009 年 6 月，根据中国银监会《关于中国农业发展银行扩大县域存款业务范围和开办县域城镇建设贷款业务的批复》，中国农业发展银行开办了县域城镇建设贷款和县域内公众存款业务，又一次拓展了其业务范围，支农力度不断加大。

2007 年，中国农业发展银行信贷规模首次超过万亿元，年末贷款余额达 10224 亿元，占全部金融机构涉农贷款余额比重的 16.27%，净利润首次突破百亿元，达 148.28 亿元。截至 2011 年年底，中国农业发展银行人民币贷款余额达 18738.24 亿元。2011 年全年累计发放粮棉油收储贷款 4326 亿元，支持收储粮食 3007.1 亿斤，棉花 10080.23 万担；积极支持以粮棉油为主的农业产业化经营和农业科技创新，累计发放产业化龙头企业和加工企业贷款 1561.1 亿元，支持企业 4971 个；大力支持农村基础设施建设，中长期贷款余额达 7379.2 亿元。2012 年年底，中国农业发展银行各项贷款 21850.277 亿元，其中，以粮棉油收储、加工、流通为重点的全产业链贷款余额 10873.1 亿元；以新农村建设和水利建设为重点的农业农村基础设施建设中长期贷款余额 8993.61 亿元，分别占中国农业发展银行各项贷款的 49.76% 和 41.16%。中国农业发展银行的迅速发展得益于我国农业经济的快速发展。一方面，近 10 年来，我国宏观经济运行处于上升周期，再加上国家对"三农"发展的高度重视，使得中国农业发展银行的发展空间得到极大拓展。另一方面，中国农业发展银行自身也根据农村和县域经济发展特点，在原有的粮、棉、油收购等纯粹政策性贷款业务基础上，积极开拓和发掘农业小企业贷款、县域城镇建设贷款等新的商业性业务领域，在支持县域经济发展的同时，增强了自身的可持续发展实力。

5.2 我国农业政策性金融发展中存在的问题

1. 政策性金融缺乏明确的法律依据

国外政策性金融机构都有独立的法律依据，他们在政府支持的产业方向和范围内独立决策和经营，是自主决策、自主经营、自担风险的独立法人。而我国自 1994 年 3 家政策性银行成立以来，还没有出台相关的政策性银行法规，对政策性银行的经营范围、运行规则、违规处罚等没有明确规定，政策性银行运行无制度约束。所以，作为我国唯一的农业政策性银行的中国农业发展银行，其职能不清、任务不明。

2. 信贷资源运用过度集中，政策性职能作用不够突出

当前，在中国农业发展银行的业务发展中，粮棉油收购、储备和调销等仍占据绝对主体地位。虽然中国农业发展银行定名为"建设新农村"的银行，业务范围也不断扩大，但其"粮食银行"的特征没有根本上改变，与农业经济快速发展的需求相比，政策性金融业务的发展仍显不足。尤其是在需要政策性金融大力介入的农村基础设施、流通体系建设等农村公共产品和服务领域，中国农业发展银行支持不住。

3. 农村政策性金融效益低，加大了财政负担

运行近20年的扶贫贴息贷款基本失败，不仅到户率低，扶贫成效不大，农户还款意识弱，贷款收回难。中国农业发展银行业务面窄，管理成本和营业成本大，不良贷款比例高，而且事后算账的机制滋生了讨价还价的空间，直接加大国家财政负担。

4. 政策性金融与部分商业化经营之间的边界不清

尽管中国农业发展银行的职能定位是农业政策性金融，但为提高资金使用效率，增强经营发展的可持续性，中国农业发展银行部分涉足商业性金融业务，由此可能引发潜在的道德风险，弱化政策性金融服务"三农"和县域经济的发展能力。因此，如何实现政策性金融与部分商业化经营之间的协调，如何将可能得到的风险降至最低，需要进一步明确中国农业发展银行的职能边界，切实提高中国农业发展银行服务"三农"的能力和水平。

5. 组织架构和经营管理模式还不尽合理

中国农业发展银行采取的是准行政化的经营管理模式，实行自上而下垂直集中的内部管理体制，各级分支行在总行的授权下开展经营活动，缺乏经营自主性和灵活性，使分支机构艰难根据不同领域的需求变化信贷项目做出相应的动态调整，影响了中国农业发展银行政策性支农功能的发挥。

6. 农村政策性金融对于中央银行的依存度过高

中央银行再贷款是中国农业发展银行的资金来源的重要部分，扶贫贴息贷款在2001年改革以前也主要依赖中央银行再贷款。这一方面加大了中央银行基础货币投放的压力，另一方面难以形成合理的负债结构和更丰富的资金来源。而国外农村政策性金融在成立之初资金靠中央财政支持，在发展阶段主要通过市场筹资获得，如向市场发债和境外筹资，财政给予贴息、补贴等优惠政策。

5.3 我国农业政策性金融改革和发展的思路

5.3.1 明确农业政策性金融职能定位和业务范围

1. 职能定位

金融机构的职能是金融功能的具体体现，根据农业政策性金融的功能界定，将其职能定位为综合性农业政策性金融机构，即以贯彻落实国家宏观调控政策、农业产业政策为宗旨，以国家信用为基础，按照金融规则规律运作但不以主动性竞争为手段、不以营利性为唯一目的，大量筹集支农资金，承担国家规定的农业和农村政策性金融业务，专门为"三农"提供融资、保险、贴现、结算等综合性金融服务的综合性农业政策性金融机构。同时，随着国内外经济金融运行环境的变化以及不同时期政府经济和社会政策的调整变化，其业务范围也具有相应的动态调整性的特征。

2. 业务性质

农业政策性金融机构的政策性是区别于其他各类农村商业性金融机构的显著特征，因此农业政策性金融机构开办的业务理应统一界定为政策性业务，但在具体管理方式和具体业务上，实施差别管理。或者在做政策性业务的同时兼营一些商业性业务，有利于增强其自我发展能力，保持运营的可持续性。但是，应对商业性业务的比例加以限制，如"日本开发银行的商业性业务比例不超过5%"。

3. 业务范围

根据农业政策性金融职能定位，主要应遵循以下业务框架：粮食收购资金供应和管理。粮食是国民经济的基础，粮食储备、调销的"政策性"决定了粮食信贷资金的政策性。在粮食市场化的条件下，为确保粮食安全，保证农民增收，农业政策性金融的信贷业务离不开粮食信贷资金的供应和管理，这是中国的国情。必须围绕粮食特别是中央储备、省级储备，以及粮食收购开展信贷业务。

围绕农业产业化，支持农业高科技开发和应用以及龙头企业基地建设和良种培育。包括支持农业高科技示范基地、示范点建设。支持农业综合开发和农业产业化。包括产业化龙头企业、农产品加工业，并与农业结构调整结合起来，支持优质、专用、无公害农产品的发展。支持"龙头企业＋基地＋农户""龙头企业＋农民专业合作组织＋农户"等产业化发展模式，支持规模化集约化养殖，充分发挥龙头企业的带动作用。支持农业科技研发和成果转化。支持畜牧业繁育基地建设，如良种种牛、奶牛、肉羊繁育中心等项目建设。

支持农村小城镇建设、农业基础设施建设和流通体系建设。如支持农村水利基础设施建设，包括水源工程建设、水土治理、节水灌溉工程、农村生产生活、水网路网电网建设、粮食流通市场建设等。

支持西部地区退耕还林还草，改善生态环境。

支持农村公益事业建设、扶贫开发等贷款业务。负责经办国外政府、国际组织对我国涉农政策性贷款，统一代理财政支农资金的拨付、结算和监督。

开办农业政策性保险业务，农业政策性信贷与农业政策性保险相互促进。

通过参股农村信用社等方式办理小额贷款业务，扩大农业政策性金融在农村的覆盖范围。

5.3.2 完善农业政策性金融运行机制

判断一种制度是否有效，除了看这个组织机构的内外部是否完善外，更主要的是看制度的实施机制是否健全，离开了实施机制，任何的制度都如同虚设。因此，构建强有力的实施机制是农业政策性金融制度安排的根本。本部分从运行原则、法人治理机制、资金筹集机制、资金运用机制、风险防范机制等方面论述如何建立农业政策性金融制度的实施机制，以减少农业政策性金融机构的违约行为。

1. 坚持"三性"运行原则

（1）政策性原则

所谓政策性原则是指农业政策性金融机构在一切经营活动中，以国家农业政策为导向，服务和服从于国家的农业产业政策、农村区域发展政策，坚持为农民、农业、农村经济发展服务的方向。服从于政府对农业政策性金融活动的指导及具体规定，服务于政府的政策目标，以此作为一切经济活动的出发点和归宿。农业政策性金融的性质决定它在经营活动中，必须贯彻政策性原则。政策性原则的内涵是接受政府对农业政策性金融的指导和决策，实现政府的政策目标。

（2）市场性原则

市场性是由农业政策性金融的"企业性"决定的，如前所述农业政策性金融作为国有企业，具有需要通过提供金融服务确保一定的收入，并在经营管理方面具有一定的自主性，有努力提高企业内部效率的义务，从而具有"企业性"。因此，农业政策性金融体系构建的目标是政策性金融在既定的业务指向和政策目标范围内，其微观经营管理活动仍然要遵循市场原理和银行原则，要按照市场性原则，即用市场的、经济的方式，按照信用有偿性、效益性等市场规则来运营农业政策性金融业务，按照风险管理办法保障农业政策性信贷资金的安全性，更好地实现政策目标，而不是用行政的、亏损的，甚至无偿的方式填补农村金融的融资缺口。在扩大业务范围、加大资金投入的同时，必须确保资金的流动性和安全性。市场性可以理解为创新的基因和动力；市场基因还有利于银行强化风险意识，规避信贷风险。

（3）动态调整性原则

发展变化是事物发展的客观规律，随着不同历史阶段、"三农"发展的不同阶段，农业政策性金融的职能任务目标、业务重点领域都应进行动态调整。如日本农林渔业金融公库信贷资金的投向在不同时期根据经济发展情况不同而有所变化。公库在 20 世纪 60 年代以前主要支持粮食生产，到 20 世纪 60～70 年代支持粮食、果树、蔬菜和畜产等多种生产经营建设的需要，发展到 20 世纪 80 年代以后，主要支持农业竞争力和可持续发展能力的提高。1994 年公库创立了"强化农业经营基础资金"，用于支持核心农户的发展。从公库的实践活动看，日本农业政策性金融机构的制度、政策等也比较健全和灵活。

2. 健全法人治理机制

健全的具有约束力的法人治理机制是现代银行的根本要素，也是防范道德风险的重要途径。中国农业发展银行作为国有独资政策性银行，设立董事会是完善公司治理结构的重要途径。可以考虑成立由国家发展改革委员会、财政部、中国人民银行、农业部等部门负责人和若干独立董事组成的董事会，代表国家行使出资人的权利，充分体现中央政府的意志，对中国农业发展银行经营管理中的大政方针做出决策，协调落实相关政策。日常经营活动实现董事会下的行长负责制，由行长负责落实董事会决策。继续发挥监事会作用，履行监督职能，对"上官下民"的垂直合作的农业政策性金融经营活动进行监督。按照委托—代理关系进行相应的高级管理层的机制设计，实行行长负责制，向董事会负责。加强监事会职能，使监事会能真正意义上对中国农业发展银行经营活动进行监督。处理好党委、股东大会、董事会、高级管理层、监事会以及分支机构之间的关系。

3. 构建稳定可持续的资金筹集机制

（1）合理规划债券发行，拓宽债券发行渠道

发行债券筹资将是筹集农业政策性金融资金的重要来源渠道，要求必须与业务发展战略相结合合理规划。

（2）建立健全市场化筹资机制

随着中国投融资体制改革和商业银行体制改革的深入，农业政策性金融机构增加市场化筹资渠道日益重要。近年来，政策性金融机构对商业银行发债基本上采取的是按各商业银行上年存款增长的一个固定比例计划摊派，这种做法没有充分考虑各商业金融机构的资产运用需求，发行的债券流动性差。通过市场发行，各银行可以根据自身的情况投标认购，认购的债券在中央债券登记公司托管，并且可以在全国银行间同业拆借市场上流通，政策性金融机构也可以申请回购业务。这样，农业政策性金融债券的流动性增加了，投资价值也相应增加。同时，积极争取中央银行的支持，使农业政策性金融机构也可在一定范围内参与同业拆借市场，一方面，适时向商业银行拆入短期资金，缓解因短期头寸不足造成的资金紧张状况；另一方面，资金多余时也可临时拆出，以增强农业政策性金融机构资金调控能力，提高资金使用效益。

（3）健全存款组织激励机制

农业政策性金融机构可以利用自身的优势和优质的服务，吸收所在地区的开户和非开户企事业单位的存款，充分发挥其作为吸收资金转而投入农业的政策性金融中介的功能，扩大政策性支农资金的可用量。还可将农村信用社存款的一定比例转存到农业政策性金融机构，这不仅解决了中国农业发展银行信用创造能力低的问题，还保证了农村信用合作社的资金用于支农建设。借鉴国际经验，规定商业银行存款的一定比例转存到农业政策性金融机构的做法，将商业银行和中国邮政储蓄银行按存款余额的一定比例、适当利率转存农业政策性金融机构后投入农业和农村。面向农业和农民筹资，建立农业发展基金、农民共同基金。统一国家支农资金的管理，各项财政支农资金、扶贫资金、各系统下拨款项和其他用于发展农业的专项基金，都须存入农业政策性金融机构。

4. 构建合理的信贷投放机制

（1）流动资金贷款投放机制

流动资金贷款主要向借款人提供用于解决因生产经营过程中临时性、季

节性资金需求，或发放用于解决生产经营过程中长期平均占用的流动资金需求的贷款。按贷款的期限可分为短期流动资金贷款和中期流动资金贷款。流动资金贷款应分为收购资金贷款和其他流动资金贷款，在管理方式上区别对待。

（2）固定资产贷款投资机制

固定资产贷款是为借款人新建、扩建、改造、购置等固定资产投资项目提供的融资。包括农村基础设施建设贷款，农业综合开发贷款，粮食仓储设施贷款等。

（3）小额贷款投放机制

银监会 2007 年发布的《关于银行业金融机构大力发展农村小额贷款业务的指导意见》，将发放农村小额贷款的机构拓展到所有银行业金融机构，发达地区小额信用贷款额度提高到 10 万 ~30 万元，金融机构可自主确定贷款利率。农业政策性金融机构作为服务"三农"、建设新农村的金融机构，开办小额贷款惠及亿万农户和微小企业是义不容辞的职责：一是要引导建立农业信用担保机构和多形式的农户贷款担保基金，为低收入农户提供担保，疏通农户贷款渠道；二是推广国家工作人员担保制度，鼓励在财政开列工资，并由金融机构代发工资的工作人员为保证人，以个人自愿为前提，为低收入农户提供担保；三是鼓励各类农村专业经济组织成立农业专业担保机构，采取吸收会员资金设立担保基金的方式，为低收入农户提供贷款担保；四是鼓励工商企业等经济实体、农业龙头企业和其他个人为低收入农户提供小额贷款担保；五是推广小额质押贷款。随着农村经济的发展，农民收入的提高，农户持有有价证券如存单将日益增多，为广泛推行小额质押贷款创造了条件。小额质押贷款只需严格审查有价证券，控制好贷款额度，是安全性很好的一种贷款形式。

5. 建立全面的风险管理机制

科学制定信贷风险管理战略，增强资本约束意识，改进风险管理技术，清晰表述风险偏好，逐步引入经济资本，实现与监管资本并行的资源配置和组合管理；完善信贷风险管理的组织架构，明确信贷风险管理职能，逐步建立适应现代银行的风险管理框架；构建信贷风险管理政策制度，并将风险管理纳入现有的信贷风险管理政策制度体系之中，逐步建立科学完善的信贷风险政策制度体系；完善信贷风险管理流程体系，加强信贷风险管理系统的建设与整合，实现流程优化和流程内部的有效衔接；建立适合农业政策性金融特点的风险管理文化，增强风险管理意识，提高对制度的执行力，打造现代银行信贷风险管理体系；实现由现实风险管理向潜在风险管理转变，由风险资产管理向资产风险管理转变，实现全口径、全方位、全过程的全面风险管理。

6. 完善利益补偿机制

农业政策性金融机构在运行中，由于农村金融交易成本高，为完成政策性目标，难免会发生政策性亏损，这种风险补偿需要国家在经营拨备和呆坏账处理上给予一定的优惠政策，以保证政策性金融财务上的可持续。因此，必须建立合理的利益补偿机制，维护农业政策性金融正当权益，保证农业投入连续性、有效性和积极性。一是完善利息拨补制度。对于需要财政贴息的政策性业务，利息补贴及时到位。而对于非财政补贴的业务，明确其经营亏损由自己承担。二是要合理确定经营费用补贴。三是利率优惠制度。依法对涉农政策性金融业务给予政策优惠，对再贷款利率、呆账准备率、固定资产（基本建设贷款、技术改造贷款）等"三农"贷款利率允许适当浮动，体现政策性贷款的优惠性。四是提高呆、坏账准备率，从而保证政策性金融机构资金的良性循环。五是实行税收优惠制度。实施农村金融机构优惠税收政策，与国家农业税减免政策相配合，免征营业税，降低所得税率，提高农村金融机构的可持续发展能力。根据"多予、少取、放活"的原则，国家应规定，凡是对县以下企业和农户提供贷款服务的金融机构，不论所有制形式和规模大小，原则上对一切涉农贷款可以少缴或免缴营业税，以提高农村金融机构的可持续发展能力。

7. 健全激励兼容机制

由于中国农业发展银行存在的多层代理关系，容易产生代理问题，根据前面分析，解决代理问题的最好途径就是建立激励兼容的激励机制。中国农业发展银行要制定有效的激励机制，必须满足两个原则：一是参与约束原则，代理人执行合同后所获得的效用不能低于某个预定效用；二是激励相容约束原则，代理人执行合同后，以自身效用最大化原则选择行动，其结果也使委托人的效用最大化。

因此，在设计激励机制中要尽量使员工价值升华和农业政策性金融事业发展有机统一。完善考评激励机制，建立执行政策、经济效益、风险防范三者兼顾的绩效考评机制，兼顾政策性和经营性目标、定性和定量指标，设置地区和专业调节系数，实施分类指导，形成一个比较科学、相对合理、简明易行的考核指标体系；完善分配激励机制，适当加大绩效工资比例，绩效工资与各行经营业绩挂钩，按岗定薪、按绩取酬，实现增效增资、减效减资，推动长效激励机制建设；完善用人激励机制，构建公平竞争、优胜劣汰的市场化选人用人机制，推行公开竞聘制度，使优秀人才脱颖而出。营造"尊重知识、尊重人才"的氛围，选贤任能，着力培养、用好、用活现有人才，做到人尽其才，人事相宜。

6 农业保险的发展模式与体系构建

6.1 我国农业保险发展的制约因素分析

我国农业保险发展缓慢的原因是多方面的，存在着很多制约其发展的因素。

6.1.1 农业保险的有效需求不足

农业保险需求，是指一定时期内，农村种植业和养殖业需要购买的保险服务总量。随着农村经济的发展，农民不断增加生产投入，风险也相应增大，农业生产更加需要保险保障。我国农业保险发展滞后，有来自农民方面的问题。

1. 农民对农业保险认识不清

由于受传统思想的影响，我国广大农民对农业保险意识淡薄，农业保险的推广面临着一定的思想障碍。我们知道现代保险是经济发展到一定阶段才发展起来的，我国的广大农村长期经济发展较为落后，人们普遍没有保险意识，"认为买保险是浪费钱"或者是"买保险受骗，让保险公司赚钱"等观念盛行，对保险的认识模糊，这造成了其参与保险积极性不高。社会上对农业保险还存在着各种各样的认识误区：一是无用论，认为原来没有保险也照样过日子，保险根本没有用；二是灾变论，受灾时感到保险重要，无灾时缺少防范；三是收益论，认为参加保险就应有收益，如果没有灾害发生就要求保险公司退保费；四是负担论，由于保险知识宣传不够，有些农民把保险费支出当成"额外负担"，甚至认为是"乱收费"。

2. 农民收入水平低

由于农业、农村经济的发展水平还不高决定了农民收入偏低，难以支付偏高保费。特别是我国中部和西部地区的主要从事小规模种植业的农户，一般来讲大多缺乏为其农牧业生产项目投保的支付能力，要让他们自愿购买农业保险这种特殊产品非常难。农业保险的保费高，除少数险种（如森林火灾

103

保险）外，通常保费为2%～20%，这大大高于城市企财险、家财险和人身险的费率。同时从总体上看，我国农民收入不高，按不变价格计算，2014年全国农民人均纯收入8500元左右，而农民生活成本又不断攀升，所以，农民用于购买保险的资金有限，导致农民对保险的需求欲望不高。而我国农业保险基金主要从农民交纳的保险费中提取，这必然造成农民需要支付较高的保险费，大大制约了我国农业保险的发展。

3. 农民对政府救灾的依赖仍然很强

新中国政府十分重视救灾工作，到20世纪90年代，国家财政用于农村的救济费年平均超过20亿元，政府救灾虽然对灾后农民生活保障起了积极的作用，也有利于农业生产的恢复，但也由此使农民认为是否投保并不重要，反正遇到了自然灾害，政府会给予救济。自己投保不仅损失了保险费，而且得到的赔款不一定比政府救济金多，甚至可能因为自己投保之后，生活有了保障，反而得不到政府的救济。这也是造成农民不愿投保的重要原因。

4. 部分农民存在"搭便车"行为

保险公司在经营农业保险的过程中，为了使农业风险降到最低，往往采取措施进行防范。比如预测有雹灾而用人工干预天气技术化解了雹灾，这笔经费必然要从保费中支出，但是没投保的农民也从中受益（"搭便车"）而没有任何成本。当年投保的农民在下一年就产生了不投保的动机，如此恶性循环。这样，大数法则就无法实现，保险公司也就无力采取预防措施，影响了保险公司经营农业保险的积极性。

5. 小规模经营弱化了农业保险的经济保障功能

我国实行家庭联产承包责任制，土地基本上是按户均分承包，条块分割，而且划分零散。这种过于分散的小规模生产格局，对农业保险需求产生了许多不利影响：一是土地空间布局的分散化客观上降低了灾害损失的经济影响，农民参加保险积极性不高，保险公司经营难以满足大数法则；二是小规模土地经营使农业生产的比较利益下降，农业收益在农户经济中的地位不断下降，农民对农业保险的需求降低；三是农民的小规模经营增加保险公司工作的难度。

6.1.2 农业保险自我保障功能缺乏，商业化运营艰难

农业保险发展的滞后，与市场发展的成熟程度有关，但最主要的问题还是农业保险自身缺乏保障。高风险、高赔付率，让开展这项业务的保险公司无利可图，形同鸡肋，即使保险公司使出浑身解数，仍然不能得到良性的发

展。而身份不明、规则缺失、支持措施不足等因素决定了农业保险陷于困境。

1. 农业保险赔付率太高，经营农业保险的积极性不高

我国自然灾害频繁发生，生产技术落后，农业灾害具有危害面广、成灾率高的特点，农业"靠天吃饭"的局面难以在短期内得到解决。由于农业保险有效覆盖率低，导致风险高度集中。尽管农业保险赔付率在各年份起伏不定，但始终处在高水平上。2007—2012年，农业保险保费收入超过600亿元，赔款超过450亿元，5年来，农业保险的总体赔付率已经超过75%，这一数字明显高于其他险种的赔付率水平。其实，在部分自然灾害多发的农业大省，农业保险的赔付率已经超过了85%，但由于各地的经营模式不尽相同，比如，有些地区是直接按照保费收入的15%提取工作经费，因此不能单纯以赔付率水平来判定经营者的盈亏状况。而同期企业财产保险、家庭财产保险、运输工具及责任保险等险种赔付率仍在70%以下，农业保险是各险种中赔付率最高的险种。农业保险"保得多赔得多"的局面，同时很难满足大数法则的条件，从而造成保费过高。另外，由于农业生产分散，自然灾害分布不均，只有那些对自身情况非常了解且预见损失概率很高的农业经营者来投保，逆向选择风险很高。最终，大多数保险公司退出了农业保险市场。

2. 赔付能力有限

从1992年起，人保开始立项对全国的自然灾害进行区划研究和分析，到1998年项目完成。根据研究取得的成果，人保于1997年在系统内推行洪水风险图，重点监测曾经发生过洪涝灾害的地区并针对高风险地区设计防洪预案。在汛期来临前，人保的分支机构还会在设备等方面向保户提供资助，以减少可能发生的损失。尽管保险公司在防灾防损方面做出了很多努力，但是如果仅靠商业保险公司的力量还是无法弥补巨大灾害的损失，况且，随着中国社会保险意识的提高，商业保险公司可能也无力承担全部的风险。1998年的特大洪涝灾害中，人保赔付25亿元，其中的农业保险赔付不足1亿元。

3. 农业保险经营技术要求高

（1）保险费率难以厘定

农业灾害损失在年际间差异很大，纯费率要以长期平均损失率为基础，但有关的原始记录和统计资料很不完整，准确可靠的农作物收获量和损失量资料、畜禽疫病死亡资料难以收集，这就给厘定农业保险费率带来困难。

（2）保险责任难以确定

保险经营的原则之一是风险的一致性，也就是说，要合理确定不同地区不同条件下的保险责任，否则难以从技术上防止逆选择。要准确反映这些差

异，就必须进行农业保险区划，而农业保险区划要耗费大量的人力、物力和财力，不是一家保险公司所能完成的。

（3）难以定损理赔

农业保险的标的都是有生命的动植物，标的在不断变化，赔款应根据灾害发生时的价值计算，而预测其未来产量和产品质量以及未来的市场价值都很困难。对于特定风险保险，还要从产量的损失中区别约定风险之外的灾害事故所造成的损失，这也是极不容易的。

（4）风险难以分散

农业风险单位很大，水灾、旱灾、风灾等农业风险为多数省的常发风险。我国台湾地区曾先后两次做过建立农业保险制度的可行性研究，但最终因为台湾的空间太小，一次台风就会使全岛受灾，保险的风险分散机制发挥不了作用，保险也就不能成立，因此只好作罢。当然，保险的风险分散不仅包括空间上的分散，也包括时间上的分散，还可以通过再保险进行分散，但是只靠时间上的风险分散和再保险的支持，对保险人来说仍然带有巨大的冒险性。当保险人还没有积累足够的保险基金，如果发生大的灾害事故，对保险人来说是灭顶之灾。况且，经营规模太小，单位保险产品的经营成本必然很高，即使强制投保也难以维持其经营。

4. 经营体制不适应农村经济发展的需要

近年来，我国农业保险收入占保险业务总收入的比重一直在 1.5% 左右徘徊，最高比重的 1992 年也只有 3.6%。全国农业保险中主要险种的承保比重一直很低，一般都在 5% 以下，有的甚至还不到 1%。2015 年，全国保费收入 2.4 万亿元，同比增长 20%，农业保险实现保费收入 374.7 亿元，仅占全国财产险保费收入的 1.56%。造成这一趋势的原因主要有两点：一是现行的保险制度没有把农业保险和商业性保险分离。二是用商业性办法经营高风险的农业保险，如果没有政府财政的支持，农业保险的经营效果与商业保险的利益原则发生严重背离，一方面保险公司会退出农业保险市场，另一方面又很难满足农民多样化的保险需求。

6.1.3 政府对农业保险的扶持不够

农业保险的准公共物品属性决定了其政策性性质，政府在农业保险中应担当重要角色，但在我国农业保险的发展过程中，政府却没有发挥其应有的功能。

1. 政策支持力度不够

中国农业产业的特点是规模小、分散经营。在这样一个市场化、规模化和企业化程度都不高的产业中，由商业保险机构来承保巨大的农业经营风险，必然发生商业利润动机和实际政策功能的矛盾。一方面，中央政府很重视但地方政府常把商业保险公司开办的农险业务看作是保险公司自己的事，盈亏与其无关。这样面对亏多赚少的农险业务，商业保险公司很难有承保的热情。另一方面，全国能够提供农户灾害损失保险的政策性保险机构数量不足，即使一些地方设立了合作性质的保障机构，也由于缺乏支持、实力单薄、管理水平不高而不具备应付较大风险的能力，对地方农业的保护效果不佳。

2. 法律法规建设缺位

农业保险作为一种保护农业发展的财务制度安排，对相关法律法规具有很强的依赖性。我国《保险法》第一百五十五条规定："国家支持发展为农业生产服务的保险事业，农业保险由法律、行政法规另行规定。"本规定的法律意义在于，农业风险的特殊性以及农业保险的准公共物品属性决定了农业保险具有政策性保险的性质，不属于《保险法》的调整范围。因而农业保险，应由法律、行政法规另行做出规定。但是，我国自1982年恢复农业保险业务以来，经历了20多年的发展，至今仍然没有制定出专门的农业保险法律及相关的行政法规。农业保险的经营和发展一直无法可依。法律法规建设的缺位，极大地影响了农业保险的规范化、制度化发展，这是制约我国农业保险发展的最根本的环境因素。

3. 政府财力有限

由于农业保险的非营利性特点，因此，农业保险的经营必须由政府给予补贴。从美国农业保险经营情况来看，农业保险服务的准公共品属性表现得非常直接。1981—2000年，美国联邦农作物保费收入合计1980775万美元，其中政府补贴838243万美元，政府补贴占农作物保费收入的比重，平均为42.32%。而我国1983—2000年这18年中，除了农业保险业务发展最好的1992年和1993年农业保险赔款相当于补偿的农业产值损失额的比重超过1%外，其他年份均在1%以下。2015年，对农业保险补助有了很大幅度的提高：种植业保险保费中央财政补贴40%、省财政补贴25%、市县财政补贴15%、种植场（户）承担20%（其中，皖北三市九县和金寨县，省财政补贴30%、市县财政补贴10%）。能繁母猪保险保费中央财政补贴50%、省财政补贴25%、市县财政补贴5%、养殖场（户）承担20%；奶牛保险保费中央财政补贴50%、省财政补贴20%、市县财政补贴10%、养殖场（户）承担20%。

但这与美国相比，还存在着一定的差距。因此，政府只能采取其他的一些政策来扶持农业保险。但是一些支持农业保险的优惠政策，如免除农业保险的税收，颁布《农业保险法》，由政府来组织对主要农作物实行区域性统筹保险等政策、法规也未出台。

4. 救助农业灾害方式单一

农业风险管理方式有多种，但是，同西方主要发达国家直接提供灾害补助和农业保险相结合的方式相比，我国主要采取直接提供灾害补助的方式来应对农业自然灾害，农业保险还处于刚刚起步的阶段。除了免交营业税外，农业保险几乎按照商业化运行机制运作，不存在财政资助的政策性保险。由于农业保险基本没有利润，正在不断萎缩，政府补贴的结果只会使政府负担加重，而农民自身的"造血功能"越来越差。事实上，农业灾害救济与农业保险作为农业风险管理的两种手段，它们并不排斥，而是互补的。发达国家的实践表明，农业灾害救济与农业保险不能用一种形式来完全替代另一种形式。在低风险地区，农业保险更为有效；在高风险地区，或对一些小规模的作物，救济是不可或缺的。如果从一开始就把高风险地区和低风险地区区别开来，分别采用救灾和保险的方法则是一种更为有效的选择。

6.1.4 农业保险技术水平的滞后

农业保险标的大都是有生命的动植物，农业风险大多来源于人类难以驾驭的自然灾害，如洪灾、旱灾、虫灾、疫灾等，具有风险单位大、区域性强、发生频率高、损失规模大、可保性差等特点。因此，农业保险经营有其独特的技术要求，普通财产保险经营技术难以奏效。但由于我国开办农业保险的时间不长，经验不足，农业保险经营技术还非常落后。

1. 农业风险监测

农业风险监测包括农业风险的识别、度量、预测、预警以及信息统计与管理等，是农业保险经营的基础环节。科学监测农业风险不仅有利于直接控制和减少农业风险损失，降低保险经营成本，而且也是其他农业保险技术（如定价、定损、产品开发等技术）有效运用和发挥的前提与基础。我国农业风险监测技术非常落后，远远不能满足我国农业保险发展的需要。例如，由于没有建立自然灾害全程动态预报警报系统，致使防灾防损变得十分被动；由于没有建立灾害损失信息的统计分析与管理系统，以致农业保险定价所要求的历史风险损失资料难以满足。农业风险监测技术落后，对我国农业保险发展形成了很大的制约。

2. 农业风险区划

由于农业风险具有显著的区域性，因此，开展农业保险必须进行风险区划。风险区划是以农作物历史产量、气候条件、土壤及地形地貌、农作物种类、水利及其他社会经济技术条件等为依据，按照区内相似性和区间差异性的原则，将一定地域范围内的农业保险标的所面临的风险划分为若干不同等级的区域，目的是保证同一区域内的风险程度基本相同，使投保人的保费负担与其风险责任保持一致。种植业保险和养殖业保险都客观存在着风险的区域性差异问题。风险区划是农业保险经营特有的重要技术之一，它不仅是科学厘定保险费率的重要前提，同时也是合理界定保险责任，减少逆向选择的主要手段。美国、加拿大、日本等农业保险发达国家都曾投入大量人力、财力进行全国范围内的风险区划，无论是单一风险责任险还是农作物一切险，都划分了严格的风险等级，从而形成科学的费率分区。但是，风险区划是一项科技含量高、成本大的工作，我国风险区划技术非常落后，进行风险区划的实用指标体系尚未建立。目前除了山东省德州市对农作物单一责任险和陕西省泾阳县对棉花一切险进行过风险区划外，其他地区的风险区划几近空白。

3. 农业保险定价

首先，保险定价以科学的精算理论为基础。我国保险精算人才奇缺，现代精算理论及应用研究十分落后，而农业保险领域的精算技术则更为原始。其次，为使保险价格与其风险水平保持一致，农业保险定价必须以风险区划为前提，但我国尚未进行全国范围内的风险区划。再次，由于有关农作物和畜禽生产的原始记录和统计数据很不完整，长时间的、准确可靠的农作物及畜禽的损失数据资料难以收集，耕地面积资料也很不准确，由此计算的平均保额损失率与真实的损失率偏差很大。因此，农业保险费率的厘定和应用既缺乏科学的理论基础，又缺乏必要的现实依据，带有很大程度的盲目性和随意性。长期以来我国农业保险费率相对较低，管理成本又高，致使农业保险连年亏损。根据保监会公布的有关资料，我国自1982年恢复农业保险业务以来，一直存在高风险、高赔付的特点，从1985—2004年的20年里，除了2年微利以外，其余18年都处于亏损状态，综合赔付率高达120%。

4. 防灾减损

完善的防灾减损体系是有效的保险体制存在的前提——如果潜在损失过

109

大，保险公司就不得不收取投保人难以接受或无力承担的保险费，并对承保条件加以严格限制，使保险难以成立。由于农业灾害种类多、发生频率大、覆盖面广、经济损失严重，因此，农业保险中防灾减损更为重要。农业保险发达国家都非常重视防灾减损技术的应用。我国农业防灾减损技术相对落后，主要表现在，用地管理不科学、防御工程设施落后、灾害预警预报服务体系不健全、气象卫星等高科技的应用水平低。

5. 定损理赔

农业保险的标的大多是有生命的植物或动物，在生长期内受到损害后有一定的自我恢复能力，从而使农业保险的定损变得更为复杂，尤其是农作物保险，往往需要收获时二次定损。对于特定风险保险，定损时还要从产量的损失中扣除约定风险之外的灾害事故所造成的经济损失，技术难度大。目前，我国不仅对灾害发生频率及强度的测定、灾害损失程度的测算等很不准确，而且没有制定统一赔偿标准，理赔中出现很大的主观性和盲目性，引发严重的道德风险。据统计，我国农作物保险中道德风险给保险公司造成的经济损失占保险赔款的20%以上，牲畜保险中更为严重。

6. 产品开发

农业保险产品开发是指保险公司根据市场需求，在充分调查研究的基础上，设计出适销对路的新险种或改造老险种，以期达到合理配置农业保险资源、增加有效供给。它不仅涉及保险、精算、金融、法律等理论，还涉及栽培学、畜牧学、气象学、灾害学等农业科学技术知识，是一项综合性"知识工程"。我国在农险产品开发方面人才匮乏、技术落后，集中表现在产品数量少、质量低，产品单一，缺乏针对性，真正根据农民收入水平、风险状况设计的产品少之又少，难以满足农民的保障需求。

7. 再保险

再保险作为"保险的保险"，是一种有效分散和分摊原保险公司风险损失的重要方式，它对保险公司加强风险管理、拓展业务领域、提高风险保障能力的风险保障能力起着重要作用。由于农业风险单位大、灾害损失关联性强，容易形成巨灾损失，保险公司难以独立承担与消化。因此，农业保险的发展对再保险的依赖更为强烈。我国保险业还处于初级发展阶段，再保险市场很不成熟，农业再保险尤为薄弱，无论是技术，还是能力，都远不能满足处理农业巨灾风险的需要，严重制约了农业保险的发展。

6.2 我国农业保险发展模式探讨

6.2.1 我国现有农业保险发展模式及其分析

1. 准商业农业保险发展模式

这是中国人保作为一家商业保险公司在农业保险试验过程中采用的主要模式。商业性是指农业保险在人保内部单独核算，人保公司对该部业务自负盈亏。准商业性是指人保作为国有公司，在保险经营活动中得到国家的一些政策支持，经营农业保险采用"以险养险"即以其他保险业利润来补贴农业保险，同时政府对人保经营的这部分业务进行了税收方面的优惠。人保的这种经营模式优点很明显，人保是一家全国性的大公司，财力相对雄厚，具有较强的专业技术优势，经营网点遍布全国，抗风险能力强，而且人保的信誉好，农民比较信任。

2. 政策性保险发展模式

党的十六届三中全会通过的《关于完善社会主义市场经济体制若干问题的决定》第一次以党中央的正式文件形式将"探索建立和完善政策性农业保险制度"作为深化农村改革、完善农村经济体制的一项重要措施予以明确。为实现分散农业风险，建立有效的农业保障体系的目的，国家先后在上海、吉林、黑龙江等地设立了农业保险试点，积极推进农业保险的不断发展。政策性农业保险的具体运行模式如下。

（1）政策性、商业化保险联办共保江苏淮安模式

2004年11月由淮安市人民政府与中华保险公司签订了"联办共保协议"，确定对水稻、三麦、养鱼和农民团体意外伤害险等险种在各乡镇进行试点。其特征表现为政府补贴保费，保险公司与地方政府利益、风险共担，实行"低保额、低保费"的初始成本保险，以险养险。

（2）政府推动共保经营浙江模式

由在浙江的10家商业保险公司组建"浙江省政策性农业保险共保体"，由省人保公司作为首席人具体承担运作。其试点基本框架可以概括为"政府推动与市场运作相结合，共保经营与互保合作相结合，全省统筹与县级核算相结合，有限风险与责任分层相结合"。其特征表现为保险对象主要面向种养大户，保险品种采取"十"模式，即目录指导下自主选择从低保障起步，以保大灾为主，以险养险，核损理赔，更多依托农村基层载体。

（3）政府主导下的农业专业保险公司经营上海模式

2004年9月，上海成立了安信农业保险公司，采取"政府财政补贴推动，商业化运作"的经营模式。其特征表现为政府财政补贴"基本保险补充保险"的运作机制，统保共保，多样化承保，以险养险，巨灾补偿，实行专业性农业股份公司的形式。

（4）政府主导下的商业保险公司经营北京模式

2007年，北京市开始建立政策性农业保险制度，采取政府推动、政策支持、市场运作、农民参与的方式运作。其特征表现为建立政策性农业保险管理机构、由商业保险公司市场化运作全面的财政补贴。以上四种模式实质上都是政府主导型农业保险模式的具体表现形式。它们之间没有绝对的好与坏，只是由于各地区农业发展状况的差异导致了实施上的多样化。

3. 农村保险相互会社的经营发展模式

1990年在河南新郑试点建立了中国的保险相互会社——农村统筹保险互助会，是一种被保险人自己组织、共同出资、相互保险、不以营利为目的的保险组织。这种模式依靠县、乡、村的力量组织保险组织，实行"独立核算，资金留存，以丰补歉，结余留会"的经营原则。但互助会一般范围小，准备金积累能力弱，积累速度慢，难以应付较大的灾难。2005年1月11日，经中国保监会批准，在原黑龙江农垦总局风险互助体系的基础上，成立了我国第一家相互制保险公司——阳光农业相互保险公司，填补了我国尚无相互制保险公司的空白。

6.2.2 新时期我国农业保险发展模式构想

1. 引导商业性专业农业保险公司开展农业保险业务

农业保险是政策性保险，但这并不意味着所有农业保险产品都必须实行政策性经营。事实上1791年诞生在德国的雹灾保险，就是由私营保险公司经营的，而且德国、英国、法国等至今都是以私营保险公司为主经营雹灾保险。在日本，除一部分大田作物（水稻、旱稻、小麦等）和马、牛、猪、蚕等饲养项目是依法强制实行政策性保险之外，花卉、某些设施农业、精细农业产品的保险，实际上都是商业性经营。这就有必要对农业保险的具体项目和内容进行分析，讨论商业性农业保险和政策性农业保险的区别及其原因。2004年年初，中国保险业监督委员会（以下简称"保监会"）提出发展农业保险的指导性意见，提出发展农业保险的五种模式。2004年3月以后，保监会又先后批准三家专业农险公司开业或者筹建。第一家是上海安信农业保险公司，这家公司主要经营农村种植业和养殖业保险。该公司采取的是"政府财政补贴推动、商业化运作"的经营模式。保监会要求其种植、养殖业保险的比例不得低于60%。第二家是吉林省筹建的安华农业保险公司,这家公司借鉴法国安盟保险公司模式,实行股份制经营,以"大农险"为概念,为吉林省的农民提供种植业和养殖业保险、家财险、意外伤害险、健康险等一揽子保险。第三家是黑龙江阳光相互农业保险公司。这家公司建立在黑龙江农垦系统,已试办了十余年相互农业保险,此次是将过去相互农业保险的雏形制度化、规范化。目前来看,这些保险基本上都处于运行十分困难的境地,笔者建议国家相关部门应该研究对策,加大对商业化保险的市场支持力度。

2. 建立全国性的农业保险公司,对农业保险实行专项管理

建立全国性的政策性农业保险公司,国家对农业保险的扶持政策统一由该公司运作实施,公司内分设经营政策性业务和商业性保险,按照保本微利的原则,对农险业务实行专业化管理。该模式的优势是可以整合资源,避免多家公司分散经营,使农业风险在全国范围内得以最大程度的分散,为农民提供专业、优质的服务;对投保农民和保险经营机构都给予政策性扶持和补贴;扩大和分散农业保险经营区域,避免实施范围的过度集中。该模式下,国家对农险公司经营的所有业务免征一切税收,建立农业保险专项基金,扶持农业保险的发展。但现阶段国家财力有限,不可能像发达国家那样拿出很多的资金补贴农业保险,因此应允许农险公司经营种植、养殖保险以外其他财产保险业务,来获取利润补贴农业保险。国家财政和农业保险专项基金出资组建政策性的农业再保险公司,通过再保险公司使农业风险在全国范围内得以最大限度的分散。该模式在具体实施上应注意以下几点:一是农险公司应在国家财政资金的支持下,积极开拓县域保险发展空间,为农民提供多方位的保险服务;二是运用差额补贴而不是民政救济补贴各省、市、区农业保险的亏损;三是采用强制保险和自愿保险相结合的参与方式,对于关系到国计民生的重要农作物和牲畜应该实行强制保险,剩余的农业保险业务按照自愿投保的方式开展,同时可以考虑将农业保险和农业信贷结合起来,凡有农业生产借贷的农业保险标的,应该予以强制保险。建立专门的政策性农业保险公司有利于提高效率,增强农业保障作用。成立政策性农业保险公司,将能够实行商业性经营的其他保险业务划归专业保险公司承担,不仅有利于提高政策性农业保险业务的针对性和广泛性,而且有利于政府部门开展工作,使政府能够集中力量,面对广大农户和农业公司开展政策性农业保险业务,真正把农业保险的作用发挥出来。

3. 政府牵头，通过商业化的保险公司完成政策性的农业保险

根据我国实际，对广大的在农村分散经营的个体农产，比较适宜在政府主导的框架下让商业保险公司唱主角。这是因为我国最大的财产保险公司中国人民保险公司有较长时间和较大范围的试验，又有一大批农险专业技术人才；积累了比较丰富的经营和管理农业保险（主要是商业性农业保险）的经验，他们也有相当广泛的分销代办网络，再加上其他有意于经营政策性农业保险的财产保险公司的加盟，这种模式比较容易铺开。只要政府的政策到位，扶持措施得力得当，让他们既有利又承担风险，在政策框架下充分发挥市场化操作的优势，成功的希望很大。

该模式下，政府的主导作用应体现在多个方面。首先，政府应对农业保险给予优惠政策和财政资金的支持。一是对受委托保险公司经营的农险业务免征一切税收，并按照经营规模给予相应的管理费补贴；二是对农民给予保费补贴，解决农民保费支付能力低的问题，调动农民投保积极性，扩大承保覆盖面。其次，农业保险在承保理赔时也离不开当地政府的支持，农险标的面广、分散，地方政府及相关部门熟悉农民情况，只有依靠县、乡、村政府的组织推动，相关部门的积极配合，才能更好地为农民提供优质保险服务。为有效解决农民由于农业保险保费过高而保不起；保险公司经营农险效益差而赔不起；国家为扶持农业保险发展补贴过多而补不起的矛盾，该模式在具体操作中应采取以下几个方面的对策：一是坚持基本保障的原则，在产品的设计上，可选择几种与农民切身利益关系密切的风险责任，保险金额和费率不宜过高，以减轻农民缴费负担，实行基本保障的原则；二是适当推行强制保险，在足够大的领域内分摊风险，避免逆选择，减少保险公司经营农业保险的经营性支出；三是为解决好国家补不起的问题，农业保险的保费筹集应坚持多渠道、广筹集、因地制宜的原则。国家可从财政预算或支农资金、救济资金中划转一部分，国家补一点、地方拿一点、企业出一点、个人交一点，共同筹集，以减轻完全由国家补贴或个人交纳保险费的负担。

4. 现阶段我国农业保险发展模式的选择

这三种模式各有利弊，组建专门的政策性农业保险公司来直接经营农业保险，由于对国家的财政压力较大以及农业和农村经济发展不平衡及农业风险差异性大的特点，现阶段无论在市场条件、管理水平，还是风险分散机制等操作方面条件均不成熟，还有很长的路要走；由商业性保险公司经营原保险，政府成立专门的政策性农业保险公司经营再保险的模式也不太现实，因为商业性农业保险已经在实践中陷入困境；政府牵头，通过商业化的保险公

司完成政策性的农业保险，我国农业保险必须顺应农业保险自身特点并立足我国的国情，农业的发展已经到了关键的时候，农业保险的模式选择首先要求稳，在这方面，经过摸索，应该积累很多好的经验和做法，但从目前看，农户抵御风险的能力低，运作也会有困难。笔者以为我国农业保险制度基本框架应该是：建立一个以国家政策性农业保险公司为依托，政府引导商业化保险公司投身农业保险为主体，国内各商业保险公司、金融机构为辅的，以国家再保险公司和以政府为主、多方筹资建立的农业专项基金作"最后防线"的多元化、多层次、多形式的农业保险制度体系。

当然，这种模式得到很好的实施并非易事，还要注意以下几个方面：

第一，凸显政府政策优势，量入为出，为农业保险发展提供经济、法律以及行政的支持。政策支持下的农业保险商业性运作模式在推进的过程中，必须凸显政策的支持功能。这是建立农业保险体系的根本所在。首先，加强对农业保险的经济扶持。包括由中央政府和地方政府配套支付保费补贴，政府财政可以给予保险公司经营管理费用和业务费用的补贴和实行一定的免税或税收优待。其次，应在中央政府层面，统筹整个农村保险体系和社会保障机制的建设问题。最后，加快有关农业保险的立法工作。我国应该在试点实行多种经营主体、多种经营模式的农业保险的基础上，尽快出台农业保险法律或法规，明确我国农业保险的性质、组织形式、保险范围、可保风险、财政补贴及再保险的方式等，使农业保险真正发挥保障农业生产、保障农民利益、保障农业技术发展的功能。

第二，保证商业化运作，积极引进农险竞争机制，为发展多形式、多层次、多渠道的农业保险创造条件。政策支持下的农业保险的商业性运作模式在推进的过程中，必须保证商业化经营运作，鼓励、支持、引导多形式、多层次、多渠道的农业保险的发展。这是建立农业保险持续发展的基础。一方面，引进农业保险竞争机制，实现农业保险经营主体多元化。一是在国家财政及税收政策扶持的基础上允许更多的商业保险公司参与经营；二是投资组建专业农业保险公司；三是注重引进外资保险机构；四是积极引导农业合作保险的建立和发展。另一方面，提倡农业保险混业经营。混业经营可以利用财产保险和人身保险的业务收益来弥补农业保险的业务亏损，"以险养险"，有利于农业保险经营机构的财务稳定。同时，应积极探索新的融资途径，农业保险公司可以通过发行专项债券融资或者是在保证国家控股的前提下实行股权融资，这样就可以大大减小财政压力。

第三，建立农业保险基金，构建农业再保险体系，实现农业巨灾保险的再保险业务与一般农业保险的再保险业务分离。首先，国家设立农业保险基金。国家可从每年安排的救灾防洪费用、社会各界馈赠、农产品流通、地方财政筹措、农民保费中提取、农险经营主体盈余提取法定准备金等渠道筹集农业保险基金，形成雄厚的农险总准备金，主要用于农业险经营主体和农业险的再保险以及分保经营主体的管理费补贴，弥补农业巨灾保险的再保险业务的经营亏损。其次，建立全国统一的农业再保险体系。由中央政府统一组建政策性的全国农业再保险公司，国家委托农业再保险公司为农业险的经营主体提供一般性农业保险的再保险服务。最后，积极吸引国外再保险公司参与国内农业保险的再保险业务。充分调动他们的积极性，使国内的中外再保险公司共同跟进研究、利用再保险机制，制订农业再保险分保方案，分散农业保险经营风险，支持农业保险业务稳健发展。

6.2.3 新时期我国农业保险发展模式构建的必要条件

1. 加快农业保险的法制建设，营造法律氛围，把我国农业保险纳入法制化轨道

法制建设是农业保险的前提和保障，只有制定了农业保险的法律规范，农业保险才能依法经营。市场经济发达的国家如美国、加拿大、日本都先后制定了《农业保险法》，用法律的形式来强化农业保险。一些发展中国家如巴西（1954 年）、墨西哥（1961 年）、斯里兰卡（1973 年）、泰国、菲律宾（1978 年）、印度（1979 年）先后都颁布了《农作物保险法》和《农作物保险公司法》，并明文规定在银行贷款的农民必须实行强制性的保险。农业保险有了农业保险法律的强力保障，才能在健康的轨道上运行。因此，应尽快制定适合我国农业保险特点的《农业保险法》，对农业保险的经营目的、性质、经营原则、组织形式、承保范围、保险费率、保险责任以及相关机构对农业保险的监管做出科学的规定，以法律形式规范农业保险的经营主体、参与主体、受益主体的权利和义务关系，明确农业保险在稳定农业生产经营中的重要地位，明确各级政府在开展农业保险中应发挥的作用和职能，以及农业保险补贴、再保险等机制的规范建设，将整个农业保险活动完全纳入法制化轨道，保证农业保险有法可依，为我国农业保险的发展提供强有力的制度保障。制定和实施正式制度是发展农业保险的根本保证，法律是正式制度中最主要的内容。随后修订的《农业法》首次确认了农业保险的政策性，这是立法的一大进步。但鉴于农业保险的特殊性，应专门制定《农业保险法》，在该法中具体规定农业保险的保障目标、保障范围、组织机构、运行方式、政府作用、农民的参与方式、初始资本金筹集数额和方式、管理费和保险费分担原则、异常灾害条件下超过总准备金积累的赔款和处理方式、税收优惠等内容。我国保监会已完成了《农业保险法》的草稿，在未来几年，该草稿需不断完善，争取尽早交由全国人大常委会审议通过。

2. 设立国家级的农业风险管理组织并成立专项农业风险基金

该模式的特点是国家对农业保险的扶持政策统一由政策性保险公司经营运作，实行政策性业务和商业性保险分设经营，建立由财政兜底的政策性农业保险公司，按照保本微利的原则，对农险业务实行专业化管理。该模式的优势是可以整合资源，避免多家公司分散经营，使农业风险在全国范围内得以最大程度的分散，为农民提供专业、优质的服务。或者借鉴国外经验成立一个由政府支持、专业机构管理的国家巨灾保险基金。由国内巨灾保险公司承保之后，100%分保给国家巨灾保险基金，然后由该基金对巨灾业务进行处理，将其中一部分业务分给直接保险公司，另一部分业务转分保给其他再保险公司，其余自留。巨灾保险业务的销售、承保、理赔和保单服务等由直接保险公司承担完成。巨灾保险既可单独承保，也可以附加承保，但单独承保的费率稍高。

3. 加强农业保险人才的培养，加快农业保险产品和技术的创新和发展

由于农村经济的特殊性，在许多国家，农业保险技术作为主技术进行研究开发，因此，从事农业保险的人员既要懂保险理论知识，又要具备农作物和动物的农业技术知识。农业保险的工作人员必须加强学习农业生产理论知识，结合实际对农作物在不同阶段的生长情况要有专业的、系统的知识；为农业生产提供咨询服务，帮助解决生产中的实际问题。而农险人才数量的多少、素质的高低，都会影响农业保险业务的发展，要推动农业保险事业的发展，就必须培养我国的农业保险人才，改变目前农险人才短缺的状况。为此尽快通过各种渠道加强农险人才的培养：一是应该在我国的高等农业院校中开办农业保险专业，同时对财经类院校保险专业学生开设农业保险专业课，这样可以从这些大专院校吸收或委托培养高层次专门人才，其中一部分从事县及县以上的农业保险经营管理和研究工作，一部分则从事基层保险工作。二是农业保险管理部门应采取多种形式如培训、进修、业余学习等，使从事农业保险的人员掌握业务理论知识，不断经过大量的实践摸索，积累农险工作经验，全面提高专业素质。三是聘用农村中的一批有志青年，他们生长在农村，熟悉农村情况，理解农民心理，掌握了农业生产的基本知识，吸收他们加入到开展农业保险的队伍中来能够迅速改变现阶段农险基层岗位人员短

缺和队伍不稳的状况。四是提高农险人员的地位和待遇，因为开展农险工作必须经常下到农村去了解情况，十分艰辛，加上交通不便，条件差，很多人不愿从事农险工作。因而要挑选一批自身素质好，服务精神好，热爱本职工作的人员。

农业保险有不同于其他财产保险的特殊性，要搞好农业保险，必须对农业生产的特殊性进行研究，因此必须建立农业保险科研机构，研究农业风险产生的因素，发生规律和规模，在熟练掌握农业生产特殊性的基础上，运用保险技术，将农业与保险有机结合起来，为构造适用的农业保险制度提供科学依据，才能发挥农业保险的功能，起到为农业生产防灾减损的作用，也在客观上推动和促进了社会风险管理的发展，提高农业生产效率。应积极组建直接归农业保险推广委员会管辖的农业保险科研机构，各省、自治区、直辖市也建立相应农业保险科研所，针对本省、自治区、直辖市农业经济发展水平和农业生产遭受的灾害，解决本地区的农业保险问题。如对一些地区主要农作物的病虫害的预测和保险，农业新技术推广的风险和保险，农业新育成种子、新农药、新材料的推广使用所产生的风险和保险等。总之，建立专门的农业保险科研机构，就是要根据农业保险的特殊性来确定农业保险的措施，而不是简单地将保险技术运用于农业生产，要使两者有机结合起来，加快农业保险产品和技术的创新和发展，这样才能更加发挥农业保险的作用，为农业生产和经济发展做出贡献。保险公司对巨灾损失的赔偿支付，传统手段主要是通过保险准备金的积累。但是，农业保险公司目前维持正常的赔偿支付和管理成本都主要依赖政府的资助或补贴，更谈不上足额保险准备金的积累。在条件具备的时候，可以考虑农业保险风险证券化，将农业巨灾风险与资本市场结合起来，在资本市场上以证券的方式筹集资金来分散和化解农业的巨灾损失。资本市场的规模庞大，如果能将资本市场的资金引入到农业保险，无疑对推动农业保险的发展具有十分重要的意义。在风险证券中，交易最为活跃和最具代表性的是巨灾债券，其发行量占总发行量的32%。巨灾债券已经成为保险风险证券化的成功范例。巨灾证券是保险公司自身（或委托再保险公司）发行的附上特定条件的标准公司债券。其特点如下：利率一般高于市场利率，但当巨灾损失发生时，投资者的利息甚至本金将随巨灾损失程度的加深而减少。在巨灾债券交易过程中，一个特殊用途工具或者特殊用途再保险公司与保险公司签订再保险合同，同时在资本市场上向投资者发行巨灾债券。巨灾证券是保险公司自身（或委托再保险公司）发行的附上特定条件的标准公司债券。其特点如下：利率一般高于市场利率，但当巨灾损失发生时，投资者的利息甚至本金将随巨灾损失程度的加深而减少。在巨灾券交易过程中，一个特殊用途工具或者特殊用途再保险公司与保险公司定再保险合同，同时在资本市场上向投资者发行巨灾债券。如果事先确定的巨灾事件没有发生，投资者将收回他们的本金和利息，作为使用他们资金及承担风险的补偿。反之，如果巨灾事件发生了，那么投资者就会损失利息、本金或者全部，特殊用途保险公司将筹集资金转给保险公司来兑现再保险合同。这里，特殊用途保险公司是一个典型的独立所有信托，它可以是一家在离岸地注册法律意义上的再保险公司，从事与证券化相关业务。对农业保险公司而言，将巨灾损失风险与资本市场结合起来，可以扩大资金来源，提高抵御风险和分散风险的能力，而且还可以将本国的农业巨灾风险通过资本市场向国外转移。

4. 分散保险风险，组建专门的农业再保险公司

西方各国在推行农业保险时，有一个共同特点，即都利用行政手段建立多层次的再保险体系，并且都对再保险的保险费、管理费用、经营亏损进行全部或部分补贴。再保险在支持农业保险的稳定性方面有不可替代的特殊作用。再保险也称分保，是保险人将自己承担的风险和责任向其他保险人进行保险的行为。根据我国《保险法》第 28 条的规定，再保险的定义为："保险人将其承担的保险业务，以承保形式，部分转移给其他人的，为再保险。"再保险可以提高合作社承保农业保险的能力，增加业务量。农业保险具有风险集中、受灾地域广阔、赔付率高等特点，一旦遭受风险，可能造成合作社自身资金短缺，无法正常经营。合作社需要找到一种风险转移机制，这就是再保险机制。合作社可以将超过自身财力无法承担的巨灾风险和部分业务分给再保险公司，分散农业风险中的系统性风险，这样就可以扩大自身的承保能力。国家可以通过再保险机制支持农业保险。不论是西方发达国家，还是发展中国家均采用再保险方式来补贴经营农业保险的费用。国家可以利用再保险机制间接支持农业保险的经营。

5. 加大税收支持力度

在实施保费补贴的同时，对农业保险提供税收优惠也是国际通用的做法，而且许多国家对农业保险免征一切税收。我国现行税制规定，农业保险免征营业税和印花税，这对促进农业保险发展起到一定的积极作用，但仅界定在种养两业，范围偏窄。随着产业结构的调整，农业的外延在不断扩大，种养两业收入在农民收入中的比例持续下降，所以应该根据农村经济社会的发展，不断扩大农业保险的服务范围。因为从农业保险受益的并不只是农民，而是整个社会。由农业保险的特性决定，其税收待遇不能等同于一般商业保险，也不能简单等同于其他涉农企业。参照国际经验和我国现行对涉农企业税收优惠政策，可以考虑在现行优惠政策的基础上，免征种养两业的保险所得税。当前，将涉农保险合同等同一般财产保险合同，印花税适用0.1%的税率，与我国总体支农补农政策不相适应。可考虑暂不征收印花税，或者先征后返还，返还的税金用于充实风险基金；2008年1月新企业所得税法规定，企业工资现金收入可以在税前进行抵扣。应该说这一政策最大的受益者也是金融保险行业，因为这个行业的特点就是员工的费用比较高，据有关市场专家的测算，银行员工的工资费用一般占银行总费用的一半，工资据实扣除政策一旦实施，金融保险行业的扣除额会明显加大。笔者还是希望税法再进行相应的调整，给予农业保险以更加明显的税收方面的支持。

6. 加大保险宣传力度，提高农民保险意识

农民是农业保险的主体。过去农业保险的实践证明，农业保险失败的原因，与农民保险意识淡薄有很大关系，在很多地区特别是农业欠发达地区，农业保险的意义和作用还远没有为广大农民所认识。农民存在严重的侥幸心理，虚报、冒领或其他不道德行为也时有发生，信任危机和缺乏互助互济的风气阻碍了农业保险业的发展。因此，必须加大宣传力度，采取行之有效的措施，使农民正确理解保险保障的含义，积极引导农民参与农业保险事业，使其认识到农业保险的好处，从根本上提高农民的风险意识和投保积极性。要搞好宣传工作，不仅是保险公司的责任，也是各级政府部门的责任。一是在宣传形式上广泛采用多种渠道进行宣传，如通过电视、电影、座谈会、报纸等各种媒介，宣传农业保险的性质和目的；二是组织农村基层干部学习保险知识，动员他们投资那些期限短、保费较少的险种，使他们及时得到经济补偿的实惠；三是采用丰富、生动的实例，通过理赔现场大会使农民加深对保险的认识，针对每一个人的情况，分析他们存在的各种风险，将险种介绍给他们；四是由农村的各种文化教育带动，如农民夜校、函授教育等都可以将保险作为教学内容，或编写专门的农村保险简易读本，在农民已经接受了一定保险知识的基础上，再采取示范先行、典型引路的办法，推动各种农业保险业务的发展。因此，如果参加农业保险的农民增多，保险经营的数理假定就能得到满足，保险标的分散程度加大，农业保险赔付率自然也就能得到相应的降低。从而，农业保险公司的利润率提高，农业保险自然也就具备了自我发展的基础。

6.3 我国农业保险组织体系创新构想

6.3.1 农业保险组织形式创新原则

1. 以节约交易成本为目标

威廉姆森认为，经济组织的主要目的应该是节约交易费用。交易成本的最小化意味着经济组织"所有客户的市场交易成本和所有权成本最小化"。农业保险组织形式创新一方面要考虑节约内部所有权成本，另一方面要考虑节约与客户的市场交易成本。

2. 国家、市场、农户相结合的原则

农业保险组织形式的选择要实现三方面有机结合，即国家的责任、市场的力量和农户的自组织。有学者提出农业保险公私合作的视角，即政府和市场的结合。笔者的观点是必须发动农户的风险分摊组织，在农户利用合作保险组织进行农业风险分摊后，再通过市场和政府进行风险分散。农业保险市场由农户互助合作保险组织和商业保险公司经营、政府进行补贴和再保险，才能构成完整的农业风险分摊和分散的组织系统。

3. 分省而治的省级政策性农业保险计划

因为省际组织资源的差异，各省农业生产条件、农民收入水平均不相同，农业风险也存在差异，财政收入存在更大的差距，省级政策性农业保险计划可以依省情确定，制定本省政策性农业保险品种、补贴方案、农业保险组织形式等。

6.3.2 农业保险组织形式创新思路

1. 农业保险实施机制创新

商业性农业保险与政策性农业保险相结合。农业保险既有商业属性，又有政策属性。从保险项目看，高附加值的经济作物保险可作为商业性经营，关系国计民生的粮食、油料等作物保险则需要政策性经营；从风险角度看，单风险农作物保险可作为商业性保险，巨灾和多风险农业保险则是政策性保险。商业性农业保险继续以商业保险公司为主体，依托农民专业合作经济组织开展农业保险业务；政策性农业保险需要国家干预，如确定政策性保险品种、给予财政补贴，由农户互助合作保险组织或商业性保险公司经营原保险，国家政策性再保险公司进行再保险，承担最后的经营性亏损。

2. 农业保险补贴形式创新

中央政府补贴和地方政府补贴相结合。中央政府根据全国农业生产计划确定补贴品种；省级政府根据本省农业生产特色确定补贴品种，如南方省份的大米保险，北方省份的小麦、玉米保险。中央政府确定国家级政策性农业保险补贴预算，根据中央财政收支确定农业保险补贴金额和补贴比例；省级政府制定省级政策性农业保险补贴预算，根据省级政府财政收支确定省级农业保险金额和补贴比例。

3. 农业保险立法形式创新

国家立法与地方政府立法相结合。农业保险国家层面的立法具有指导性、宏观性，甚至滞后性；省级政府可以根据本省政策性农业保险进展进行地方农业保险立法。在国家农业保险法律和法规出台前，省级政府在农业保险试验的基础上先行省级农业保险立法，省级农业保险法规可以依据本省的农业生产条件、农业风险来制定。中央政府在条件成熟时制定全国性的农业保险法。

4. 农业保险承保方式创新

个体农业保险与地区农业保险相结合。关于个体保险与地区保险，在减少农民收益的波动方面，个体保险最优，但道德风险和逆向选择严重；地区保险虽能降低道德风险和逆向选择，但在降低农民层面的波动性方面显然不如前者。所以两种承保方式的选择主要看侧重考虑谁的利益：农户的利益还是国家利益，抑或商业保险公司的利益。充分考虑各方利益，实现两种承保方式的结合，道德风险和逆向选择严重的险种和品种以地区保险为基础，道德风险和逆向选择容易控制的险种和品种以个体保险为基础。

6.3.3 对农业保险组织体系的新思考

我国农业的显著特征是小农户分散经营且数量众多，在各地经济发展水平不均衡及农业风险差异较大的国情下，构建农业保险组织体系不可简单仿效美国、日本等发达国家，应该依据我国农业保险组织资源环境确定。在组织形式选择上，农户互助合作组织、国有农业保险公司、商业保险组织有机结合，共同经营形成合理的农业保险组织体系。

农业保险的原保险应由合作性保险组织经营，而不是由商业性保险公司或国有农业保险公司经营。因为农业保险的承保区域分散，情况复杂，不易管理。由商业性保险公司或国有保险公司经营农业保险的原保险，容易产生道德风险和逆向选择问题，需要投入较高的监督成本。但由合作性保险组织经营农业保险原保险却具有得天独厚的优势，比较理想的农险经营应为保险合作社经营原保险。

商业性保险公司有技术和资金方面的保障，经验丰富，资金实力相对雄厚，已经形成了覆盖全国的机构网络，鉴于农户互助合作保险组织的单层制，需要借助商业保险公司的力量分散风险。商业保险公司在农业保险市场的业务对象是大农户和合作互助组织，不再对众多的小农户开展农业保险业。新型农业保险组织体系分成三个层次。

1. 第一个层次

农户互助合作保险组织。我国的小农户生产特征适合建立农户的互助保险组织来分散风险，近距离的小农户出于了解和信任自发组成农户互助组织。农户互助组织的成立对农业自然风险发生率没有任何改变，但农户的道德风险因为互助组织的存在得以降低。农户互助保险组织由农户自愿成立，政府要做的事情是引导，可以借助各类农民专业合作经济组织，地方政府根据财力给予农户互助保险组织一定的费用补贴。我国只建立一个层次的农户互助组织，不采取日本层层建立农户互助组织的做法以降低组织成本。成立农户互助保险组织加大了商业保险公司进入这个市场的可能性，因为若把互助合作组织视为一个整体，对保险公司开展业务而言，相当于改变了中国小农户的组织资源环境——面对互助合作形成的大客户开展业务。

2. 第二个层次

省级政策性农业保险计划＋商业保险公司。中央政府没有足够的财力在全国范围内对农业保险进行补贴，省级政策性农业保险计划无疑是现实的选择。这意味着在国家层面是农业保险法律和财政补贴不足的资源环境下，在省级范围内进行农业保险立法和财政补贴制度，各个省份根据自身的经济实力制订政策性农业保险计划，确定保险费补贴金额，选择进行政策性保险的保险品种，如山东省的小麦、玉米政策性保险，浙江省的水稻政策性保险等已经通过省政府的文件得以实行。同时成立省级农业风险基金，与愿意参与农业保险业务的保险公司签订协议，在省内巨灾发生时动用风险基金，给商业保险公司巨灾补贴。

商业保险公司进入农业保险市场，一是农户互助保险组织的需要，农户互助组织的规模小，难以承担大的自然灾害造成的风险损失，需要商业保险公司对农户互助组织进行再保险。可以借鉴原中国人民保险公司曾经试点过的比例再保险，商业保险公司出于利益考虑，可以给互助组织以技术指导和防灾防损支持，互助保险组织发生风险的概率低，保险公司才有利可图。二是因为互助保险组织和政策性农险计划改变了商业保险公司面临的组织资源环境。商业保险公司作为市场上自主经营的主体，对农户互助组织的业务完全是自愿的，也可以对符合理想可保条件的大农户直接开展业务，可以自主开发单风险的农业保险项目。

3. 第三个层次

国家农业再保险公司。中央政府财力充足时，成立国家全资的政策性农业再保险公司。政策性农业再保险公司只接受商业保险公司的再保险业务，不与农户、也不与农户互助组织产生业务关系。合理设计再保险合同，如赔付率超赔再保险，使商业保险公司把超赔风险分散给政策性农业再保险公司，增加商业保险公司经营农业保险的财务稳定性。

上述农业保险组织体系设计的特点：一是短期内为"农户互助保险组织＋省级政策性农业保险计划＋商业保险公司"，长期则为国家财力允许时增设国有政策性农业再保险公司；二是减轻财政补贴压力，只补贴农户不补贴商业保险公司经营费用。笔者认为，商业保险公司不仅仅经营农业保险业务，给商业保险公司以经营费用补贴不符合市场规律；商业保险面对农户互助保险组织或大农户开展农业保险业务，又有省级政策性农业保险计划的巨灾支持，不补贴经营费用，商业保险公司经营农业保险业务也具备了可行性。如果国家农业再保险公司能够成立，就更不必对商业保险公司进行经营费用补贴。我国作为发展中国家，无法向日、美发达国家那样拿出巨额的财政补贴给农业保险，通过组织体系的创新，尤其是省级政策性农业保险计划，建立多层次的农业风险分散机制，探索农业保险的经营组织。

有研究者认为政府应该给农户保险费补贴、给保险公司经营费用补贴。对于前者，笔者没有异议。但对于保险公司经营费用补贴，笔者不敢苟同。商业性保险公司以利润最大化为经营目标，而且目前在各地开展农业保险业务的主体是综合性商业保险公司。商业保险公司经营的农业保险业务仅占其业务的很小一部分，给其财政补贴会造成市场的不公平现象，而且还要考虑财政补贴的效率问题。笔者认为在新型农业保险组织体系下，农户互助合作保险组织和国家农业再保险公司的成立，为取消对商业保险公司的经营费用补贴提供了可行性，甚至可以取消目前广泛实行的"以险养险"政策。因为在新的组织体系下，商业保险公司经营农业保险的困境已经不复存在，商业保险公司完全可以按照市场原则选择是否经营农业保险业务，是否接受互助合作保险组织的分保。政府的财政补贴仅对农户、互助合作保险组织和国家农业再保险公司支付。一是对农户给予保险费补贴，只要是国家核定的政策性农业保险品种，农户投保，政府都按照规定给予保险费补贴，补贴可由中央政府和地方政府共同承担。二是对农户互助保险合作组织给予管理费用补贴经营，这部分补贴主要由地方政府支持，因为分散的小规模的农户组织，中央政府不便于了解和支持，主要依靠地方政府引导和支持。三是对国家农业再保险公司给予经营亏损补贴，再保险公司的经营和亏损补贴由中央政府管理和干预。

6.4 新时期我国农业保险供给体系的构建

我国农业保险处于发展初期，中央政府和地方政府都增大了对农业保险的投入，目前市场上已出现了多种形式的农业保险供给主体。因此如何定位各种形式的供给主体，如何协调各级政府与它们的关系，实现每个主体的运作效率的最大化，是一个非常重要的问题。

6.4.1 构建我国多形式、多层次、有重点的农业保险供给体系

我国幅员辽阔，各地区经济发展不平衡，人们的生活水平、习惯也有很大差异。因此，在发展农业保险时，应该因地制宜，选择与当地实际情况相适应的供给方式。笔者初步设想先在中央政府指导下，由各地方政府扶持，分地区、分步骤推行农业保险，在此基础之上建立一种多种供给形式并存、多保障层次共举的农业保险供给体系，如图6-1所示。

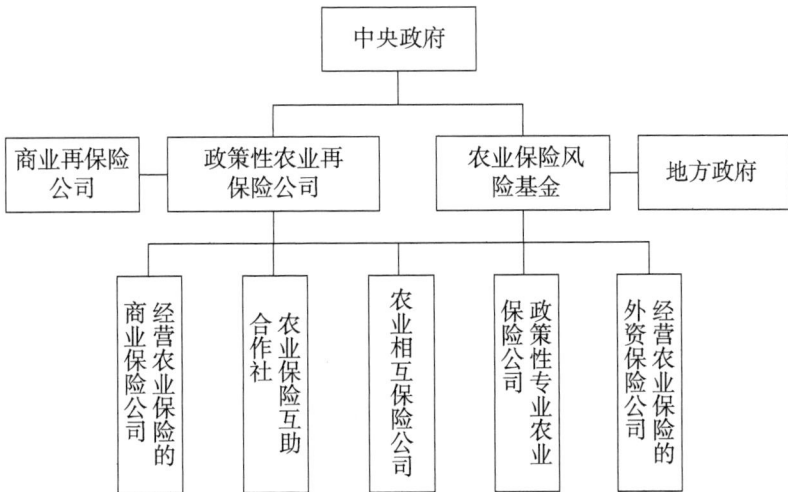

图6-1 我国多形式、多层次农业保险攻击体系构想

125

1. 在农垦系统内，建立以政府扶持的农业保险互助会社为主的供给形式

我国农民对合作社并不陌生，从新中国成立初成立供销合作社、信用合作社到现在，合作社在我国已经有50多年的历史了。而农业保险合作社因为具有设立简单、运作成本低、与我国农村自然半自然经济发展水平相适应等优势，也逐渐被农村所接受，并已在黑龙江垦区和新疆生产兵团等很多地方取得了成功，为当地农业的发展做出了贡献。下一步，我们可以优先在农垦和兵团系统内推广这种试点，建立起一种政府支持下的合作互助经营的供给形式。之所以优先选择农垦和兵团系统，是因为这里具有长期的集体式农业生产经营和管理的传统以及较强的组织力量和能力。相比之下，广大农区，农户分散、规模狭小、大多缺乏自主组织能力，组织合作互助的基础十分脆弱，而且极容易受行政长官的强力干预，这也是从伊通互助会社亏损中我们需要总结的。制度经济学认为，在制度移植时，只有在正式约束被社会认可，即与非正式约束相容的情况下，才能发挥作用。也就是说，只有当一种制度与当地的道德、习惯相适应时，才能为当地所接受，才能充分发挥其作用。因此，应优先在农垦系统内推行农业互助会社，这样更便捷，也更容易成功。目前我国农垦区拥有2000个国有农场，3800万公顷土地，1240万人口，粮食总产量1500万吨，棉花产量占全国20%，在农业生产中发挥着重要作用。如果在这个范围内试点成功，不仅能为农业保险的推行起到良好的示范作用，而且能为下一步设立相互农业保险公司奠定坚实的基础。

2. 在农业互助保险发展较好的地区逐步确立相互农业保险公司的主导地位

相互制保险公司是基于相互保障原则，由某些面临同类性质风险、具有大体相同保险需求的自然人或法人组成的法人组织，是保险合作社的一种高级形式。它不仅具有保险互助会社的优势，而且由于它具有独立的法人产权制度，结构更稳定，管理也更科学。目前，相互保险公司在世界上很多国家都有相当大的影响。瑞士再保险公司2014年发布的报告显示，全球最大50家保险公司中有26家是相互保险公司，占这50家保险公司资产的55%；在全球5个最大的保险市场中，相互保险公司占整个保险市场份额最低的法国也达19%，市场份额最高的日本高达76%。在我国，许多学者已从理论上论证了实施相互制保险公司经营农业保险的诸多优势；在实践中，阳光农业相互制公司的成功也揭示了相互制公司在我国实施的可行性。正因为相互农业保险公司的这些特点，应该把它作为未来我国农业保险供给的主要力量。但具体的实施还需要一个过程。目前，相互制公司对于广大农户来说还是一个比较陌生的名词和组织形式，因此，在现阶段，可以先在一些互助保险发展的较好的农垦区进行试点，成功以后再在全国范围内逐步推广开来。同时应注意相互制公司还有两大缺陷：一是资源整合能力较差，由于相互制公司组织形式的特点决定了它一般资金实力不强，抵御风险能力较弱；二是风险标的相对集中，而农业风险本身又具有系统性，在发生大面积灾害事故的时候，往往难以偿付。在我们以后的试点过程中，还需要不断总结经验探索解决之道。

3. 在广大地区积极扶持、引导商业保险公司开办农业保险

在我国，商业保险公司，比如中国人民保险公司、中华联合保险公司（原新疆建设兵团保险）有较长时间和较大范围举办农业保险试验的经验，由他们来代办农业保险具有一定的优势。首先，他们拥有一大批农险专业技术人才，也积累了比较丰富的经营和管理农业保险（主要是商业性农业保险）的经验。其次，他们也有相当广泛的分销代办网络，运行成本低，比较容易铺开。以浙江省为例，截至 2013 年年底省内共有人寿保险分公司 13 个，中心支公司 86 个，支公司 132 个，营业部 168 个，营销服务部 1534 个。财产保险分公司 18 个，中心支公司 56 个，支公司 167 个，营销服务部 1113 个。最后，商业化运作管理科学，有利于进行技术革新。因此，政府引导下的商业保险公司是一种政府投入成本较低的农业保险供给形式。但由于商业保险公司缺乏很好的机制来解决投保农户的道德风险和逆选择问题，因此未来在扶持商业保险公司提供农作物保险时应鼓励其进行技术创新和险种创新，充分发挥商业化运作高效率的优势。在传统农业保险的经营中技术含量不高，难以实现对农业风险的识别、计量以及损失的控制，导致农业风险普遍具有超高的赔付率和管理成本。如果能广泛地实施农业风险检测技术、农业保险精算技术、农业保险理赔技术、风险证券化技术等，能够有效降低农业保险的经营管理成本，控制农业保险经营风险，为农业保险的发展增加动力。

此外，险种创新也能在一定程度上解决农业保险中的信息不对称问题。比如现在国外有一种气候指数保险合同，它把特定时期对某一灾害性气候现象对作物的损失程度用指数的方式反映出来，然后根据灾害性气候出现的频率以及与某一指数大小对应的损失程度计算出费率和赔付标准，形成合同。这样农作物指标的建立基于长期的数据统计，数据的记录是独立、公开、透明和可信的，因此可以增强保险信息的透明度和对称性，降低交易成本和理赔成本。

4. 在地方财政允许的地区建立政策性农业保险公司

目前，我国已建立了两家政策性农业保险公司。政策性农业保险公司一

般都由地方政府兜底，因此对地方财政要求较高。而我国各地方政府财政收入的地区差异较大，比如在省会城市里，2015 年地方财政最高的是上海市，达到了 4585.55 亿元，而最低的拉萨市，仅有 110.67 亿元。因此这种供给形式很难在全国范围内推开。

早期的经济发展理论在强调政府干预发展过程的时候，有三个暗含的假定：首先，政府作为政策实施主体，将公民的最大化利益纳入其目标函数；其次，追求最大化社会福利的决策者都自然有决策所需要的充分信息；最后，似乎无须成本就可以提出和实施政策。我们发现在农业保险市场上，这三个假设条件都是有缺陷的。因此，由政府出资成立的政策性保险公司，其分支机构很容易由各级政府管理，可能造成政企不分、事权不明、效率不高、成本过高的问题，长此以往，新机构很可能向旧体制、旧机制复归。因此，政策性农业保险公司虽然短期内业务量增长很快，但它会给地方财政带来较大负担，而且政府行为的成本和挤出效应也会逐渐显露出来。政策性农业保险公司应作为目前市场状况下一种过渡的供给形式。

5. 引入外资保险公司作为补充

外资保险公司一般具有先进的管理经验和风险控制方法。通过在农业保险市场上引入外资公司，学习他们的先进经验，可以为以后建立我国的农业保险公司创造条件。比如，最近在成都开业的法国安盟公司，它在经营农业保险时，施行一种将房屋、牲畜等财产保险与农村医疗、意外、养老保险一起打包销售的经营方式，取得了一定的经济效益，这也与联合国贸易与发展委员会将农业保险定义为"涉及农业的整个过程"的观点不谋而合，值得我国经营农业保险业务的公司学习和借鉴。

6. 成立政策性农业保险专业再保险公司作为后盾

再保险是保险的保险，是进一步分散保险风险的有效途径，是风险的最后一道屏障。在保险业务链条中，再保险处于最高端。直保公司利用再保险，可以达到分散风险、管理风险、保障自身经营安全的目的。西方推行农业保险的共同特点是利用行政手段建立政府主导的再保险体系。

再保险是一种有效分散和分摊保险公司风险损失的经营形式。但由于农业风险的特殊性，我国唯一一家的再保险组织——中国再保险集团公司长期以来都没有承保农业再保险业务，直到 2004 年才开始尝试与安信、安华等几家公司签订了农业保险成数分保的意向性合同。但这只是杯水车薪，还远远不能满足保险公司的需要。有关专家指出："强有力的证据表明，国际保险和再保险业不愿或不能对系统相关的风险提供便利的保险。"因此，建立专业的政策性农业再保险公司就显得十分必要了。它可以降低商业保险公司的再保险成本，提高风险分散能力，有效吸纳更多保险公司进入农业保险市场，更重要的是，通过政策性再保险还可以向保险公司提供技术、信息和必要的政策引导，规范商业农业保险市场。在美国是由农业保险的管理机构——联邦农作物保险公司对参与农作物保险计划的各种私营保险公司、联营保险公司、再保险公司等直接提供再保险。同时还为在这些公司投保的生产者支付部分保费补贴和经营管理费。加拿大直接经营农作物保险的是各省农作物保险公司，省公司与联邦依法签约，由联邦政府（农业部）提供再保险。我国对农业保险一般也进行了分保，比如在河南新郑试点的农村统筹保险互助会，将 30% 的保险责任以成数再保险（Quato Share Reinsurance）的方式向人保支公司分保。而新疆人保按超额赔款再保险（Excess of Loss Reinsurance）以赔款为基础确定自负责任和分出责任。但由于再保险公司不愿承担农业保险的再保险风险，使得这些保险公司只能依靠内部分保，其集合的风险不能得到广泛、有效的分散。通过建立政策性的农业再保险公司，不但可以使农业保险的风险在更大的范围内得到分散，有效控制风险（利用风险具有自发分散的特点，在全国范围内分散风险）；而且由于有政府财力的强力支持，通过实行超额赔付率再保险（Excess of Loss Ratio Reinsurance），将原保险人所承保责任的赔付率控制在一定范围之内，有效降低作为再保险合同最上一层的原保险人的经营农业保险的风险，促使更多的商业保险公司参与到这个市场中来，为广大农户提供更多更好的农业保险服务。

7. 设立农业保险风险基金加强保障

任何形式的风险补偿制度都离不开与风险相适应的补偿基金，农业保险也不例外。并且由于农业风险的巨灾性、频发性、普遍性等特点，其对风险基金的要求更高。我国可以考虑通过地方财政、民政、农村经济组织、城市单位及个人捐助等多渠道筹措农业保险基金，形成雄厚的农险总准备金。对农业保险基金的投放重点应放在促进和保护农业和农村经济发展，保障农业生产和经营不因自然灾害而中断时，及时向受灾保险对象提供帮助。在资金的管理上，在保证赔付的前提下，适当地运用资金，以增强其实力。并根据各类险种和险别的承保对象、承保责任、赔付方法、赔付金额等特殊规定，对农业保险基金的各类风险基金分别管理、专项使用。农业保险风险基金的设立可以作为再保险的一种补充形式，为农业保险市场上的直接供给主体保驾护航。

6.4.2 构建我国的农业保险供给体系应以相关制度、法律作为保证

一个国家的基础制度安排、制度结构、制度框架、制度环境和制度走向决定了它的经济绩效。在农业保险领域也同样如此，我们在分析国外开办农业保险的成功经验时，无一例外的发现，他们都建立了与本国情况相适应的制度安排作为实施农业保险的前提和保障。因此我国在建立农业保险的供给体系时，也应该未雨绸缪，寻求一种合理的制度安排，最大限度地减少和消除以后制度变迁的成本。

农业保险体系的构建对相关制度、法律的依赖程度相当高。然而，我国农业保险的法律法规却一直缺位严重。虽然我国在 2003 年实施了修改后的《农业法》，但它也没有对农业保险的运作、发展及监督做出具体规范。反观其他国家，各国政府均先制定了相关的法律法规以保证农业保险的顺利开展。比如日本在 1929 年就制定了《牲畜保险法》，1939 年制定了《农业保险法》，并在 1947 年又将这两项法律修改合并，制定了《农业灾害补偿法》。美国 1938 年颁布《联邦农作物保险法》后，到 1980 年前后已修改了 12 次，之后又在 1994 年进行了较大幅度的修订，产生了《克林顿农作物保险改革法》，并在 1996 年再次进行了修订。其中对农业保险的目标和保障范围、组织机构及其运行方式、农民的参与方式、费用的分担原则、税收规定等方面都进行了规范。因此，我国应加快《农业保险法》的立法进程，完善与农业保险相关的法律法规体系，为农业保险的发展提供完备的法律保障。在法律中明确农业保险的政策性特性、各级政府有关机构的管理职能和支持作用、保险费率的形成机制、经营主体应该享受的政策支持、保险费率的形成机制、农业保险再保险机制、政府各部门的协调机制、农业保险保户的相关权利等。国家在立法层面上应给予农业保险相应的地位，以法律或者法规的平台对农业保险予以支撑，可以避免政府支持农业保险的随意性，或因财力问题而忽视对农业保险的支持，并且可以提高农民的保险意识，促进农业的持续稳定发展。

6.4.3 加大对农业保险供给体系构建的财政扶持力度

从对国外经验的借鉴和对我国情况的总结中，我们可以看出政府财政扶持对于农业保险能否有效供给起着举足轻重的作用。结合我国的财政状况，目前应有重点地对农业保险进行财政扶持。

1. 在扶持项目的选择上

优先选择那些关乎国计民生和对农业及农村经济社会发展有重要意义，而商业性保险公司又不可能或不愿意从事经营的农业保险项目。也就是说，从宏观层面上讲，政策性农业保险项目必须有较强的政策意义，而从微观层面上讲，这种保险产品因其成本高、价格高而在竞争的保险市场上缺乏供给、难以成交。例如，多风险农作物保险。这类标的风险通常很高，例如玉米、棉花、水稻、小麦等作物，它们面临着洪涝、干旱、霜冻、冰雹、病虫害等多种风险的威胁，而这些风险事故在我国的发生概率又相当高。据有关资料统计，2012 年，农作物受灾面积 23732.8 千公顷，其中绝收 988.5 千公顷，直接经济损失 773.8 亿元（不含港澳台地区数据）。2014 年，农作物受灾面积 24890.7 千公顷，其中绝收 3090.3 千公顷，直接经济损失 3373.8 亿元。作物的损失率显然很高，这也就是以产量为保障目标的多风险农作物保险的纯费率高达 2% ~15% 的原因。但由于这些产品在国民经济中具有重要战略地位，从而在相当长的时间里具有重要的政策意义，应作为政策的重点扶持对象。其次，是主要家畜家禽死亡保险。畜牧业在现阶段的我国也具有重要的政策意义，而且畜牧业保险的保险标的其疫病和意外事故的死亡风险也很大。据某大城市为期 10 年的奶牛的社会死亡率调查，其平均死亡率为 3% ~5% ，在疫病流行的年份高达 10% ，其中犊牛平均死亡率高达 12% ~16% 。20 世纪 90 年代以来，口蹄疫、禽流感等恶性传染病的发生，其造成的损失更惨重，使很多地方的农业经济备受打击。家畜家禽保险对畜牧业的持续稳定发展具有一定的战略意义。而这两大类农业保险项目都难以进入竞争的商业保险市场。

2. 在扶持的层次上

粮、棉、油等战略物资可由中央政府提供扶持；地方特产可以由省政府扶持；县级政府可以扶持丝、茶、糖、鸡、鸭、兔等一般农产品。这样既能控制各层政府的财政支出压力，也使得扶持政策能够切实有效的落到实处。

7 农村民间金融的政策规制

改革开放以后，在农村经济快速发展的背景之下，农村民间金融活动开始活跃起来，并在最近几年得到迅猛发展，开始受到学术界和政府的广泛重视和关注，很多学者就农村民间金融问题各抒己见，对其进行研究和梳理，以期对政府提出有益的政策建议。而政府也开始关注农村民间金融，逐渐肯定其对农村经济的积极作用。

7.1 发展农村民间金融的必要性分析

农村民间金融具有"草根性""民间性""社区性""人格性""分散性""层次性"的特征以及产权、信息、抵押、成本、效率等优势。一般认为，农村民间金融缓解了资金供求矛盾，提高了资源配置效率，支持了民营经济发展，注入了市场竞争因素，促进了金融服务水平，对正式金融的改革发展与农业增长、农村发展和农民增收起到积极的推动作用。新型城镇化建设，农村民间金融的参与不能少。

7.1.1 有助于调节农村资金余缺

融资功能是金融市场与金融机构最基本的功能。然而在当前，中国金融市场发展严重滞后，特别是农村金融市场发展滞后的背景下，现有正规农村金融机构的融资功能并没有得到很好地发挥，农村金融的供需融资渠道严重不通畅，难以满足广大农户和农村中小企业的资金需求。统计数据显示，尽管近两年银行对"三农"（农民、农业、农村）的贷款有所增加，但"三农"从正规渠道得到信贷资金依然较难。云南省社科院研究表明，"三农"资金缺口每年在1万亿元左右。

1. 从资金需求者的角度来分析

农村金融最重要的资金需求者就是农户和民营企业。一方面，由于农户与商业银行之间存在严重的信息不对称现象，且农户缺乏有效抵押品，致使商业银行不愿意放贷给农户。而农村信用合作社和中国农业银行虽然向农户发放一定数额的小额信贷，但是这些小额信贷的贷款规模普遍较小，用途受限制性较大，因此，小额信贷主要用于满足农民短时性的、生活性的资金需求。而对于更多用途和更大数量的生产性资金需求，小额信贷支持能力有限。因此，农村居民、农户需要寻求正规金融体系以外的信用中介来完成其资金需求与补充。另一方面，从农村中小企业的角度来看，目前，政府主导下的正规金融制度安排严重倾斜于国有大中型企业，无暇顾及农村企业的发展，而乡镇企业资金需求又极度旺盛。据统计，我国的国有部门对经济增长的贡献率大约为40%，但其贷款约占合法金融机构贷款总额的80%；非国有部门的经济增长贡献率大约为60%，其贷款却不到合法金融机构贷款的20%，因此，发展民间金融是解决农村中小企业贷款难的有效途径。

2. 从资金供给者的角度来看

目前我国的农村金融市场尚处于较低层次的现金交易阶段，市场中投资品严重不足，数额庞大的民间资金不甘心存入银行，仅获取微薄的安全报酬。另外，由于缺乏对中国资本市场的认知，因此不敢贸然进入风险较大的资本市场来获利。而诸如民间借贷、地下钱庄等形式的民间金融显然具备更高的价值量，同时也是大量民间资金较为熟悉的投资领域，因而风险较小。在这种情况下，农村民间金融机构应运而生。

7.1.2　有助于提高资源配置效率

资源配置的效率高低直接决定着金融市场效率和金融机构效率的高低。经济学认为，资源配置只有在信息高度对称，价格信号机制健全的情况下，才能实现高效率。而现有的正规农村金融机构未能很好地实现资源配置功能，主要的原因在于政府主导扭曲了价格信号，致使正规农村金融机构的资源配置功能未能得到很好地发挥。农村民间金融对资金的配置是以市场为基础的，真实地反映资金的供需状况，供需双方间信息高度对称，与农村正规金融相比，具有较高的资金配置效率。例如，商业银行与农户之间存在严重的信息不对称是商业银行不愿意贷款给农户的最主要原因。普遍来看，我国农户的收入来源不稳定，缺乏有效抵押品，且居住分散偏远，因此商业银行调查、观测、监督农户信用的成本较高，农户处于信息优势，而商业银行处于信息劣势，因此商业银行大多不愿意贷款给农户。而民间金融则不然，民间金融由于具备较强的地域性，且以血缘、亲缘关系为纽带，因此民间金融更容易掌握农户的收入情况、还款能力和信用记录等，从而较好地克服了贷款过程中的信息不对称现象，从而提高了资源配置效率。

7.1.3 有助于防范和减少金融系统风险

现代金融是一个具有复杂内在联系的系统。特别是在农村金融领域，由于农村地区开办金融业务风险多，天灾人祸打击大，农民收入低、还款能力弱等问题，因此农村金融领域的风险更加复杂，这也是商业金融为何不愿意介入农村金融领域的一个重要原因之一。诚然，民间金融运行存在风险，但已有的研究表明民间金融风险更多地来源于政府对民间金融的不正当干预和不公正待遇。民间金融系统内部的潜在风险量远远低于以国有商业银行为代表的国有金融体系的风险占有量。四大国有银行均存在较多存量的不良贷款。因此，民间金融的存在和规范化发展，对于防范和降低系统金融风险意义重大。

7.1.4 有助于促进农村经济发展

金融是现代经济的核心，金融与经济具有相互促进作用，任何一种金融形式的产生都是经济发展的必然选择，因此促进经济发展是金融的基本功能之一。目前在我国，缺乏一个完整的、与经济发展相适应的金融系统，反映到农村金融市场，农村正规金融供给长期严重不足。近些年来，四大国有银行从其商业化改革策略出发，大量撤并其在农村的营业网点，而具有准国有性质的农村信用合作社，也在源源不断地抽走原本属于农村的资金，邮政储蓄更是通过垂直渠道转移农村资金，使得本来就存量不足、供给不足的农村资金更趋贫乏。1978—2012 年，通过财政、金融机构以及工农产品价格剪刀差的方式，农村地区向城市地区大约净流入资金 26.66 万亿元（以 2012 年可比价格计算）。近年来随着国有商业银行改革的深入，在降低不良资产率和防范金融风险的同时，因其采取逐步撤并分支机构、上收信贷管理权限等措施，造成县域金融机构的萎缩，直接导致县域资金的外流。2004 年的统计数据表明，农户借入资金的 80.01% 来源于民间金融，乡镇企业借入资金的 80.19% 来源于民间金融，是真正意义上的取之于农，用之于农。从这个意义上讲，近年来县域经济及农村经济的发展几乎完全依赖于民间金融，农村民间金融对农村经济发展的促进功能表现得越来越明显。

7.2 我国农村民间金融的组织形式

7.2.1 民间自由借贷

民间自由借贷是我国目前存在时间最长的民间金融形式，是一项带有高利贷性质或互助性质的融资活动。现代的民间自由借贷主要发生在农户与农户之间，或居民与企事业单位之间，主要存在大部分农村地区，利息不是固定的，有"白色"借贷是无息，还有为谋取高利息的"黑色"借贷。主要用于自然人之间互助性融资。

借贷的利率由双方协商决定，按信贷利率的高低不同，可分为无息借贷、低息借贷和高息借贷三种形式。无息和低息借贷主要是亲友之间，不需借贷合同，多用于生活消费品等。随着经济的发展，有息、高息的借贷急剧增加，尤其在经济较发达的东南沿海地区，发展很快。高利率借贷占自由借贷的比例不断增加。有息和高息借贷大多发生在个体工商户、农村专业户和民营企业之间，借贷的用途主要是生产经营，利率随生产季节的资金需求而浮动，一般都高于银行同期贷款利率。自由借贷具有自由性和广泛性的特点，法律法规对自由借贷的规定并不十分严格，使借贷双方具有较大的自由权。

我国社会是熟人和半熟人的社会，人与人之间接触频繁，关系紧密，在这样一个社会共同体中，人们长期共同生活，逐渐建立起相互信任的关系，这样就产生了自由借贷。人们之间的这种借贷数额一般较小，而且期限较短，借贷形式多为没有契约的口头借贷，或者是具有简单契约的信用借贷。其中，多数为没有契约的口头借贷，这种借贷由于没有签订合同得不到法律的保障，只靠道德进行约束。即便是借贷双方当事人签订了合同或者订立了简单的契约，其契约的要件也往往不完备。农村的自由借贷利率具有很大的灵活性，它与借贷双方的了解程度和亲疏程度成反比，与信息的完备程度成反比，也就是说，借贷双方之间越了解，关系越亲近，双方当事人的信息越完备，借贷利率就越低；反之则越高。发生在亲友之间的自由借贷多数是非营利的，当然也有少数部分是营利的，通常借来的资金是用来消费。而发生在非亲友之间的自由借贷，往往具有营利性，借贷资金多数用于生产性投资，其借贷金额一般较大、利率较高。

民间借贷有以下几个特点：

第一，这种借贷通常发生在朋友或者家庭成员之间。朋友和家庭成员间形成了一个联系紧密的关系网络，其中信誉非常重要。这些因素大大降低了信息不对称。的确，信誉和关系常常代替了抵押品的使用。

第二，民间借贷通常都是短期借贷。这主要是因为借款的个人面临流动资金紧张造成的，但高利率也是一个重要因素。短暂的还款期限也降低了欠债不还的风险。因此经常有中小企业接了订单之后用民间借款购买原材料，在订单结算完毕之后再还钱。

第三，民间借贷的期限比正规借贷更加灵活。中小企业经常只需要资金完成某个生产周期，在某些特定行业，生产周期可以短至几天。正规借贷通常的期限至少是半年或者一年，并且不允许有宽限期，而民间借贷期限从几天到一年不等，并且允许有宽限期。事实上，银行贷款对期限的严格规定是导致中小企业不愿意向银行贷款的重要原因。

第四，申请民间贷款不需要花费很长时间。许多情况下在一天之内农户或企业主就可以从朋友或者家庭成员处借到钱。但是，当民间借贷超越朋友和家庭成员时就遇到了严重问题。最突出问题是拖欠债款和欺诈行为，这都很难控制。由于这种借贷通常没有签署书面合同做保障，所以受害人难以诉诸法律寻求保护。

7.2.2 民间合会

合会是各种金融互助会的通称，主要指各种带有互助合作性的自发群众融资形式。这是民间盛行的一种互助性融资形式，一般以地缘、人缘、血缘为纽带，集储蓄和信贷于一体。合会一般由若干人组成，相互约定每隔一段时间开会一次，每次聚集一定的资金，轮流交给会员中的一人使用，基本上不以盈利为目的。国外学者通常将合会叫作轮转基金（Rotating Savings and Credit Association）。合会是一种规模较小的民间金融组织，在团体内部，团体的成员每隔一定时间需要捐献一定数额的资金以形成一笔基金然后轮流将汇集起来的基金（全部或部分）交给团体中的某个成员，这一过程不断重复，直到每个成员都得到这笔基金后（而且仅有一次），该团体宣告解散。

民间合会互助性强，方式多样，会期、会款、排序方式灵活，能够适应不同参与者的需要，而会员之间较熟悉，一定程度上能规避风险。内部管理民主，以自愿的原则加入合会，进入和退出也是自由的，自负盈亏，自我约束和监督，遵循一人一票、一致同意的原则。由发起人将参加者聚集在一起，其中发起人被称为"会首"，其他的参加者被称"会脚"，该合会约定每间隔一定的时间举行一次大会，召开大会的目的是为了筹集一笔资金。一般来说，从会首使用筹集款开始，会脚每人可以使用一次筹集来的资金，合会各会员之间相互借助。如果筹集到的资金使用顺序是事先规定好的，就称为"轮会"；使用资金的顺序是经过投标产生的，则称为"标会"；以摇色子方式决定使用顺序的称为"摇会"；还有台会、邀会、月会、年会等形式。合会首先在东南部经济较发达的地区出现，其后逐步向内地扩大。合会已是有较规范的组织形式，但由于集资通常是一次性的、暂时性的，会员轮流使用过信贷服务后即告终止，不能持续经营。我国的合会广泛分布在浙江、福建、广东、海南等地区。合会是否合法，在目前的法律中还没有对其有明确规定。

民间合会的特点主要有以下几个方面：

第一，从形式上看，合会可以分为排会、摇会、标会。排会的资金分配顺序是在最开始就已经安排好的；而摇会的安排顺序每次通过一定方法随机抽取，比如抽签；而标会的资金分配方式是每次竞标决定，谁出的利息最高由谁获得。

第二，从金额上看，合会每次通过合会所汇集的资源的数量，它直接决定合会成员的数量和每个成员所交纳份额的数量，间接决定成员的需求状况和成员可支配资源的大小。想要提高合会的金额，有两种方法：成员数既定的情况下，提高每个成员缴纳的金额；每个成员缴纳的金额既定时，扩大成员的个数。

第三，从成员资格和数目上看，合会成员一般是在一群相互之间比较熟悉的人中选出，如亲友、邻里和同事等。一般地，只有那些收入比较稳定和诚实可靠的人才会被邀请加入合会。因此成员的资格需要综合考虑年龄、职业、居住地域、关系、性别、信誉等因素。

第四，从分配顺序上看，合会分配的顺序决定有多种方式，主要有随机的方式（如通过抽签来决定）、通过投标竞价的方式以及根据成员的预期事先商定的手段三种，此外，根据特定事件是否发生来决定分配顺序的合会在文献中也有很多的记载。另外，还有按照年龄、加入合会的先后顺序、资历或其他标准来决定基金的分配顺序。

第五，从利息和报酬看，合会作为一种互助性的组织，对先得到基金的成员不收利息或只收取很低的利息。但在一些资金比较紧缺的地区，也有可能收取很高的利息。现代的合会一般都有一个专门的组织者，在中国通常称之为会头或会首，负责合会成员的挑选以及按时汇集资金并将之转移到特定的成员手中。会头对合会的成功运转非常重要，他也因此承担了因为某些成员不履行义务造成合会运转失败的风险，作为对会头承担风险的补偿，一般会头可以最早得到基金，使用该资金无须向其他成员支付利息。也有些地方的合会不用向组织者支付有形的报酬。

第六，从约束机制上看，合会是基于相互信任这一非正式约束来运作的，但是和银行等金融机构一样，合会这一组织方式也面临道德风险问题，不同的合会对此通常有不同的安排。有的合会通过定期地举行聚会来加强团体之间的凝聚力，通过这种情感上的沟通巩固履行义务的信念，同时及时获取彼此的信息。更一般的是通过一个团体习惯的行为规范来约束成员的行为，如果有成员不能履约，则他有可能失去在下次继续参加合会的资格，或在其他方面得到团体共同的制裁，他们将承担声誉和信用的双重损失。

7.2.3　私人钱庄

钱庄也称钱铺、钱店，最早出现在明代，它是中国本土化的金融组织，古已有之，应该将其看作是一种旧式金融组织机构的复兴，是指没有经过审批所设立的类似银行的民间金融机构，以吸收存款的形式来发放贷款。本书所讨论的钱庄，是指改革开放以来新建立的钱庄，一般建立在浙江、福建等商品经济最发达的地区。它们所经营的就是存贷业务，在规模上、信誉上都比一般的分散的民间借贷更有优势。它们是介于信用合作社与民间分散借贷之间的较集中的借贷活动。它们以高于国家规定的存款利率吸收存款，又以高于银行贷款利率进行放贷。

第一，从分布情况看，地下钱庄主要分布于东部沿海地区和南方地区特别是广东、福建、浙江等民营经济比较发达的地方，但是部分欠发达地区也有地下钱庄的蛛丝马迹。

第二，从组织形式看，地下钱庄多为家族经营，钱庄人员基本都是其家族成员，且大多单线联系，与其在境外的合伙人多为其亲戚，诸如兄弟姐妹等。

第三，交易方式简单，交易快捷，成本较低。由于地下钱庄收费较低廉，交易量较大，交易成本明显较银行低。

第四，地下钱庄"信誉度"高，隐蔽性强。地下钱庄有极为严密的组织结构和内部分工，钱庄内的任何人员都不能打听其分外工作的任何事情。由于其有相对稳定的客户群体和资金来源，再加上长期的地下经营，使其市场信誉不断提升，形成了较高的"信誉度"。

第五，客户群体较为特殊和稳定，服务项目多。地下钱庄一般不接受不熟悉客户的业务，其服务对象相对比较稳定，大多采取熟悉客户介绍新客户的方法来发展业务。地下钱庄不仅能完成银行所经营的各种业务，而且银行所做不到的服务地下钱庄基本都能做到。

私人钱庄最近在报纸上曝光较多。主要涉及从事外汇买卖业务的私人钱庄或者窝点的运作和破获情况。还有另外一种私人钱庄是笔者关注的重要内容之一："非法集资"或"发放高利贷"的私人钱庄。这方面的问题受到了中央银行的高度重视。比如从 2000 年以来，在全国大部分农村地区，民间信用活动活跃，高利借贷现象突出，甚至出现了专门从事高利借贷活动的私人钱庄。从事融资和高利借贷的私人钱庄在 20 世纪 80 年代开始活跃，20 世纪 90 年代末由于中华人民共和国发布一些政策法规宣布取消一些农村民间金融，从事融资和高利借贷的私人钱庄逐渐被弱化。私人钱庄的"非法集资"与高利借贷这两项功能，总体上表现为互为进退：在国家大规模打击非法集资之前，私人钱庄的"非法集资"功能表现十分突出，高利借贷功能比较弱；"非法集资"被打压之后，私人钱庄的高利借贷功能就凸显出来。不过，这种两分法只是相对而言，不能一概而论。

7.2.4 民间集资

民间集资是根据自愿互利的原则，以组织生产为目的，集中社会闲散资金的一种直接融资行为和方式。民间集资盛行于 20 世纪 80 年代的农村地区，在相当程度上满足了当时非公有制经济，特别是民营经济起步阶段对资金的需求，对农村民营经济的崛起和发展发挥了重要作用。集资按照用途可分为生产集资、公益和福利集资；按照集资人不同可分为地方政府集资、企业集资和机构部门集资；按照利率水平不同可分为高息集资、低息集资和无息集资。民间集资作为对中国农村经济发展的一个贡献变量是不能舍弃的，无论是在乡镇企业建立之初，还是在当前的发展阶段，民间集资在资金贡献中都占有一定的比例。但大规模的集资特别是规模较大的公募资金，没有经过批准是不受法律保护的，因而存在巨大的风险，若处理不当，往往扰乱农村金融秩序，引发社会震荡，一般都受到抑制。

集资这种农村民间金融融资在我国农村广大地区普遍存在，且形式多种多样，主要有：①违法违规通过发行有价证券、会员卡或债务凭证等形式吸收资金；②对物业、地产等资产进行等份化，通过出售其份额的处置权进行高息集资；③利用民间"会""社"形式进行集资；④以签订商品经销等经济合同的形式进行集资；⑤以发行或者变相发行彩票的形式集资；⑥利用传销或秘密串联的形式进行集资; ⑦利用果园或者庄园开发的形式进行集资。由于缺少资金, 80% 以上的农村经济主体及农村企业都是由正常的融资需求所驱动而进行集资的, 出于投机和诈骗动机而进行集资的只是少部分。一般来说, 企业由于自己经营的特点, 不得不采取集资形式来得到资金, 同时农村民间金融的大量存在也为其集资创造了便利。

从正式制度安排来看, 企业内部集资是企业内部融资的一种形式, 但是, 它也可能是民间借贷的一种变相形式。根据湖南省衡阳市金融学会课题组的调查, 有些企业由于多方面原因从银行、信用社难以获得贷款支持, 在流动资金不足的情况下, 向职工集资, 有的以"保证金"为名向职工集资。其利率一般相当或略高于同期贷款利率。但是不排除在我国农村地区, 有少数企业集资的目的就是受投机和欺诈动机所驱使。一些最初出于投资目的的集资者, 在项目失败之后, 不公布真实财务信息, 继续集资, 就很容易构成欺诈行为。

7.3　我国农村民间金融的现状

长期以来, 农村金融体制改革滞后于农村经济的发展, 融资渠道不畅制约着农村经济的发展和农民收入的提高。当前由于国有商业银行逐渐退出农村, 1999 年政府又关闭了农村合作基金会, 使得农村金融机构只剩下农村信用合作社。而农村信用合作社由于自身内在缺陷和多年经营未理顺带来的积弊, 同样无法满足农村资金需要。所以, 资金的供需矛盾和利益的驱动使得近几年农村民间金融活动快速地成长起来。

7.3.1　我国农村民间金融的规模

2005 年年底, 央行的统计数据认为, 目前我国民间融资规模在 1 万亿元人民币以上, 地下融资规模与正规途径融资规模之比平均达到 28.07%。中国金融学会理事、厦门大学金融系主任朱孟楠教授说, 中央财经大学两年前曾做过调查, 中国地下信贷规模在 8000 亿元左右 (见表 7-1)。

我国的民间金融主要发源地在农村, 尤其是沿海地区农村, 如浙江省、福建省、广东省等。从 1986 年开始, 农村民间借贷规模已经超过了正规信贷规模, 而且每年以 19% 的速度增长。在经济相对发达的东南沿海城市, 企业之间, 特别是民营企业之间的直接临时资金拆借或高于银行固定利率性质的民间借贷数量巨大，仅 2000 年企业之间直接拆借或借贷的金额高达 800 亿 ~ 1000 亿元人民币。

表 7 – 1　　　　　　　　**1998—2003 年我国民间金融规模**　　　　　单位：亿元

年份	金融机构贷款余额	GDP	地下信贷规模	地下信贷规模/金融机构贷款	地下信贷规模/ GDP
1998	86524.1	79395.7	7952.7	8.2	10.0
1999	93734.3	82054.0	8828.7	9.4	10.8
2000	99371.1	89404.0	6894.5	6.9	7.7
2001	112314.7	97314.8	7172.7	6.4	7.4
2002	131293.9	105172.3	7397.5	5.6	7.0
2003	158996.2	117251.9	7462.4	4.7	6.4

资料来源：中国经济统计年鉴（1999—2004 年）。

根据中国人民银行温州中心支行 2014 年发布的《温州民间借贷市场报告》显示，2013 年，温州民间借贷规模将近 3000 亿元。温州全市中小企业资金来源总额中，来自国有商业金融机构的贷款仅占 24%，其余 76% 全部来自民间金融。温州市和台州市两地的民间资本已达 5000 亿元左右，整个浙江省的民间资本超过 8000 亿元。如果将福建省、广东省等沿海地区民间资本的总量加起来，全国民间资本的总量将超过 10000 亿元，相当于一家国有商业银行的规模。

7.3.2　我国农村民间金融的特征

民间金融地域性强、深入民间、手续简单、机动灵活，便于吸存和放贷，究其原因，在当地的技术条件下，社区性强的民间金融业对中小企业、个体工商户的信息远比国有金融要充分。民间金融的这些特性使其成为国有金融的有益补充。从以上列出的民间金融的几种主要形式来看，不仅活动方式呈现多样化，而且基本上都不是处于正规金融管理机构的控制和掌握之外的，有关这些活动的数量和开展范围也没有明确的统计数字，现有的研究成果基本上都是以实地调研报告的形式存在的，致使对民间金融发展状况的总体把握面临诸多困难。尽管如此，民间金融活动的日益广泛开展仍是一个不争的事实。

第一，越是资金供给不足的地区，民间金融发展越快。如农村地区（金融机构营业网点少，农民贷款难）相对城市发展快，沿海地区（民营企业需要的大量资金得不到满足）相对中西部地区发展快。

第二，随着金融管制的放松和利率市场化的逐步实施，民间融资利率下降，并有一部分民间资金纳入正规金融体系。以民间金融最活跃的温州为例，以往，温州民间借贷利率一般是一分左右，也有少量在八厘或一分二、一分五之间，温州实施利率浮动改革后，民间金融组织的贷款利率从以前的一分降到八厘左右，有的甚至降到了六厘，大大低于前些年的水平。同时，民间金融有萎缩的趋势，一部分民间资金纳入正规金融体系，企图以较小的利率损失换来较高的资金安全。

第三，旧的形式不断消失，新的、更高级的民间融资形式不断产生，显示出顽强的生命力。随着民营企业的快速发展，一方面大批民营企业融资难，另一方面是大量的民间资本闲置或低效率运转，这种资本配置错位的矛盾刺激了新的民间金融形式的发展，各种标会、地下钱庄的地位下降，不规范的私募基金、灰色的一级半市场等快速滋生。这些新的形式可以在更大范围、以更快的速度，获得更多的资金，以满足民营企业大量的资金需要。时至今日，在机构覆盖面、服务领域以及资金实力等方面，民间金融都已成为促进我国经济发展与金融深化的一支重要力量。

第四，利率灵活。著名经济学家茅于轼表示，利率就是资金的价格，而资金的价格随着市场波动而波动，利率也是按照一般市场规律，供过于求就要降价，供不应求就要涨价。我国相关法律规定，农村民间金融利率最高不能超过中国人民银行规定的利率的4倍，从中我们可以看出农村民间金融的利率较高、变化范围较大、变动较为灵活。在通货膨胀的影响下，真实利率往往被低估，不能真实反映出金融市场上的供求状况。民间金融利率为多层次的并且一般高于正规金融给出的利率，不但能真正反映出金融市场的供求状况，而且能满足不同的金融活动的种类和对象的利率需求。利率的灵活多变和借贷期限的共同商定，充分发挥了利率的杠杆作用，调动了经济主体参与金融活动的积极性，并能够有效地调整和控制资金的流量和流向，极大地发挥了民间金融资源的作用。一旦农村民间金融的融资源头充裕或是农户和微型企业对资金的需求不是那么的迫切，利率就会随之降低。

第五，潜在风险大。从农村民间金融自身的角度来分析，我国农村民间金融制定契约的基础是通过各种渠道来实现对信贷对象的诚信信息的获取，对抵押品或是中小企业的财务信息并没有像正规金融机构那样严格的规定，其仅仅建立在道德和诚信等内在制约因素基础上，加之游离在国家正规金融体制之外，没有相关法律制度的约束，很容易发生金融违约行为，诸如地下钱庄老板卷钱逃跑，即潜在受信贷主体的金融违约风险。从受信贷对象的角度来看，由于农村正规金融设置了抵押物及信用评价等级等条件，使自己的金融需求得不到满足，他们只能选择承担较高的信贷成本，向农村民间金融寻求信贷帮助。当受信贷对象所获取的金融资源收益大于道德谴责和高信贷利率所带来的成本时，其很可能就会违约并转而向地区较远并且信息不充分的其他民间金融机构进行金融活动（即潜在的受信贷对象金融违约风险）。农村民间金融机构一旦消化不了金融违约行为带来的风险，就会引发一系列的社会问题，诸如因广大储户的利益受损失而引发的群体暴力性事件。目前，在农村民间金融机构中的风险都是潜在的、隐蔽的，例如，小额贷款公司在资本金充足的情况下放贷的利率比同期银行基准贷款利率高出 4 倍；有的公司甚至至少有两套账，负责人利用公司的名义用自己的资金发放贷款，而通过这些渠道发放的贷款，是难以体现到账面上的，也是有很大的风险的。

7.4　我国农村民间金融发展存在的问题分析

自改革开放以来，我国农村民间金融基本处于自发发展状态。多年来，农村民间金融对我国农村经济发展起到了重要的推动作用，但是，其存在的问题也不容忽视。弄清我国农村民间金融发展中存在的问题并采取有效措施加以解决，不仅有利于我国民间金融健康发展，而且可以更好地发挥其为农村经济发展服务的作用。

7.4.1　金融制度不规范

1. 产权制度残缺与组织行为扭曲

产权是"个人和组织的一组受保护的权利，它们使所有者能通过收购、使用、抵押和转让的方式持有或处置某些资产，并占有这些资产运用中所产生的效益（或亏损）。因此，产权决定着财产运用上的责任和受益"。农村合作基金会的形式可谓多种多样，但其产权制度，无论是集体的还是个人的产权都是虚设的。从农村合作基金会的发展历程可以看出，农村合作基金会自创始之初就存在自身产权问题，它的产生、发展、经营管理从来就没有独立过。农村合作基金会虽名为股份合作制，但农民只是名义上的股东，实际上没有或几乎没有固定的股本金和真正的股东，从而成为"没有真正所有者"的信用机构。由于产权主体缺位、产权不清、责任权利不明确，农村合作基金会运行实际上由政府控制，存在严重的行政干预问题，这使农村合作基金会在产权结构上存在着先天不足。因此，从农村合作基金会资产运用的实际决策和导致其最终关闭的原因分析，产权制度残缺是最重要的祸根。

2. 利率水平相对偏高

民间金融，特别是农村民间金融争执的焦点是利率问题。国家的信贷利率是根据国民经济发展水平和速度，经过宏观调控指导意见制定的一种执行利率，而民间金融利率是市场化的，由融资双方协商确定。现实中，相对于国家控制的官方正式金融的普遍低利率，农村民间金融呈现高利率的特征。由于我国农村地区官方正式金融的信贷供给不足，民间金融便会适时产生——提供融资便利以满足高涨的信贷需求。但是，相对于分散而总量很大的民间融资需求，规模较小的民间信贷供给显然是杯水车薪，这就必然导致信贷供给的垄断，并进一步导致高利率的产生。从全国情况来看，利率水平在20%～40%。同时，农村地区在地理位置、交通、信息方面的现实状况决定了农村民间金融市场处于彼此相分割的状态，资金、信息难以自由流动，从而无法通过竞争来降低利率，市场垄断程度进一步强化，导致农村民间金融的利率水平普遍偏高且地区间差异很大。

7.4.2 信用活动不规范

农村民间金融活动一般基于共同的血缘、亲缘、地缘和业缘关系，融资双方比较了解，与融资相关的信息极易获得，能相对有效地克服信息不对称问题。但这种狭小的信用圈只是农村民间金融在一定社会历史条件下的选择，随着农村经济的发展和农村资金缺口的持续增大，农村民间金融组织必然会逐步向外部拓展信用圈。信用圈的扩大则会加重借贷活动中的信息不对称问题，导致农村民间金融中的相当一部分信用活动不规范。而且，农村民间金融机构没有经过正规引导、培训，基本处于自发、随意运作状态，无规矩难以成方圆，尤其在金融这种特殊行业，需要从业者具备金融业特殊的知识、技能等要求。因而，它们也不会按照金融业正规要求（准备金比例、资产负债比例、风险防范管理措施等）运作金融业务，央行也无法对其实施有效指导、监管。此外，民间金融机构纯粹以获利为目的，为增加流动资金，不提取存款准备金和呆账准备金以抵御风险，使得其经营风险进一步加大。

7.4.3 内部经营管理不规范

由于农村民间金融长期处于政府监管视野以外，在经营管理上没有科学的手段来确保还款来源和贷出资金的安全性，因此，面临着较大的经营风险。

农村民间金融业务管理中常常采用口头约定或者简单履约的方式，特别是在亲属、朋友和乡邻间的友情借贷和低息借贷，完全依靠个人的感情及信用行事，几乎没有任何手续，或者只是简单履行一下手续，仅凭一张借条、一个中间证明人即认可借贷行为，这种形式显然缺乏对借款对象的审查和借款用途的有效监督。近几年，虽然农村民间金融业务越来越多地开始采用书面形式，担保和抵押也逐步增加，但所占比例并不多，多数业务处理仍然是延续原有的简单化模式。而且，大部分民间金融机构缺乏现代科学的管理方法，仅凭经验对贷款人进行管理。由于没有建立规范的内部控制制度，没有严格的财务管理及审计稽核制度，而且民间金融机构大多不提取存款准备金和呆账准备金以抵御风险，其经营风险极大，特别是在借款人遭遇突发性事件和重大政策变更时常常出现问题。另外，农村民间金融组织的管理模式具有典型的家长制特征，其经营运作必然过分依赖于家长的经验和权威，不利于民主化、科学化管理的导入，在没有监督机制规范的情况下，可能会导致整个组织经营不畅，甚至遭受破产。合会中会首违背合会规定，携款逃跑，转移、藏匿会款就是家长制管理失败的最好例证。

7.4.4 运行机制不规范

1. 机构组织方式不规范

农村民间金融的组织方式与正式金融存在明显的差异，多数没有办公场所、没有专门的机构和人员，未在工商部门注册，这种组织上的特点即通常学者所谓农村民间金融草根性的一个体现。农村民间金融组织上的不规范一定程度上是节约成本的体现，与规模大、人员杂、机构多的官方金融相比，这正是农村民间金融针对农村金融业务成本高的一种灵活选择。然而，农村民间金融组织中的注册问题、办公场所问题、组织成员问题也需要引起我们的注意。一旦经营行为出现问题，资不抵债，局中人常常选择逃跑的方式规避法律的制裁，不利于保护存款人的利益和剩余资产的处理。

2. 日常经营运行不规范

农村民间金融在日常的经营中也存在明显的不规范问题，集中表现为业务操作中不规范的信贷投向，如高息揽存，盲目贷款。从大量案例中我们发现，随着经营规模的扩大，由于没有科学的经营方法，多数的农村民间金融会出现信贷经营的问题，最终导致资金链断裂和破产。特别是由于缺乏对每笔贷款贷前、贷中、贷后的严格审查，农村民间金融机构往往难以知晓借款者的信誉、更难以控制贷款用途。加之信贷结构的不合理，使得发生风险的概率越来越高,破坏性也越来越大。

3. 防范风险手段不规范

农村民间金融组织在规避信贷风险时,采用的方法一般是提高利率水平,以高利率约束风险的发生,几乎没有采用提取存款准备金和呆账准备金的风险管理方法。而当借款者出现还款危机时,贷款者和所有者常常会选择采用暴力等非正常的方式私下解决纠纷,却很少会求助政府和法律的力量。事实证明,由于缺少科学的风险管理手段,农村民间金融经营不规范通过量的积累实现质的蜕变,风险也由隐性转变为显性,进一步引发一系列的经济矛盾和社会问题。

7.4.5 难以得到法律的保护

农村民间金融组织面临的最严峻的问题可能就是它们在法律上处于不利地位。作为诱致性制度变迁的产物,民间金融活动缺乏法律、政策依据。虽然民间金融在我国古代就已经存在,但新中国成立以来政府对其活动经历了由禁止、打击到默认而不提倡的过程。国务院1986年1月7日颁布的《中华人民共和国银行管理暂行条例》规定:"个人不得设立银行或其他金融机构,不得经营金融业务""禁止非金融机构经营金融业务"。根据这些规定,一些民间自办的钱庄等金融组织被先后取缔,部分民间的"合会"(尤其是其中规模较大的那些)也被定性为违法犯罪活动而遭到严厉打击。然而,不可否认的是,农村民间金融在扩充农村生产经营资金、活跃农村金融市场、提高金融效率,尤其是促进民营企业发展等方面起到了积极作用。目前,农村民间金融已引起相关部门的重视,但依然没有得到我国法律的认可,因此,它的一切金融活动就失去了法律基础,其合法权益也难以得到法律的保护。

民间金融组织之所以得不到法律的保护,并成为取缔的对象,主要是因为以下几方面原因:首先,体制内金融与民间金融之间存在利益冲突,即民间金融组织可能与体制内金融部门争夺金融资源,以致削弱国家对金融资源的控制,进而影响国家对体制内经济的金融支持。在国家对国有企业预算软约束的体制根源没有消除的情况下,国家必须集中大部分金融资源,以低于非国有经济从国有金融体系中获得金融资源的价格给予补贴支持国有企业,从而弥补因国有企业效益日益下降而造成的财政收入不足。这就需要通过国有金融系统对金融活动的垄断,从不断增长的居民储蓄中获得大量的"准财政收入"来维持经济增长和社会稳定。其次,民间金融的利率较高,一些不法分子在利益驱动下可能会利用民间金融组织进行违法犯罪行为,破坏市场经济秩序，严重影响社会稳定。我国浙江、福建等地的"倒会"事件便是例证。最后，民间金融活动游离于国家的监管之外，监管当局对其风险较难控制，其市场所实现的资金配置有时与国家的宏观经济政策目标相冲突，可能对正常的金融秩序造成冲击，影响央行货币政策的实施，进而不利于政府的宏观调控。

7.5 我国农村民间金融发展的政策规制

农村民间金融作为一种内生的制度安排，产生和发展有其客观必然性。它在弥补农村资金供求缺口、促进个私经济发展等方面起到了积极的作用，但在一定程度上也扰乱了农村金融秩序，增加了社会不稳定的因素。因此，我们有必要努力创造条件，规范发展我国农村民间金融。

7.5.1 明确农村民间金融的合法地位

农村民间金融的规范化发展首先需要农村民间金融地位的确立。提高农村民间金融的地位，要从改变对农村民间金融的固有观念和明确农村民间金融合法身份两个方面出发。

1. 改变对农村民间金融的固有观念

对民间金融的认识，有一点应该澄清，即民间金融不等于非法金融，尽管现在的法律政策对民间金融仍然采取相对严厉的态度，但在法律禁止和正规金融已经占据的市场之间，民间金融仍然有广阔的生存空间。从制度经济学的角度看，民间金融也是一种有效的制度安排，而且具有自发性，在应对正规金融难以解决的信息不对称等问题时，民间金融有自己的独特优势，可以有效降低交易成本。尊重民间金融，客观认识民间金融，注意学习和研究民间金融，依法对民间金融进行合理的引导和管理，可能更有利于正规金融和民间金融的合理竞争和良性互动。

2. 确立农村民间金融的合法地位

在改变对农村民间金融观念的基础上，从法律层面上正式承认民间金融，是促进民间金融发展的当务之急。农村民间金融合法地位的确立，一方面是要把民间金融写入法律，通过相关法律法规的制定，允许民间资金进入金融市场，设立金融企业，成为正式金融的一种有益补充。比如，制定《民间金融法》承认民间金融的合法地位。另一方面是将现有关于民间金融的零散法律条文纳入统一的法律体系中。建议同时将《民法通则》《刑法》《合同法》

《商业银行法》等法律法规中有关保护、限制民间金融发展的各种零散规定统一纳入《民间金融法》中进行规范。保护民间金融的正当权益，促进经济金融的和谐发展。

7.5.2 规范农村民间金融发展制度

2006 年的中央一号文件《关于推进社会主义新农村建设的若干意见》中有以下表述：鼓励在县域内设立多种所有制的社区金融机构，允许私有资本、外资等参股。大力培育由自然人、企业法人或社团法人发起的小额贷款组织，有关部门要抓紧制定管理办法，引导农户发展资金互助组织，规范民间借贷。由此可见，我们现在要讨论的并不是要不要民间金融的问题，而是怎样建立、监管、规范民间金融，使其享受"国民待遇"的问题。

1. 完善民间金融的市场准入制度

尽管目前农村地区金融机构的准入门槛逐步降低，但还仅限于银行业金融机构。为保证农村民间金融组织和市场的健康高效运行，应当进一步调整、放宽农村各类民间金融组织的市场准入政策，使那些具备一定规模、运作比较规范的农村民间金融组织有序地注册登记，并接受监管。但是，发展民间金融，应改变政府包办的做法，要把准入的标准和准入的程序以法的形式加以明确，保证准入过程的公开和公平。同时，我国应尽快消除对民间资本参与金融的壁垒，适度调整金融机构市场准入的规则，允许民间资金活跃的地区由民营企业创建地方性民营银行和中小金融机构。

2. 确立合理的产权制度

实现信用活动规范化的根本是建立起合理的产权制度。当实现财产权的分散化，使社会公众的财产权利同国家的财产权一样得到法律明确而有效的保护时，民间信用的法律地位也就得以确立。在这个基础上，由个人集资入股而组成的民间金融机构必然是所有者明确，且股东权利能真正得到有效保护的契约组织或拥有独立财产的法人，民间信用自然会有动力和压力来实现利润最大化和风险最小化。由此可见，产权制度的合理化将会自然解决民间信用的规范化问题。在合理的产权制度基础上，我国的一部分民间金融机构将会通过市场竞争而逐步发展成为真正有竞争力的金融机构，而由民间信用衍生的自发性的民间金融制度，才能从非正式形式转变成为正式制度的组成部分，并逐步成为我国的信用主体。目前想要确立民间金融的产权制度，需要做到以下几点：第一，对于社会个人参与民间金融组织的，可以其合法的财产参股，股权不受限制，并按其股权大小享有一切股东应有的基本权利，如合理的收益权、选举管理者权、监督权以及剩余财产处置权等。第二，对于企业等以法人身份参与民间金融组织的，要严格控制其持股的比例，避免民间金融组织成为企业"圈钱"的工具，或为其非法经营创造条件，成为其洗钱的工具。第三，对于政府机构以个人或团体参与民间金融组织的，要严格杜绝。曾经在广大农村兴盛的农村基金会衰败的一个主要原因就是政府进行了过度的行政干预，前车之鉴应引以为戒。

3. 完善民间金融法制建设

我国现有的民间金融法律法规约束犹如"隔靴搔痒"，收效甚微。因而，制定专门针对民间金融的法律就显得非常必要。考虑到当前农村民间金融法制的现状，我们主要从调整现有法律条文和弥补法制缺失两方面来完善我国民间金融法制建设。

（1）修改部分现有法律条文

一是放开民间金融市场上的利率限制。我国最高人民法院《关于人民法院审理借贷案件的若干意见》规定，民间借贷的利率可以适当高于银行的利率，各地人民法院可根据本地区的实际情况具体掌握，但最高不得超过银行同类贷款利率的四倍（包括利率本数），超出此限度的，超出部分的利息不予保护。我国对于民间借贷利率的限制是为了避免市场中的恶意放贷行为，但温州的农村信用社存款浮动利率改革结果表明，只要存在金融机构之间的竞争，无论如何放开贷款利率，金融机构轻易不会与基准贷款利率拉开太大的距离。许多发达国家和发展中国家的利率市场化经验也告诉我们，市场化的利率可以有效地反映出民间金融的市场供求状况，促使民间资金得到有效的利用。二是明确民间融资和社会集资的管理。目前，关于非法集资规定的主要依据是1998年4月国务院第247号令颁布的《非法金融机构和非法金融业务取缔办法》。该办法规定："非法吸收公众存款是指未经中国人民银行批准向社会不特定对象吸收资金，出具凭证，承诺在一定期限内还本付息的活动。"对此，建议修订《银行业监督管理法》，明确银行业监管部门在非法集资的认定、查处、取缔等方面的职责，引导广大中小企业依法合规地向社会筹集资金，达到有关条件和要求的，则应当给予批准。

（2）增补有利于农村民间金融规范化发展的新条款

一是建议制定《民间金融法》，从法律上肯定民间金融在社会经济生活中的地位和作用，将民间金融从目前的压制性管理转变为扶持性管理，引导其从"地下"转入"地上"，逐步走向契约化和规范化轨道。二是建议出台《社会集资管理条例》，从融资规模、融资对象的特定性等方面对民间合法融资与非法集资加以区别。严格限定社会集资的条件、范围和操作流程，明确社会集资活动中集资者、监管者的行为规范，确保社会集资申报和审批渠道的畅通，促进其规范健康发展。三是出台《商业银行设立标准》，允许成立真正意义的民营银行。可以效仿台湾 1989 年修改通过的《银行法修正案》，接受民营资本设立银行的申请，允许民间设立银行，开展行业间的竞争。并对其经营银行业务的操作规程、业务范围、存款准备金率做出规定，纳入中国人民银行和银监会的监管。

4. 确立合理的民间金融市场退出制度

有进有退是市场竞争的基本法则，在"准入"的同时，也要加强"退出"机制的建设。在市场退出方面，对于那些经营不善甚至资不抵债的农村民间金融组织，必须坚决责令其关门退出，否则无法解决传统体制留存下来的道德风险和逆向选择问题。为了保护金融机构债权人利益，督促金融机构稳健经营，有效引导金融资源高效配置，需要出台《民间金融组织破产法》，强化破产成本的内部化。独资或合伙制形式的，其退出以自行消化吸收为主，辅之以地方监管当局的制度供给。股份制或有限公司式的，实行市场化的退出机制，通过股东股份的转让或公司的合法清算并购等实施退出。当然，强化市场退出的关键，是如何保护和补偿中小存款人的利益问题，因此，必须尽早建立存款保险制度。以 1999 年被国家强行取缔的农村合作基金会为例，由于没有风险存款准备金，因此，1999 年行政性关闭基金会时，一方面引发了基层乡村政府组织负债的增加，另一方面加重了农村资金净流出的问题。因此，存款保险制度的建立，可以使农村民间金融组织在退出时，以存款保险的显性担保代替政府的隐性担保，降低农村民间金融组织的退出成本。在这方面，美国于 1991 年修改的《联邦存款保险公司改良法》值得借鉴，如实行基于风险的差别保险费率、赋予联邦存款保险公司"迅速采取纠正行动"的权利等。需要强调的是，尽管有存款保险制度"护航"，仍要慎重对待金融机构的"退市"。

7.5.3 改变政府的角色定位

民间金融的兴起完全是诱致性金融制度变迁的结果，民间金融作为农村金融供给的主要提供者的经济正外部性和民间金融制度的内在合理性在理论界已经达成共识。中国经济在相当长的一个阶段内都将属于政府主导型经济，如果没有政府的首肯和政府角色定位的转变，民间金融的规范化发展是没有保障的。

1. 提供宽松的政策环境

民间金融组织和机构所办理的金融业务多数为官方金融机构因为成本原因无法办理或者是不愿办理，政府必须正视这一问题，为民间金融的发展提供宽松的政策环境，而不是一味地打压和简单地取缔。一是提供宽松的投融资环境。民间金融市场中供需双方的投融资行为是市场规律作用的结果，政府不应在法律依据并不充分的条件下，界定其合法与违法，应采用定罪从无的一般规则，允许其以多种利率水平、多种投融资渠道自由存在。二是提供宽松的管理环境。在民间金融合法化后，原则上只有司法机关和金融监管部门拥有检查、管理民间金融的权利，不宜设置专门的管理部门。特别需要注意的是，不能借助地方政府的力量管理民间金融，以防潜在干预产生的可能。

2. 减少不正当干预

政府的不正当干预农村合作基金会产生了预算软约束，使基金会最终遭受关闭命运的前车之鉴，是一个深刻的教训。在民间金融合法化后，政府的角色应定位于为民间金融规范化发展提供服务，在法律框架内放任民间金融的发展，一旦通过直接的和间接的限制其资金投向，对合作基金会式的干预又将故技重演。要减少政府对民间金融的不正当干预，必须做到的是政府不能直接和间接地参股民间金融机构，这一点在小额信贷组织中特别需要注意。通过制度、法规的形式规定任何级别的政府和政府官员、职员不得持有民间金融机构的股份，不得直接或间接以合伙人身份参与农村民间金融组织的经营，要保证民间金融纯正的民有性。

7.5.4 加强农村民间金融的监管立法工作

西方发达国家的民间金融之所以能获得健康发展，其中一个重要因素就是拥有健全完善的金融监管体系，而我国民间金融问题频出、发展缓慢的一个重要原因也正是由于缺乏有效的金融监管。既然有效的金融监管能促进民间金融的发展，我们就应该将民间金融纳入有组织、有管理的系统中严加监管，在不断完善管理的条件下促进其发展。

1. 完善农村民间金融监管立法

在民间金融合法化的同时，需要监管法制建设同步跟进。目前，对农村民间金融的监管尚处于立法的空白，可以援引的法律主要是《中国人民银行法》《商业银行法》《借款合同法》《担保法》，尚未出台专门的监管法律。但是，既然经济的发展不断内生出对民间金融的需求，那么，在民间金融自发产生后，监管立法体系的缺位就不再符合发展的逻辑。我国应该尽快出台专门的民间金融监管法律法规，如拟定并出台《民间金融法》，使得民间金融组织的经营有法可依，政府的监管有法可依。

2. 实施分类监管政策

实际上，同样作为民间金融组织，由于规模、业务范围、财务状况和资质水平等方面的不同，其风险水平也存在巨大差异。因而，监管当局应将它们划分成不同的类别，区别对待，确立合适的标准然后有针对性地实施分类监管。对于规模大、业务广的民间金融组织（如私人钱庄等吸收公共存款的机构）应该采用相对严格和程序化的谨慎性监管。但对那些使用自有资金的民间借贷、NGO（Non‐Governmental Organization，非政府组织）的小额信贷业务，则完全可以通过相应的民事法规来规制其经营行为。

3. 完善民间金融信息监测制度

为了及时掌握民间金融市场的动态，防范风险，监管部门应建立完善有效的民间金融信息监测制度，做到心中有数。监管部门应该及时掌握民间金融的规模和利率，通过农村金融监管组织定期采集民间金融活动的有关数据，及时掌握民间金融活动的资金量、利率水平、交易对象，为有关部门制定宏观经济政策提供数据支持。

4. 构建民间金融的行业自律制度

从美国民间金融的发展历程来看，行业自律在辅助政府监管民间金融的过程当中发挥了重要作用。从民间金融的特性来看，基于一定的亲缘、血缘、地缘发展而成，民间金融活动的参与各方通过非正式的信用约束往往比政府监管更有效率。因此，在官方的监管之外，我们尤其要重视行业自律的补充与配合。

7.5.5 推进农村利率市场化改革

农村金融的困境必须通过从根本上改变农村金融市场上的价格形成机制来加以缓解。农村利率管制不仅扭曲资金使用价格，造成金融资源配置不合理和寻租行为，而且还直接影响到金融机构在农村金融市场上的生存能力。所谓利率市场化，是"指利率的数量结构、期限结构和风险结构由交易主体自主决定，中央银行调控基准利率来间接影响市场利率从而实现货币政策"。农村利率市场化有三方面的好处：其一，有助于抑制农村资金"城市化"的倾向，使原来"逃离"农村市场的资金回到农村，相应地降低农村融资活动的利率水平。其二，可以引导部分民间金融"浮出水面"，向规范化、合法化方向发展。其三，增强农村金融机构的盈利水平，使其能够做到可持续发展。

目前，进一步推进农村利率市场化进程的重点在于以下两点：一方面，扩大农村信用社贷款利率浮动的范围以使农村信用社以更灵活的姿态提供农村金融服务。另一方面，在贷款利率市场化之后，要根据当前存款利率市场化的经验（如温州苍南县），小幅度放开存款利率。长期以来，民间金融在利率市场化方面进行的比较充分，如果政府能够在全国范围坚持推进利率市场化改革，就会使民间金融的这种优势得到削弱甚至消失。这个进程一方面能够打击或者取缔那些危害经济发展、社会进步的黑色金融成分，另一方面也能推动那些有益于经济发展的灰色金融向正规金融转化。因此，推进利率市场化改革也是政府对民间金融进行规制的一个有效手段。

7.5.6 提高农民综合素质

规范农村民间金融发展是为了更好地促进农村经济发展，造福广大农民，而农民在农村民间金融发展中也扮演着重要角色。我们主要从以下几个方面来提高农民综合素质和技能，保证民间金融健康发展。

1. 提高农民教育素质

提高农民素质的关键在于提高教育素质，中央政府要制定可行的实施政策，做好农村教育和农民的职业培训，提高农民科技素质和职业素质，提高农民就业能力。

2. 加强农民法制教育

农村民间金融发展中出现的部分问题与农民不懂法直接相关，提高农民的法制教育，是农村民间金融健康发展的基本保证。农民法制教育工作的开展可以以发生在农民身边的民间融资纠纷、非法集资、合会倒会等具体事例为基础，进一步向农民阐述法律知识。同时，也要以法制宣传的方式传授法律知识。通过各种方式到广大农村地区实地宣传法制，或者凭借媒体的独特优势，在电视台、广播电台开辟法律专栏节目，传授法律知识。

3. 提高农民的金融素质

由于我国农民金融知识水平偏低，金融意识缺乏，对民间金融的许多认识还比较肤浅，在现实生活中造成许多危害。金融知识的增加，必然会增强农民的投资意识和金融风险防范意识，有利于降低农村民间金融的风险水平。

8 农村新型金融组织发展探索

　　农村新型金融组织是在 2006 年农村金融体制改革背景下出现的金融机构，与农村经济生活息息相关，是服务"三农"的新生力量，是农村金融系统中不可或缺的组成部分。目前，农村新型金融组织的发展也已初见成效。如何继续保持农村新型金融组织的健康发展，解决好其存在的不足，在农村金融市场中争取更大的份额，为发展农村经济、提高农民收入提供更有效的资金支持，为"三农"建设做出更大贡献，是我国农村新型金融组织必须要解决的问题。

8.1 农村新型金融组织的界定

　　我国第一次明确提出农村新型金融组织的概念出现在 2008 年 1 月发布的中央一号文件当中，文件在加快农村金融体制改革当中提到农村新型金融机构，提出"通过批发或转贷等方式，解决部分农村信用社及农村新型金融机构资金来源不足的问题"。文件是针对农村新型金融机构的发展初期可能存在的资金来源不足问题而提出的解决途径，要求各个商业银行可以通过批发或转贷的方式参与农村的小额信贷。之后，在 2008 年党的十七届三中全会上，会议当中通过了《中共中央关于推进农村改革发展若干重大问题的决定》（以下简称《决定》），《决定》中强调要加强农村制度建设，建立现代农村金融制度，认为"农村金融是现代农村经济的核心"，应当"规范发展多种形式的农村新型金融机构和以服务农村为主的地区性中小银行"。随后，在 2009 年的中央一号文件中再次出现相似的提法，认为"在加强监管、防范风险的前提下，加快发展多种形式农村新型金融组织和以服务农村为主的地区性中小银行"。2010 年 1 月，中央一号文件发布，正式明确地提出要"加快培育村镇银行、贷款公司、农村资金互助社，有序发展小额贷款组织，引导社会资金投资设立适应'三农'需要的各类新型金融组织"。那么，应该怎样界定农村新型金融组织的内涵呢？根据我国农村新型金融组织目前的发展情况来看，农村新型金融组织是一种区别于传统农村金融组织的新的金融组织，主要从事信贷的发放、回收以及与货币流通相关的金融业务，以村镇银行、贷款公司、农村资金互助社和小额贷款公司为主体的服务于"三农"的农村金融组织。

8.2 我国农村新型金融组织发展的必要性分析

8.2.1 农村新型金融组织可以缓解农村资金的流出

随着我国农村经济体制改革的逐步深入、农村产业结构战略性的调整以及农业产业化、现代化进程的加速，农村经济主体资金需求量越来越大。例如，在目前的经济环境下，每个农民的资金需求量不少于 1000 元，全国农村资金需求量不少于 1 万亿元，这还不包括农村水利、道路、水土保持等公共工程所需要的资金。据调查，在温州的农村金融市场上，80%的农户要通过民间资金和自筹资金来满足需求，当前民营中小企业难以从正规金融机构获得充足的资金支持是不争的事实。因此，发展农村新型金融机构对已缓解农村地区资金短缺的现状意义重大。农村的商业银行面对的服务对象是分散的农户，与农户交易具有额度小、交易成本高等特点，导致其自身的商业可持续面临困难。另外，因信息不对称、抵押品不足等因素，商业银行难以有效地防范风险。农村新型金融组织贴近农村，建立在村的熟人社区内，能有效利用信息对称，并通过内部监督和管理成本替换社会融资交易成本，从根本上解决风险识别问题，实现财务可持续发展的要求。农村资金互助社作为合作金融的代表，在促进资金回流方面更有优势。商业银行以批发的形式将信贷资金贷放给农村资金互助社，将降低交易费用、管理信用风险的问题转移给农村资金互助社来解决，这样就实现了商业银行面向农村市场规模经营的问题，商业银行有利可图，资金互助社有钱可用，双方都能保持可持续发展。因此，设立农村新型金融组织有利于建立商业银行资金回流农村的机制。

8.2.2 农村新型金融组织可以有效打破原有农村金融机构的垄断局面

农村地区的金融市场竞争不充分，农村信用社和邮政储蓄机构广泛分布在非县城所在地乡镇，形成了一定程度上的垄断。农村信用社作为我国农村金融市场的主力军，金融市场上 90%以上的涉农贷款都是由农村信用社提供。它最初是以合作制为原则组建的，但其产权关系不明晰、治理结构不合理、内控机制不健全，合作性质已经异化为商业性金融，贫困农户、农村中小企业被边缘化的现象十分突出。市场经济需要足够的主体参与，主体越多，地位越平等，竞争越充分，效率也越高。农村新型金融机构的成立，打破了长期以来农村信用社和邮政储蓄机构垄断金融市场的局面，使金融机构之间的竞争压力加大，改进工作的动力增强，有竞争、有合作的农村金融市场在试点地区逐步形成，促进了当地农村银行业之间的适度竞争。

8.2.3 农村新型金融组织可以增加对农村金融产品和服务供给

目前，为农村提供主要金融服务的农村合作金融机构的服务能力和水平还很有限，农村人均拥有机构网点、从业人员与实际需求相比差距仍然较大。从前传统单一的存贷业务、非信贷类中间业务发展缓慢，结算渠道不畅，银行卡、基金、理财等业务在农村推广不够，农业保险产品发展滞后，黄金、外汇等其他服务更是少有。农村新型金融机构的设立，完善了农村的金融体系，给单一传统的农村金融机构注入了一支强心剂，在一定程度上改善了以往服务方式单一、业务品种缺乏的状况，满足了农户及农村中小企业多元化金融服务的需求。

8.2.4 农村新型金融组织可以实现农村金融体制上的创新和示范效应

鼓励设立农村新型金融机构，对农村金融制度改革和金融市场的发展完善，起到了体制突破、探路和示范的作用，不仅弥补了原来农村金融机构的支农不足，也可部分替代农村民间借贷，促进农村信贷的规范发展。

8.3 我国农村新型金融组织发展存在的问题

8.3.1 村镇银行发展存在的问题

作为新生事物——村镇银行，在经过近一段时间的发展后暴露出不少方面的问题，没有问题就不可能找出不足，就不会更好地发展，关键是能够发现所存在的问题，并且针对具体问题做出好的改进，这样才能形成一个良性循环。

1. 村镇银行定位存在偏差

村镇银行成立之初，银监会并没有对村镇银行的市场进行很明确的定位，只是在《关于进一步促进村镇银行健康发展的指导意见》中为村镇银行提供了其创建的目的，解决农村地区银行业金融机构网点覆盖率低、金融供给不足、竞争不充分等问题，强化监管约束，加大政策支持，促进农村地区形成投资多元、种类多样、覆盖全面、治理灵活、服务高效的银行业金融服务体系，以更好地改进和加强农村金融服务，支持社会主义新农村建设。对于村镇银行来说，市场定位的准确与否直接关系到村镇银行的经营模式、发展前景等问题，这是任何一个银行都必须首先面临的问题。市场定位可以从经营范围、服务对象两个方面来体现。

从经营范围来分析，在我国的农村金融市场中存在着高、中、低三个层次，这三个层次的划分是根据贷款人的信贷规模等因素划分的。高层次市场是由农发行占据，农行分担市场的小部分，主要集中于东南沿海的农村地区；中层次市场是由农行和信用社占领，集中在我国的中部农村地区；低层次则占了整个农村金融市场的70%，这个层次力量最薄弱，是最需要金融支持的部分，但是在这个分市场中，金融供给严重不足，这个市场的空白正是我们一直在努力弥补的，农村金融供小于求的最关键部分。根据《关于进一步促进村镇银行健康发展的指导意见》，村镇银行的成立正是为了弥补我国低层次市场的金融空白。由于村镇银行属于商业性金融机构，所以在利润的驱使下，会倾向于中、高层市场做业务，但是在中、高层市场中，农发行、农行、信用社优势明显，村镇银行不具有竞争优势，如果一味挤进中、高层市场中，结果会事与愿违。所以村镇银行从开始就要坚持服务低层次市场的原则，即"贷农、贷小"。

从服务对象来分析，村镇银行的服务对象主要是侧重温饱型农户兼顾由温饱向小康过渡型农户，农村地区的小企业，这样才能真正解决农村地区的融资难问题。但是由于农户类型没有明显的界定限制，所以村镇银行很容易偏离最初定位的服务对象。我们可以借鉴孟加拉乡村银行模式，对小额贷款农户有明确的限制，有资格贷款的人家拥有的土地要少于0.5亩，如果家里没有土地，那家中拥有的财产不能超过等值于1英亩土地的价值，否则不予贷款，而且每户只限贷款一人。这样的规定明显是将小额贷款对象固定在少地、少钱、生活没有保障的贫困农民。

但由于村镇银行是"自主经营，自担风险，自负盈亏，自我约束"的独立的企业法人，部分发起人或出资人必然会把实现利润最大化作为它自身最大的追求目标；而农民作为弱势群体，农业、农村经济作为风险较高、效益较低的弱势经济，受自然条件和市场条件的影响巨大。在农业保险严重缺乏的情况下，村镇银行在利益的驱使下很难实现"从一而终"的经营理念，它们会逐渐偏离服务"三农"和支持新农村建设的办行宗旨，寻求新的市场定位。在此情况下，发生在农村地区的国有商业银行信贷资金"农转非"现象将不可避免地在村镇银行重现。

2. 村镇银行资金来源有限

资金对银行的发展是至关重要的因素，来源渠道可以分为两类，一是公众与企业的储蓄；二是存款以外的资金。然而这两方面对于村镇银行来说都是"瓶颈问题"。一是吸储困难；二是存款以外的资金来源也受限。村镇银行设立于我国农村地区，是农民自己的银行，是"穷人的银行"，具有一定的本土优势，但由于这些地区受自然条件和经济繁荣程度的限制，居民的收入水平不高，农民和乡镇中小企业闲置资金有限，再加上农村信用社的激烈竞争，客观上制约了村镇银行储蓄存款的增长。同时，村镇银行成立的时间较短，农村居民对其缺乏信任，在老百姓的心目中无品牌价值，人们更愿意、更放心地把钱存入国有商业银行、中国邮政储蓄银行、农村信用社等金融机构。村镇银行资金头寸紧张，存款的增长速度和贷款增长速度严重不匹配。由于经济落后，社会闲散资金少，资金需求旺盛，致使村镇银行存款增长缓慢，贷款增长迅速。另外，村镇银行网点少，大多数村镇银行只有一个营业网点，缺乏现代化设备，使其对农村居民缺乏足够的吸引力，致使村镇银行吸收存款十分困难，吸收存款严重不足。

村镇银行由于是新型的银行类金融机构，在一些方面没有完善，这就造成了存款之外的资金来源渠道也受阻。比如，村镇银行的结算系统没有和中国人民银行联网，所以同业拆借无法进行；和信用社的作用一样，但是没有享受到相同的优惠政策，政府方面的资金支持缺乏；村镇银行的业务受限，无法进行金融债券的交易，无法像商业银行一样外部融资。这些因素都导致了村镇银行只能从储蓄业务中吸取资金。

3. 隐含风险大，防御风险能力较差

村镇银行的服务对象主要是当地的农户或者企业，农业作为一个弱势产业，存在着较高的风险、效益又较低，受自然风险和市场风险的影响巨大，而目前在农业保险体系不健全的情况下，一旦发生自然灾害，借款人就有可能不会按期偿还贷款。即使有抵押，但由于抵押品大多是农民的住房、农田和农机等，抵押品一般很难变现。

改革开放以来，为支持农村经济的发展，国家出台了一系列惠农政策，农民得到了很多实惠，因而也使一部分农民对国家政策产生了很强的依赖心理，凡是国家在涉农方面的政策举动都被认为是对农民的"救助"行为。以

村镇银行来说，他们中肯定有人认为在村镇银行获得了贷款就等于在财政部门拿到了补贴，可不用考虑归还；加之村镇银行发放小额贷款时多以信用贷款为主，很容易形成贷款的道德风险。在我国经济欠发达的农村地区，金融生态环境还有不尽如人意之处。相对中国农业银行、农村信用合作社等农村金融机构，村镇银行内控能力相对薄弱。

4. 专业人才不足

一支优秀的人才队伍是一个银行获得成功的重要前提。当前，商业银行在经济效益、社会认知度等方面都存在激烈的竞争，这就需要一支专业的高素质的人才队伍作为保障。但是村镇银行由于刚刚起步，并且设立在比较偏远或经济不发达地区，在人才的吸纳上就存在严重的困难，在这一点上远远落后于各个国有银行、股份制银行及外资银行。现在村镇银行的主要员工队伍来自于信用社或者是当地某机构的财务人员，缺乏先进的管理经验，深厚的知识储备，即使一些大中专毕业生对村镇银行也缺乏"入行"的兴趣，相对于村镇银行先进的硬件背景，"软件"条件很薄弱，所以吸收专业的高素质的人才对于村镇银行来说是迫在眉睫的事情，关乎村镇银行能否长期的可持续的发展。

5. 监管上存在难题

对于村镇银行的监管面临的主要难点主要来自两个方面：一是村镇银行多设于农村地区，监管半径越过县乡两级，监管难度较大、费用较高。二是经营管理模式多样化，增加了监管难度。由于各村镇银行业务复杂程度和经营规模的不同，经营管理模式各异，监管机构不能实施对村镇银行的统一监管，而要根据各村镇银行经营特点制定不同的监管措施，实行"一行一策"监管，有效监管面临巨大挑战。

8.3.2　小额贷款公司发展面临的制约因素

1. 标准较高，资金供给错位

由于弱势农户大多数从事传统的单一种养业的生产，经济基础很薄弱，致富技能缺乏。根据有关行业政策，部分农村信用社在发放小额信贷的过程中存在"嫌贫爱富""抓大放小"等思想，为控制信贷风险，需降低弱势农户的信用等级和授信额度，这就抑制了农户贷款有效需求。在农村，一方面有资格作担保的人不敢去担保，如公办教师有固定收入，但不愿也不敢去承担风险；另一方面贷款户本身无力提供有效的担保，如抵押资产，致使相当一部分想贷款的农户因无担保而难以获得贷款。

目前大多数小额信贷机构特别是商业性小额信贷机构对于目标客户的选择都比较严格，除了一些包含政策性任务的小额信贷项目外，贷款受益人群往往难以达到赤贫人口。在我国，大多数小额信贷组织更注重的是贷款的回收质量，在很大程度上拒绝为深度贫困者和赤贫者提供贷款支持和服务，由他们运作的农村小额信贷项目大多数客户不是穷人。商业性金融机构以盈利为目的，在贷款对象的选择上则遵循"择优"原则，以有较强经营实力和良好偿债能力的企业、个体经营大户为首选目标，对特困人口有着天然的抗拒感。

2. 利率偏低，不利于小额信贷的发展

小额信贷由于面对的是广大、分散的农村市场，因而具有涉及面广、操作成本高、管理费用大等特点。但利率却由国家管制，虽然赋予了小额信贷相关优惠，获利空间仍相对较低。与其他国家相比，我国小额信贷利率明显较低，如世界上小额信贷利率一般在16%～18%，而我国仅为7%～8%。低利率存在很多的缺陷：一是低利率不能补偿小额信贷操作成本，使得小额信贷形式难以延续；二是低利率往往导致高违约率，借贷者和放贷者都认为小额信贷可以不按期归还甚至不必归还，从而造成了还贷率低；三是低利率往往使贷款难以到达真正贫困者手里，一些可以控制贷款分配的人设法将贷款转移给他人，从中获得好处，导致一部分小额贷款资源流失，不能为真正的贫困农户造福；四是低利率使借款者感到压力不大，容易产生松懈情绪。

在我国的农村小额信贷实践当中，由政府及一些小额信贷组织推动的小额扶贫贴息贷款曾向农民提供低息或免息贷款，国家财政利用扶贫款进行贴息。但多年来的实践证明，大部分低息贷款并没有发到贫困人手中。由于宣传不到位、贷款发放不规范、执行规定不严谨等原因，在缺乏有效贷后监督手段且违约成本相对较低的情况下，农村小额信贷款项被用作他途的事情常常发生，个别农户在取得小额信用贷款后，有的用于日常花费，有的用于还债，有的用于购买大件消费品，有的甚至用于赌博或缴纳违反计划生育政策罚款；有的农户本人暂不需要，但贷后转借他人。人们甚至认为低息贷款是国家的钱，从而造成"低息贷款"就是救济款的现象，还款率非常低，出现赖账现象后，一旦没有得力措施制止，就容易引发"羊群效应"，除了降低国家有限的财政资源的利用效率外，还有可能会引发贪污、腐败等不良社会现象。

3. 种类单一，需求难以满足

农村信用社小额信贷的发放，主要集中在种植业和养殖业，贷款投向结构单一。在农村，广大农民对小额信贷的需求是不断增加的。在逐步建设小康社会的过程中，农民现在有以下几方面的小额信贷需求。

（1）农机信贷

现今农民也讲求科学种田，注重提高生产力。但农民因为资金紧张，难以购买农业机械。

（2）教育信贷

农民不仅重视子女的教育，自身也迫切需要学习科学知识。但许多家庭由于经济困难，也难以学习一些科学技术。

（3）医疗信贷

作为生产力的载体，农民在许多疾病面前显得无能为力，使得农民的生产力受损，不利于生产。

4. 放款额度小，期限短

我国目前推行的社会主义新农村建设加速了农村地区产业结构调整步伐，引起了农业生产模式和增长方式的深刻变化，也使农村市场资金需求发生变化，生产要素由传统农业以劳动投入为主逐渐转向资金和技术要素投入为主，农户对资金的依赖性和需求量相应增大。

在农业呈现新特点的情况下，传统小额信贷的贷款额度和方式已无法满足农户需要，尤其是结构调整初期和生产项目起步阶段，农户对资金的需求预期有上升趋势。目前山西临汾市等农业地区，小额限定在6000～10000元；但在天津市郊区、县，优秀、较好、一般三个信用等级的授信额度分别为6万元、4万元、2万元。但无论什么划分范围，其贷款额度都较一般的企业贷款小。而且目前农业小额贷款95%以上是一年期，其余低于一年，最长不超过三年。通常整贷零还，农户每隔固定时间就要偿还部分贷款。但是，从新农业生产周期考虑，农户发展种植业、养殖业等在一年内能够收回成本并偿还本息的可能性并不大，如果还贷，生产项目就会因为缺乏后续资金支持而受到影响，可能使初始投资也难以收回。例如，江西赣州地区农信社规定农户小额信贷投入脐橙种植项目的期限不超过一年，而实际脐橙成熟前的生长周期为四年。贷款期限不匹配导致的直接后果是农户不能用贷款投资项目本身的资金流收益偿还本息，从而引发了资金不能按期偿还的风险。可见，小额信贷在贷款额度、期限及还款方式上均需要调整，才能适应不断变化的农村地区资金需求。

现行由政府扶贫资金推动的农村小额信贷项目，如联保贷款项目中，主要集中于传统种养业，贷款投向结构单一、额度小，难以满足农户发展高效农业、畜牧养殖、农产品加工和流通等方面大额资金的需求；期限限定严格，最长一般不超过一年。事实证明，这种"一刀切"的规定，虽然在一定程度上避免了政府财政资金的滥用，但在另一方面又使得这类农村小额信贷项目难以在更广泛的领域发挥更大的作用，降低了资金的使用效率。

5. 风险控制机制不完善，潜在隐患较大

小额信贷单笔金额较小，使得金融机构往往容易忽视其风险。由于农业生产的特殊性，决定了同一地区生产经营品种具有相似性，这就很容易在客观上造成贷款集中于某一项目、某一农户。有些农户匆忙上马一些并不成熟的项目，加大了信贷风险。多年来农民固守于传统的种植结构，在农业产业结构调整中缺乏种养的技术指导和市场经营能力，盲目性较大，资金运营中隐含着较大风险。农户对小额信贷体系缺乏深入的了解和实际参与的经验，而且其参与市场竞争、承受市场风险能力较弱，不能及时了解市场最新的信息及供需状况，从而导致项目投资的失败，增加了信贷风险。许多地方政府为了解决资金不足，发展本地区经济，向当地金融机构施加压力，使具有较强地域局限性的农村信用社不得不弱化资金安全性和营利性方面的考虑，充当地方扶贫资金的贷款人，这在主观上为信用社小额信贷的发放增加了经营风险。小额贷款作为一种信贷方式，缺乏必要的贷款保护措施，往往在贷款发放或使用的过程中出现擅自改变贷款用途，多人贷款供少数几个人使用等不正常现象。此外，个别信用社为了加大小额信贷的推广力度，人为地规定职工小额信贷的任务，忽视安全性原则，势必也为信用社埋下潜在的风险。

6. 管理手段跟不上，制约其发展速度

小额信贷机构的正常经营运行，有效的管理控制是关键。我国现行的小额信贷组织在管理上存在很多问题，主要有缺乏规范、科学、有效、完善的财务、信贷流程、信息管理、审计和人力等管理体系和制度，这不仅导致了小额信贷机构管理水平低下、经营缺乏效率，还因为有巨大的管理漏洞而让不法分子有可趁之机。农户小额信用贷款的重要特征就是额度小、笔数多、户多分散、不易管理。但是，从信贷管理力量上来看，基层农村信用社信贷人员普遍较少，而每个信贷人员管理的农户数都随着小额农贷业务量的逐步上升而成倍增长，推广和实施工作需要逐户建立台账，逐笔登记贷款卡片，定期调整农户信用评定等级，工作量很大，信贷人员明显不适应不断壮大的小额贷款业务。从贷款管理手段来看，目前基层信用社的金融电算化程度普遍较低，有些基层社甚至没有电脑，贷款操作仍然采取手写笔记的方式，到期清收时也需要人工逐笔查找，管理效率极低，工作量大，更无法进行持续

动态的跟踪检查和信息反馈。

8.3.3　农村资金互助社面临的困境

1. 资金来源缺乏

虽然《农村资金互助社管理暂行规定》明确规定，互助社的资金来源除了吸收社员存款外，还可以接受社会各界的捐赠资金，通过其他银行业金融机构融入资金等，但现实中这些融资渠道往往运行不畅。

2. 信贷风险转移机制缺失

作为仅限在较小地域范围内运作的微型金融组织，农村资金互助社有人缘、地缘的优势，对于贷款社员的家庭背景、个人信用、贷款用途及偿还能力的信息比较完整，易于对贷款项目做出正确遴选。而互助社内部循环借贷的方式也易于促成"合作博弈"，保障借贷合约的履行。这就是说，资金互助社能够对个体社员层面上的非系统风险做出有效控制。但是其所面临的系统性风险却较为突出，这是因为资金互助社局限于在有限的人群和区域范围内放贷，社员生产经营活动的同质性极大，一旦生产经营出现异常，就会产生连锁效应。比如，若发生较严重的自然灾害和疫情或者特定农产品的市场行情滑坡，难以避免地就会殃及全体社员，从而引发社员大面积的贷款拖欠和呆坏账，使信用风险集中爆发。目前，农村资金互助社尚未建立起有效转移、分散风险的机制和手段，而这必将制约其长期稳定可持续发展。

3. 外部政策制度环境有待完善

虽然农村资金互助社被界定为社区互助性银行业金融机构，但其事实上却享受不到一般金融机构的类似待遇，如无法参与银行间同业市场进行低息拆借，不能获得央行的再贷款等。这都直接影响到其业务的有效拓展。再者，监管部门基于控制风险目的，采用几乎与人型正规金融机构相类似的审批程序和标准，对农村资金互助社的设立和业务经营范围实施严格的审批与监管。如要求具有固定的营业场所及安保措施，并建立标准会计制度、存款准备金制度、呆账准备金制度等，这必然加大农村资金互助社的组建和经营管现成本，进而影响农民成立农村资金互助社的积极性。同时，在社员入股比例、股金退出、社员红利分配比例、附加表决权等方面的过于苛刻的限制性规定也制约着农村资金互助社对农民入社吸引力。

4. 内部管理机制不够规范

农村资金互助社由农民社员组成，管理者多是当地产业或组织的带头人，受限于农民文化程度，缺少既懂金融又会管理的复合型人才，使得农村资金互助社在运行过程中问题重重，给农村资金互助社带来很高的操作风险，也制约着农村资金互助社的发展。现实中，农村资金互助社的经营管理人员大多基本未从事过相关的金融业务，金融专业知识和实际操作经验严重欠缺。农民风险管理观念相对淡薄，易于导致业务操作的不规范。虽然社员间信息对称，但在经营管理人员自身素质和能力不足的状况下，农村资金互助社的风险难以避免，并引发较多的问题。

8.4　我国农村新型金融组织发展对策建议

8.4.1　建设良好的农村金融环境

1. 完善法律法规，为农村新型金融组织发展保驾护航

一是出台相关的管理办法，规范新型金融组织的运作，明确监管主体，建立健全风险防范机制；二是出台民间融资管理办法，清晰界定民间融资与非法吸收公众存款或者变相吸收公众存款，允许商业性小额贷款组织发展到一定程度后有限地吸收存款，增强小额信贷组织可持续发展能力；三是设立专门的监管机构监督管理新型金融机构，提高新型金融组织防范和化解金融风险的能力和水平。

2. 多方协作，为农村新型金融组织发展提供助力

政府应充分发挥其职能作用，在法律、政策、资金、组织等方面提供充分支持，为农村新型金融组织稳定、持续发展创造条件；中国人民银行应充当好引导者和推动者的角色，为农村新型金融组织业务设计出切实可行的发展计划；监管部门应引导农村新型金融组织建立健全内控制度和风险管理机制，帮助它们提高风险防范能力；中国人民银行、工商、税务、公安等部门应合力打造良好的金融生态环境，加强征信体系建设，创造良好的金融运行环境。

3. 规范运作，完善公司的法人治理结构

建立健全完善的公司法人治理结构是保证农村新型金融机构健康、持续发展的前提与基础。健全完善公司法人治理结构的核心就是确保公司治理的有效性，架构各司其职、责权利对称的现代企业制度，切实做到股东民主管理、董事会综合决策、监事会强化监督、管理层坚决执行，把农村新型金融组织真正建设成为"自主经营、自我约束、自我发展、自担风险"的独立市场主体。

4. 拓宽融资渠道，强化支农服务功能

政府可把支农资金以国家公共股的形式投入到新型金融组织，改善其资本结构，增加其自有资金；中国人民银行在政策允许的情况下，给予再贷款支持，壮大其资金实力；商业银行可发放低息贷款支持贷款公司健康持续发展；农村新型金融组织可通过增资扩股等途径适当拓展经营规模，解决融资难问题。

5. 强化监管，防范金融风险

金融监管部门应按有关要求对农村新型金融组织的业务经营进行必要的规范与引导，强化金融组织的风险防范意识；坚持公开和民主原则，突出信息披露制度的作用，将民主监督置于经营管理之上；确定农村新型金融组织与农村信用社等涉农机构的互补关系，防止农村新型金融组织与信用社等传统的涉农金融机构发生不正当竞争，维护农村金融市场稳定。

6. 发挥典型示范作用，规范发展新型农村金融组织

农村新型金融组织正处于发展之初，有关部门应在设立条件、组织制度、运行规则、财务制度、利率定价、资本约束、风险控制等方面加以引导与规范，在总结经验做法的同时，进一步发挥典型示范的作用，带动新型金融机构的发展与壮大。优化农村金融生态环境，营造新型金融机构，可持续发展的内外部环境为农村新型金融机构发展创造宽松的法律环境和良好的金融生态环境，强化社会信用建设，以诚信建设推动农村金融环境不断好转。

8.4.2 村镇银行发展对策

1. 寻求政策扶持，营造良好的外部环境

一是中国人民银行给予村镇银行一定的支农再贷款支持，以扩大村镇银行的资金实力；二是放松利率管制，允许村镇银行根据当地经济发展水平、资金供求状况、债务人可承受能力自主确立贷款利率；三是对初创阶段的村镇银行减免营业税和所得税，支持其发展壮大；四是加快建立农业政策性保险机构，为村镇银行的资金安全提供切实保障，并考虑建立村镇银行的联合银行；五是建立必要的风险补偿机制，建立村镇银行服务"三农"和支持新农村建设的正向激励机制。

2. 明确村镇银行的市场定位

中国银监会发布的《关于调整放宽农村地区银行业金融机构准入政策，更好支持社会主义新农村建设的若干意见》中指出村镇银行的成立旨在为解决农村地区银行业金融机构网点覆盖率低、金融供给不足、竞争不充分等问

题，强化监管约束，加大政策支持，促进农村地区形成投资多元、种类多样、覆盖全面、治理灵活、服务高效的银行业金融服务体系，以更好地改进和加强农村金融服务，支持社会主义新农村建设，但没有明确指出村镇银行具体的市场定位。村镇银行只有准确进行市场定位才能抓住机遇，更好地为新农村建设提供金融支持，才能更好地规避和防范各种营运和监管风险，从而可持续地发展下去。

我国村镇银行的建立是解决农村地区金融机构网点覆盖率低、金融供给不足、竞争不充分的有效途径。因此，我国村镇银行必须明确自己"服务三农"的市场定位，主要为广大农民特别是农村地区贫困户和低收入家庭，以及在家从事劳动的人员提供各种金融服务，稳固自身在农村市场的主导地位和客户基础。村镇银行是"自主经营，自担风险，自负盈亏，自我约束"的独立的企业法人，定然会把实现利润最大化作为最大的追求目标，由于农业、农村经济作为风险高、效益低的经济，受自然条件和市场条件的影响巨大。一些村镇银行偏离办行宗旨，转而为中小企业服务。村镇银行的目标客户应主要选择在效益比较好的农村种养殖专业户及个体工商户，重点选择农村中低收入群体，应为农村最贫困的、最需要帮助的人提供帮助，这些都是由村镇银行的性质、宗旨所决定的。把目标客户定位于农村中的低收入者，根据孟加拉乡村银行的经验，村镇银行是可以盈利的，是可以发展壮大的。

3. 加强内部控制，促进村镇银行稳健经营

村镇银行由于成立时间不长，资金规模较小，考虑到其经营的高风险性和抗风险能力不强的特点，应坚持审慎经营的原则，比如资本充足率标准应该高于其他类型的银行业金融机构，贷款分类标准和流动性比率应适当提高，保障其安全运营，努力减小因运营不善给社会可能带来风险的概率和负面冲击力。应建立起完善的法人治理结构和银行组织体系，建立健全内部控制制度和风险管理机制，提高村镇银行的风险防范能力。

4. 加强村镇银行的人才队伍建设

（1）加强对员工的培训

培训内容包括对高级管理人员的金融理论、业务知识、管理知识、领导能力等方面的培训，以及对基层管理人员的培训。首先对基层管理者依法治行、规范经营等商业银行基本经营理念及管理技能进行培训。其次对企业文化理念的培训，努力营造"家园文化"，树立他们正确的理想信念，提高爱岗敬业、积极奉献、团队意识和良好的职业道德观念。最后是一线员工的培训，

培养员工的职业道德，使员工真正认识到职业道德教育不仅关系到个人的利益，还关系到银行的利益，要做到爱国爱行、遵纪守法、明礼诚信、敬业奉献的基本道德规范。同时开展行为规范和优化服务的培训，达到"客户满意第一"的目的，以全新的形象展现于公众，奉献客户，以良好的银行形象赢得社会声誉。

（2）引进优秀人才

村镇刚刚成立并发展，人才是极其缺乏的，只是在企业内部培养优秀员工远远不够，第一时间长，第二需要成本。所以，从外部引进人才也可以补充村镇银行的人才队伍。首先，吸纳优秀的应届高校毕业生进入团队，这是人才的最基本的来源，是银行发展的后续力量。其次，可以从社会上吸纳具有管理经验的人才进入，这是加强银行的管理质量、提升整个银行形象的途径之一。

8.4.3 小额贷款公司发展对策

1. 提高农村小额信贷的市场化运作水平

（1）以市场需求为导向

小额信贷作为技术创新和金融制度创新，与政府扶贫不同，是要让广大农村地区的贫困农民进入金融市场，得到金融服务和支持。因此，政府应减少对农村小额信贷业务的干预，让其遵循市场需求的原则开展业务，让小额信贷与政府扶贫真正的区分开来。一方面，当地政府应减少对当地农村小额信贷机构的干预，让其按照自主原则实现自身的发展；另一方面，使小额信贷机构的发展以市场需求为导向，按照正规金融机构的原则经营，摸索出一套可实现资金运营可持续性的运作模型。

（2）拓宽资金来源渠道

为了有效调节和缓解农村资金供求矛盾，中央银行应加大对农村信用合作社支农再贷款的贷款额度及范围。在个别有条件的地区，央行可以出台相关政策，允许农信社可以在一定范围内自主上浮贷款利率，以增加资金来源，扩大借贷资金规模，缓解资金不足的现实问题。另外，为了扩宽资金来源渠道，农信社还可以发展与当地各金融机构之间的资金借贷关系。因农业生产周期长、回收期慢的特点，单靠与各金融机构之间的短期拆借是不能解决农信社资金短缺矛盾的。因此，为了提高借贷资金的使用效率，最好的方法是发展各金融机构之间的资金借贷市场，通过建立区域性甚至全国性的资金融通市场，实现资金的有效配置。

2. 扩大小额信贷的种类，延伸小额信贷的领域

目前小额信贷的对象仅限于生产性贷款。因而，可以按照消费信贷模式，拓宽小额信贷的种类和领域。比如，可以结合当前农村的税费改革和对农民的直接补贴，给农民提供农机补贴等，在促进农业发展的同时，使得农民的收入提高。农村信用社增设农机信贷、教育信贷、医疗信贷等，让农民学习科学种田，利用农机贷款购买农业机械提高生产力。农民不仅重视子女的教育，自身也迫切需要学习科学知识，这样有利于农民整体素质的提高。作为生产力的载体，农民在许多疾病面前显得无能为力，使得农民的生产力受损，不利于生产。医疗贷款可以解决农民吃得起药，看得起病的问题。

3. 健全小额信贷法律政策体系

小额信贷的发展和正规化经营都离不开健全的法规制度的引导与监督。目前，我国缺乏专门针对小额信贷，尤其是非金融机构类小额信贷组织的业务准则与标准。小额信贷组织作为一种特殊的金融机构应给予相应的从业资格。按照业务范围、风险特点以及对公众影响的不同，小额信贷组织可分为只贷不存和存贷结合两种类型，相应地，应当对其市场准入条件做出不同的规定，包括注册资本金、高级管理人员会计财务制度、内部控制等方面。只贷不存的小额信贷组织，由于不吸收公众存款，受信贷风险影响最大的就是组织本身，不会引发诸如挤兑等公众事件，所以在市场准入方面，可以宽松一些。存贷结合的小额信贷组织，由于吸收公众存款，一旦产生风险，不仅影响机构本身，还会影响到存款人的切身利益，引发诸如挤兑等公众事件，危及社会稳定，所以在市场准入方面，应从严掌握。我国小额信贷组织机构的建立，须经国务院的批准，严格执行国家的金融法规，接受有关部门的监管。与此同时，需进一步完善相关法律法规：尽快修改银行法，补充有关小额信贷的法律条文，在法律上赋予小额信贷组织独立的主体地位；尽快开办存款保险制度；允许小额信贷享有同农村信用社同等比例的利率浮动权。

4. 加强对小额贷款公司的风险监管

监管可以分为两个方面：管制和监督。管制是指在法律的授权下，由监管当局制定出一系列法律规章，它规定了金融中介进入、运营和退出的规则。监督是指金融监管机构通过一定的程序和方法监督这些规章的落实情况。根据《银行业监督管理法》，监管当局被赋予的主要职能有两项：第一，维护金融体系的安全性；第二，保护存款者利益。从这个意义上讲，监管当局不需要对只贷不存的非金融机构进行监管。然而，在我国非金融小额信贷机构已经逐步发展壮大，并在扶贫方面发挥了极大的作用，监管当局应该对促进和

发展非金融小额信贷机构做出努力，引导民间合规金融浮出水面，同时破除洗钱、非法集资等非法行为的生存基础。由此，我们的监管目的就明确了，监管者最主要的目的不是要高成本的监管每一个小额信贷机构，而是要从促进小额信贷产业的发展出发，引导这个行业或这种组织形式成为金融服务体系中重要的组成部分，即非金融小额信贷机构向吸存机构的改进和金融机构经营小额信贷业务，为经济和社会的发展做出贡献。

8.4.4 农村资金互助社的发展对策

1. 明确农民资金互助组织的定位，正确把握其发展方向

发展农民资金互助组织，应该始终以农民为主体，以村落为边界，资金互助合作组织只能在村里建立，业务范围仅限于社员。只有在合作制原则基础上，建立在地缘、血缘关系和村落小农经济基础上的农村资金互助合作组织，才能保障社员之间信任和信息对等，这是开展社区资金融通的基础，是未来农民资金互助合作组织的发展方向。

2. 健全互助社的内部组织治理机制

由于农村资金互助社大多由当地农户和农村中小企业出资成立，对当地相关情况较为熟悉，在信息来源和灵活管理应对多样化贷款需求等方面，具有比较明显的优势和特点。因此，要坚持和发扬农村资金互助社的这种优势，就应该始终坚持农户实行互助社自我管理，坚决抵制一些官员和政府部门对农村资金互助社的正常经营管理活动的干预，政府的作用只体现于提供优惠政策与公共服务项目。另外，要加强对农村资金互助社的民主管理水平，尝试"用脚投票"的民主管理方式，避免少数管理者对互助社实行实际控制并追求私利，影响全体社员利益。同时，对互助社工作人员应建立激励机制，将其工作报酬和业绩水平挂钩，强化工作人员的自我约束和激励意识，从而更好地提高互助社的风险防范和控制水平。

3. 努力提高互助社工作人员的业务水平

政府部门与金融监管机构应定期开展各种形式的培训活动，强化对农村资金互助社管理人员和普通员工的管理技能与业务能力培训的力度，使其充分了解和认识互助社的有关国家政策法规，掌握规范的信贷业务流程和要求，提高对信贷业务风险防范控制的意识和能力，促进我国农村资金互助社管理水平的整体提高。另外，建立科学合理的优秀人才选拔和任用机制，如通过提供优惠待遇和工作岗位，引导一些优秀的高校毕业生充实到农村资金互助社的员工队伍，大力提高互助社整体管理素质，推动互助社又好又快发展。

4. 建立风险规避机制，推动互助资金组织健康发展

提高贫困农户参与发展互助资金的入股率，不断强化联户担保制度。建议在合作社引进保险业务，保险的介入使信用社、合作社、农户之间的关系更稳定。这样不仅解决了农民的后顾之忧，而且减小了信用社因担心风险而不敢多贷的顾虑，同时也使保险公司通过合作社这个组织载体，降低了因面向分散农户而增加的运作成本，最终实现信用社、保险公司、合作社三方共赢。

9 加快推进农村互联网金融发展

近期，中共中央发表了关于打赢脱贫攻坚战的决定，特别提出要通过"互联网＋"提升贫困地区农村互联网金融服务水平，加大金融扶贫力度，实现农村人口精准扶贫。在近日召开的中国首个"互联网金融助力减贫研讨会"上，与会专家一致认为：探讨互联网金融对"三农"领域的减贫作用正当其时，未来互联网金融有可能成为一股席卷农村金融市场的创新力量。以翼龙贷为代表的创新借贷模式，恰是解决农村"钱荒"问题的典范。

"互联网＋金融"的风口如今已吹到"三农"领域。"2015 中国农村金融论坛"于 2015 年 5 月 30 日在北京举行，其主题论坛为"2015 中国农村互联网金融论坛"。来自国家有关部委、研究院所和互联网金融等方面的专业人士，就此主题进行了深入的探讨和交流，并达成共识——正在蓬勃兴起的中国农村互联网金融发展前景广阔，将在很大程度上促进"三农"金融服务难题的解决，成为解决"三农"问题的重要突破口。

9.1 农村互联网金融发展正当时

9.1.1 农村互联网金融发展大势所趋

未来几年，我国经济增长的前景与经济转型趋势越来越受到各方的高度关注。总的来看，2020 年是我国经济转型升级的历史节点，也是深化金融体制改革、加快金融结构调整的关键时期。在这个特定时期，需要客观估计农村互联网金融的特定需求。总的看法是，农村互联网金融正处在大发展的"风口"。

1. 农村金融存在巨大的供求

农村金融一直是金融领域最为薄弱的环节之一，农民贷款难等问题尚未得到根本性解决。农村金融机构覆盖率低，金融供给供不应求，竞争不充分的局面并没有打破，农村金融供需缺口较大。

2. 互联网金融发展的空间在农村大市场

目前，一线城市是互联网金融平台的主战场，行业竞争十分激烈。与之形成鲜明对比的是，农村互联网金融还处于起步阶段，但呈现快速发展的趋势。估计未来 5 年，随着信息基础设施在农村地区的逐步健全，广大农村居民对互联网技术的认知逐步提高，将进一步提升农村金融普惠程度，释放农村市场的巨大需求潜力。

3. 以互联网金融释放农村消费大市场

中国农村消费市场是世界经济版图上少有的亮点，但这个巨大的市场潜力真正释放，重要的依托之一是加快互联网金融向农村拓展。近年来，阿里巴巴、京东、苏宁等电商纷纷将业务向农村加快拓展，正是看到了农村巨大的消费潜力。

9.1.2 农村互联网金融有效契合了"三农"的金融需求

改革开放以来特别是近 10 年来，农村金融改革不断向纵深推进，但不可否认的是，农村金融仍是我国金融体系的薄弱环节。2015 年的"两会"农业板块也着重关注了农村互联网金融。那么，农村究竟为何需要互联网金融呢？我们不妨来看看以下事实。

1. 金融机构在农村投入大、成本高、覆盖率低

大多数金融机构不愿意去农村开网点，因为网点成本较高，农村居住密度低，金融业务量不够，很容易导致这些网点入不敷出。蚂蚁金服的产品经理安瑟表示，"走访的一些农村，别说 ATM 机难觅踪影，就连最基本的揽储放贷的网点也大多没有。农民存钱取钱汇款，有的还要专程去趟县城"。

2. 农民虽有借款需求，但贷款存在诸多硬伤

农民往往没有抵押物、担保人，面对这些硬伤，银行很难把钱放心借给农民。但农民在农业生产、添置房产、婚丧嫁娶时，又有借款需求，因此不少农民借款都是通过民间借贷，非常不规范。

3. 以农信社为主体垄断性的竞争局面没有被打破

中国科学报报道称，金融机构在农村的竞争仍不充分，以农信社为主体垄断性的竞争局面并没有被打破。此外，服务空白也非常突出，很多中低收入者、贫困群体还未平等享用到金融服务。如今，现代农业的快速发展和金融机构相对滞后的矛盾日益突出。

4. 很多农村地区居民仍习惯用存折

业内人士认为，农村金融要实现实质意义上的大发展，需要有互联网的助力，建议打造适合互联网特性和农村实际的金融环境。例如，很多农村地区的居民仍习惯使用存折，未使用银行卡，无法适用基于银行卡绑定的互联网支付流程。

5. 新增农村余额宝用户连年增加

数据显示，仅 2014 年一年，新增的农村余额宝用户就超过 2000 万，并因此增收 7 亿元。其中，80 后和 90 后是主力用户，占据新增农村余额宝用户的 75%。

6. 农村网民占中国总网民数的 1/3

很多 PC 时代（计算机互联网时代）无法触网的农民，在移动互联网时代，通过手机接触到了移动互联网。据悉，农村的网民数大概占整个中国总网民数的 1/3，有 1.7 亿左右，其中的 1.5 亿是手机网民，其平时手机上网的比率比城市还高 3 个百分点。手机在农村已越来越普及，互联网在改善农村经济现状方面逐渐显示出重要的作用。

如果说农村是梦想的沃土，那么金融正是其源头活水。专业人士表示，虽然互联网金融整体体量还小，在农村更小，但互联网金融在服务客户多样化和个性化需求方面的突出能力使得金融服务的成本可以有效降低，是对传统金融机构的有益补充。

近年来，互联网产业的飞速发展，为我国农村金融存在的问题提供了可实现的解决方案，"互联网＋"深刻影响了我国金融政策的制定，并且早已经深入农业产业链的各个环节，农业经济也逐步走上了一条"电商化""信息化"的发展轨道，农村互联网金融逐步崛起，一种不同于传统金融的服务模式正在快速形成。互联网金融火爆，但其并非一线城市的专利，2014 年中央一号文件在聚焦"三农"问题的时候，把目光对准了更为具体的农村金融改革，而在推进改革的过程中，农村互联网金融的发展符合国家金融改革和金融创新的政策方向，成为上好的题材。国内农产品电商交易平台一亩田集团发布的《2015 中国农村互联网金融报告》指出，国有商业银行的网点在农村不断收缩，农村信用社成为支农的主力军。按照现有农村信用社网点数量计算，我国每个乡镇仅有 1.02 个服务营业网点，每 16 个行政村只有 1 个服务营业网点，农村金融服务网点相对匮乏。

金融这个"高富帅"的行业，在农村一直水土不服。然而，互联网金融作为一种新兴的商业模式与盈利方式，在商业银行未来发展中将长期扮演鲇鱼的角色，当农村、农业的现代化和信息化比例达到一定程度，互联网金融便可利用大数据嵌入农村新经济，进而将带动整个农业行业出现新的爆发式增长。

互联网金融对传统农村金融发展互补点在于：互联网金融发挥门槛低、效率高等多重优势，将服务切入农业产业链的各个环节，缓解金融需求与供给不匹配的矛盾，提高金融配置的效率；网上支付、移动支付等新的支付模式改善用户对实体网点依赖和服务体验差等问题；互联网金融与农村传统金融实现快速、有效结合，将加快农村金融的发展。由于互联网低成本、高效率和无国界的特性，互联网企业纷纷以其技术优势和平台优势争先进入农村金融领域，填补了大量农村金融服务的空白，同时长期服务"三农"领域的"三农"服务商，也纷纷利用互联网技术服务客户，形成了目前四类农村互联网金融服务主体："三农"服务商、电商平台、P2P平台（个人与个人间的网络借贷）和传统金融机构。

"三农"服务商在农业产业领域深耕多年，积累了丰富的用户数据与客户资源，凭借客户信用数据的累积优势，插上互联网的翅膀，迅速地进入农村金融服务商行列，提供独特的农村互联网金融解决方案。大型电商平台积累了消费者的购买数据，收集了销售者和供应商的信用数据，且已成为了电商平台进入金融行业最大的优势。

P2P网贷平台通过互联网将资金需求端与资金供给端实现有效对接，是实现普惠金融的一个有效手段，其更加关注低端客户，而中国最庞大的低端客户群无疑来自广大的农村地区，因此这也是大量的P2P平台以农村居民为主要服务群体的重要原因。

面对阿里、村村乐、宜信等互联网平台对农村传统金融服务商的冲击，以农村信用社、中国农业银行、中国邮政储蓄银行等为代表的传统金融服务机构，纷纷加大对农村互联网金融的投入，响应国家政策号召，全力推进农村普惠金融。

9.2 农村互联网金融是农村金融发展的必由之路

在互联网金融创新浪潮的推动下，当前我国农村互联网金融已悄然兴起，并进入了一个新的发展阶段。对此，中国改革发展研究院院长迟福林在2015年金融论坛开幕式上说："农村互联网金融处于大发展的风口。农村互联网金融有巨大的需求，互联网金融大市场应当在农村。"他说，互联网金融发展空

间很大，特别是互联网金融能够针对性地激发农村消费市场的活力，为农村
地区更有效地开展好金融服务提供了更广阔的空间。

"'互联网＋微型金融'将丰富农村金融供给主体，成为中国农村普惠金
融体系的重要参与者，有助于塑造更具竞争性的多元化农村金融服务格局。"
中央农村工作领导小组办公室副主任韩俊在论坛上表示。中国经济体制改革
研究会会长彭森在论坛上表示，虽然当前互联网金融在农村的体量比较小，
但是在客户服务多样化和个性化方面，具有一些突出优势，是对传统金融模
式创新突破的有益补充。"互联网金融特别是农村互联网金融的发展，势必对
我们的方方面面带来冲击，最终成为整个农业生产、经营等领域的一个根本
性改革。"国务院参事室特约研究员姚景源说。"下一个互联网金融的蓝海肯
定在农村。"一亩田集团创始人、CEO（首席执行官）邓锦宏根据其开展农村
互联网金融实践的经历分析预测，未来农村互联网金融应当是一个交易金额
达到万亿元的巨大市场。

众所周知，我国是个农业大国，这主要表现在我国的农村人口有9亿之
多。但我国却并不是一个农业强国，因为在我国现有的1.29亿贫困人口中，
绝大部分来自于农村。可以说，相比近年来城市化进程的迅速推进，发展相
对停滞的农村经济，实际上并没有弥合城乡间的贫富差距，而是向相反的方
向发力。因此，虽然从整体看，我国农村经济在中央政策的持续聚焦下有了
长足的发展，但其中不容忽视的现实情况却是，农民生活依然相当窘迫，实
现农业现代化的任务仍十分艰巨。

从目前农村的发展现状来看，传统金融难以满足农村需求是现阶段制约
农业发展的主要掣肘因素。其表现是农村获得的金融服务，与他们在经济中
的贡献率不成比例。据了解，目前农林渔牧产业增加值占GDP的比例接近
10％，但获得的贷款占全部金融机构贷款额的比例却不到2％。由此，可以确
知的是我国农村长期处于资金"失血"或"贫血"的状态，而究其原因，则
主要是由于金融资本追求垄断收益的本性使然，致使传统金融机构出于对农
业及农村实体经济效益偏低的考虑，而不愿意为以小农为主体的农业农村经
济提供信贷，甚至是抵押贷款等金融服务。

不过，随着"互联网＋"东风的兴起，互联网金融与"三农"的结合，
不但可以使以往以传统金融为主要依托的农村金融体系迎来了新的发展模式，
同时也为加速发展现代农业提供了新的契机。据此，有分析人士指出，"三
农"领域存在着大量金融需求，一旦得到释放，这将是一个上万亿元的市场
"蓝海"。而世界银行的一项研究也显示，"无论在拉丁美洲还是亚洲，农户和

微型企业的年均投资回报率可达 117%～847%。因此，那些资本稀缺的农户和微型企业，一旦获得资金，必将创造出比城市大企业高得多的边际投资回报率"。

因此，近年来各大涉足互联网金融领域的公司开始纷纷试水、布局农村市场，掀起了一场以互联网金融为重点的"下乡"热潮。对此，中国经济体制改革研究会的有关负责人曾表示，近年来，农村互联网金融不断探索、创新，突破了传统的农村金融模式。其中，如蚂蚁金服、翼龙贷、阿里、京东机及放心金融等企业纷纷向农村地区发展，农村的互联网金融迎来了新态势。

放心金融就是众多聚焦农村互联网金融领域的企业之一。放心金融与"贵农金融"宣布携手，旨在为解决贵州地区农村"融资难"问题提供助力，希望以互联网金融的方式切入这一痼疾。据了解，"贵农金融"是贵州贵农金融科技有限公司在省委、省政府的倡导与支持下，依据《贵州省供销社促进农村电子商务三年行动计划》具体安排，由贵州省供销社发起搭建的。对于此次与放心金融的跨界合作，"贵农金融"表示，希望借助各自的优势，共同推动公司互联网金融综合性服务平台的建设，提高其服务"三农"的能力。因此，"贵农金融"在其金融服务产品的设计上，主要借鉴、学习致力于深耕不动产融资租赁资产管理的新锐资产企业——放心金融的成功经验，并聘请放心金融董事长沈健先生作为其平台的首席战略顾问并操刀设计产品体系。

放心金融，是一家互联网金融领域深耕垂直细分领域的资产管理企业。自其成立之初，就坚持以模式创新先行，不断对其品牌及产品理念进行深挖，形成了"线上投资＋线下审核"的创新发展模式。在业务设计上，放心金融致力于以用户需求为导向，旨在为众多企业及个人用户等提供便捷的投融资相关服务。近年来，随着连续推出的多款金融产品，放心金融已初步完成其自身产品体系的搭建。也由此，使得放心金融在上线短短 7 个月的时间内就获得了大量投资人与借款人的认可与青睐，截至目前，其注册用户已超过 1.9 万人，累计交易额近 2 亿元人民币。践行"温暖金融"是放心金融一直以来反复强调并身体力行的企业理念。而本次与"贵农金融"的合作将通过跨界合作带来的比较优势，切实把社会农业资本和商业贷款"引流"进贵州农村地区，为帮助"黔货出山"、提高贵州当地农民的生产生活水平，以及改变其贫困落后的面貌提供助力。

在现行的农村金融体系下，政府主要倚重中国农业银行、中国邮政储蓄银行、农村信用合作社、村镇银行来解决农村中小企业和农户发展资金紧张的问题。但国家构建的金融减贫体系与当前饱受贷款难之困的农户之间却存在巨大鸿沟。据中国社会科学院财经战略研究院的李勇坚介绍，以中国农业银行为例，农业信贷贷款成本高，审批期限长，成功率低，贷损率高；同时，农村信用社的贷款规模持续增加。这意味着越来越多的资金以大额贷款的形式流向了大户，普通农户借贷越来越困难。

互联网无中心低成本连接的特性，使得资金支持延伸到小户家庭成为可能。在农村金融当中，解决农民的小额信贷问题对帮助农民脱贫致富发挥着重要作用，但是这种传统方式，已经越来越不适应农村经济发展的需要。这个时候就需要一种新型的金融方式来注入农村，来帮助农民尽快减轻经济的负债压力。互联网金融将城市的闲散资金集中起来，通过创新金融机构的借贷模式，将资金准确定位到最需要的农户手中，在帮助"三农"领域减贫致富方面具有精准扶贫的先天优势。

作为中国涉农领域最大的网贷平台，翼龙贷在助力农村减贫方面，走出一条新路。翼龙贷董事长王思聪向记者介绍，翼龙贷作为互联网金融的推动者，一直专注于农村。目前98%的资金用于为三农提供贷款，对农户的贷款保持在95%左右。翼龙贷发展的第一步致力于消除金融不平等，弥合农民与金融机构之间的鸿沟。根据李勇坚教授对翼龙贷的实地调研，目前翼龙贷利率在15%左右，高于农信社10%的利率，低于高利贷50%的利率。但是翼龙贷从申请到放款周期平均四天，大大低于中国农业银行一个月以上的审批期限。在讲求不违农时的农业领域，高出5个点的利率压力完全可以被高效放款带来的利润所吸收。对于农村减贫来说，贷款的可获得性优先于廉价性。王思聪认为，随着近两年互联网金融的深度调整，预计2016年翼龙贷农民借款端的利率将下调5%～6%，届时互联网P2P金融借贷服务将占有农村金融服务的大部分市场。目前翼龙贷已覆盖全国1600个区县，预计2017年将完成全国网络建设，农村金融服务与城市之间的差距将得到有效弥补。可以说，翼龙贷通过这种方式，解决了农户无法提供正规金融所需硬信息的痛点。

而随着农村经济改革的不断深化，政府也将不断吸收市场带来的新视角。同时互联网金融有很多优势：精准、成本低、信息高度公开等，诸多优势使得互联网金融能够创新传统扶贫方式，实现精准扶贫。对此，国家需要创造良好环境，在"十三五"期间通过社会资本和互联网渠道帮助完成减贫工作，发布配套政策支持互联网金融走向扶贫。

9.3 发展农村互联网金融的现实意义

9.3.1 农村互联网金融可以提高资源配置效率

从经验及调研情况看，无论是传统的农业生产还是农村电商经济，获得资源的主要渠道都是信贷。然而，传统金融在保证农村大企业信贷供给的同时，对小微企业和普通农户的供给明显不足。中国社科院农村发展研究所杜晓山撰文指出："作为农村金融服务核心部分，对农村住户贷款业务面临现实挑战。"杜晓山认为，挑战和问题主要集中在三个方面：一是农村住户储蓄转化为对农村信贷的比例不高；二是农村住户信贷中转化为固定资产投资的比例不高；三是农村住户贷款与农村住户偿还能力的匹配度不高。这"三不高"集中反映了传统金融在农村资源配置方面的能力不足。贷款转化比例不高说明农村住户的储蓄资金逃离农村的现象突出，统计数据显示，东部和中部地区普通农户的存贷比分别仅为 1.7% 和 2%。购置固定资产的比例不高显示出贷款用途进一步复杂化，在银行类金融机构不掌握相关数据的情况下，这一变化将增加贷后管理的难度和潜在坏账风险。截至 2012 年年底，东部地区的信贷资金用于购置固定资产的比例仅为 0.8%，几乎可以忽略不计。贷款与偿还能力的匹配度不高会直接导致违约风险上升。从实际情况看，目前农村信贷的贷前管理主要强调抵押和担保，也就是强调农户的还款意愿。强调还款意愿是信贷中一项重要技术，然而，仅强调还款意愿而忽视还款能力，也将很难保证农户按期还款。一旦短期借款远远超过农户的短期收入，就会造成违约的发生，在实践中即使存在合格的抵押品，金融机构的处置难度也很大。由于一旦坏账发生就会带来较大损失，金融机构借贷的意愿很难提高。

互联网金融在农村资源配置方面要优于传统金融。首先，互联网金融基本不会产生传统金融"抽水机"的负面作用。相反，由于农村地区的项目能够提供更高的回报率，互联网金融会吸引城市的资金，转而投资在农村地区。正如世界银行驻中国代表处的研究所指出的，"无论在拉丁美洲还是亚洲，农户和微型企业的年均投资回报率可以达到 117%～847%。中国也有无数案例表明，那些资本稀缺的农户和微型企业，一旦获得资金，可以创造出比城市大企业高得多的边际投资回报率。"从调研的情况看，部分农村地区借贷的年利率介于 18%～24%，在有些相对高风险的区域资金成本会更高一些。需要指出的是，虽然利率较高，但是由于期限和金额相对灵活，放款速度快，互联网金融发放的信贷资金实际成本未必很高。其次，从匹配的准确性角度看，互联网金融掌握海量的高频交易数据，可以更好地确定放贷的客户群体，通过线上监控资金流向，做好贷中、贷后管理，在很大程度上克服了农村金融中资金流向不明、贷后管理不力的问题。

9.3.2   农村互联网金融可以降低农村地区的覆盖成本和支付清算成本

一般可以将成本分为人员成本和非人员成本。对于金融机构而言，非人员成本主要指金融机构网点的租金、装修、维护费用，电子机具的购置、维护费用，现金的押解费用等；人员成本主要指人员的薪金、培训费用等。从调研的情况看，成本是造成农村金融困局的主要原因之一，目前一家 6~7 人的小型租用网点，一年的总成本超过 150 万元。以北京郊区为例，标准网点的租金大约每年 30 万元；装修费用 120 万元，按 8 年左右重新装修算，折合每年费用 15 万元；购置 3 台电子机具（1 台存取款一体机、1 台自动取款机、一台综合查询机）的成本约 50 万元，可使用 8 年，折合每年 6.25 万元；押运费用一年 12 万元~20 万元不等；水电费每年 7000 元以上项其全部费用，按 8 年为一个周期，折合每年 8.4 万元；人均薪金 10 万元以上，每个网点需要 10 名工作人员。照此粗略估算，维持一个网点的运行，每年需要超过 150 万元。其中，如果把 ATM 机布设在网点内，每日的使用次数一般在 30~80 次不等（一般农村会更少一些），如果不布设在银行网点，使用频率更低。从这个角度看，即使是电子机具，人均的使用和维护成本也十分高昂。相比之下，互联网金融在农村可以不设网点，没有现金往来，完全通过网络完成相关的工作。即使需要一些业务人员在农村值守并进行业务拓展，其服务半径也会比固定的银行网点人员的服务半径大得多，从而单位成本更低。另外，互联网金融通过云计算的方式极大地降低了科技设备的投入和运维成本，将为中小金融机构开展农村金融业务提供有效支撑。

我国农村地区长期以来存在着现金支付的传统，现金支付比例长期居高不下。从支付本身的角度看，现金支付的成本很高。从国际经验上看，现金支付比例高的地方，经济的正规化程度就低，经济中灰色区域就大，偷逃税的现象就多。更进一步说，现金支付比例越高，网络经济、信息经济的发展就会滞后，会影响农村地区的产业升级和城镇化进程。我国农村地区现金支付比例高首先是长期以来形成的传统，其次是传统金融没有发展出适合农村支付的"非现金化"模式。邮政储蓄的按址汇款、农行的惠农卡以及各商业银行都在努力推进的无卡交易改善了农村的支付环境，也降低了现金使用的比例。但是，这些"创新"还是要基于网点的建立和电子机具的布设，没能很好地适应农村地区对现代化支付的需求，也就无法切实解决农村的支付问题。

"互联网＋"金融在支付方面已经取得了巨大突破。在互联网金融中，支付以移动支付和第三方支付为基础，很大程度上活跃在银行主导的传统支付清算体系之外，并且显著降低了交易成本。在互联网金融中，支付还与金融产品挂钩，带来丰富的商业模式。这种"支付＋金融产品＋商业模式"的组合，与中国广大农村正在兴起的电商新经济高度契合，将缔造巨大的蓝海市场。

9.3.3 农村互联网金融为风险控制提供新的可能

"三农"领域风险集中且频发。人类的科技发展至今没能改变农业、农村"看天吃饭"的问题。旱涝灾害、疫病风险以及市场流通过程中的运输问题都会导致农民的巨大损失。传统金融采用"农业保险＋期货"的方式对冲此类风险。2007 年以来，国家对农业保险给予了大量政策性补贴，取得了一定的效果，但总体看作用不明显。谢平对此的分析是，"我国农村农业生产仍然以小农生产为主，远远没有实现农业农户生产组织化和规模化。对于由分散的小规模农户组成的农产品市场而言，保险和期货的定价作用十分有限。"虽然国家鼓励家庭农场和集约化生产，但是，小农经济依旧是中国农村的主要生产方式并可能保持相当长的时间，传统"农业保险＋期货"的不适应性将长期存在。互联网金融"以小为美"的特征在这方面将大有作为，新的大数据方式将非结构数据纳入模型后，将为有效处理小样本数据，完善风险识别和管理提供新的可能。

9.3.4 农村互联网金融提供了财富管理新途径

传统金融经过多年努力，在农村地区建立起了"广覆盖"的服务网络，但是这种广覆盖不仅成本高，而且"水平低"，其"综合金融"覆盖也基本不包括理财服务。对传统金融机构而言，理财业务门槛高，流程复杂，占用人力资本较多，在农村地区的推广有限。互联网金融已经做出了很好的尝试。类似"余额宝"的创新产品开创了简单、便捷、小额、零散和几乎无门槛的全新理财模式。早在该产品推出的第一年（2013 年），余额宝用户就覆盖了我国境内所有的 2749 个县，实现了全覆盖和普遍服务。最西端的新疆乌恰县有 1487 名用户，最南端的三沙市有 3564 名用户，最东端的黑龙江抚远县有 7920 名用户，最北端的黑龙江漠河县有 2696 名用户。在提升了农民财富水平的同时，也进行了一场很好的金融启蒙。

9.3.5 农村互联网金融将会使普惠金融体系更加完善

目前，互联网对金融业的渗透程度正在与日俱增。在中国，互联网金融的创新和发展正在积极改变整个金融生态，加剧了金融市场竞争，改善了资本配置的效率并使资本流动空前加速，也有力推动了利率市场化、金融监管模式变革以及银行业的开放。将互联网金融的创新接入农村金融领域，把互联网金融的文化理念植入农村金融机构，将会极大推动我国普惠金融体系的发展。

近年来，随着农民收入水平的提高，信息通信技术（ICT）在农村地区得到了较快发展，这为互联网金融对接农村金融发展提供了坚实基础。随着电脑的普及和宽带的迅速发展，我国已形成多层次、多元化的涉农网站服务体系，为农民提供了必需的技术和产量信息；同时，以移动通信网络为载体的农村信息服务模式，已成为农民使用互联网的最主要途径。根据当地农村发展需要，许多省市区的农业部门开发建设了多种移动服务平台和网络。

在农村 ICT（信息通信技术）快速发展的基础上，互联网金融文化为农村普惠金融体系的构建提供了新的可能性。互联网金融的核心特征是无处不在、无时不有的创新，这种创新主要体现在互联网金融通过迅速的时空转换，实现金融产品创新、金融业务流程创新和金融机构创新。这些创新将会在以下几个方面推动普惠金融体系的发展。

首先，互联网金融能丰富普惠金融的产品体系。互联网金融接入可以通过大数据技术，将分散的农民和企业的各类信息进行整合处理，解决信息不对称问题，创新信用模式并扩大贷款抵质押担保物范围。在互联网金融思维影响下的金融机构，可以向农民、小微企业提供创新的、定制的微型金融服务，从而惠及每一个普惠金融体系的参与者。

其次，互联网金融能提升普惠金融的业务流程体系。发展普惠金融，离不开覆盖城乡的全方位的金融服务网络。互联网金融业务以云平台为基础开展，具有交易成本低、覆盖范围广、服务效率高等先天优势，与发展普惠金融高度契合。各类金融机构可以借助互联网金融的平台，突破物理网点的限制，通过 POS 机、手机银行和网上银行等方式向客户提供存款、支付、授信等一系列电子化的金融服务，降低农民获取金融服务的门槛。

最后，互联网金融能优化普惠金融的生态体系。互联网金融技术可以为金融体系建立网络支付平台、信用评估等基础性的金融设施，使金融服务提供者实现降低交易成本、扩大服务规模和深度、提高技能、促进信息透明的要求，同时也会进一步规范农民、小微企业等普惠金融受益者的行为。互联网金融文化接入普惠金融体系，在未来将促进农村金融信用评级的科学化、规范化，形成全方位的征信体系，让金融机构可以提供更加完善的服务，从总体上提升了农村普惠金融体系的效率。

9.3.6 互联网金融可以助推农村金融结构性改革

大数据、云计算、物联网、移动互联网等对信息的整合，打破了传统金融模式时间、空间、成本约束，对创新金融模式和服务、完善金融市场、推动金融结构性改革具有积极意义。发展农村互联网金融，不仅是在农村金融前面加上"互联网"的要素，更是对原有农村金融模式的重构。

1. 农村信息化正在加快

当前我国信息化社会建设，不仅在城镇中初步实现，而且在农村中也在加快推进。据相关统计报告显示，截至 2014 年 12 月，农村地区互联网普及率为 28.8%，相比 2013 年提高了 0.7 个百分点。尤其是农村移动端网民增速更快，2013 年农村网民使用手机上网的比例已达到 84.6%，高出城镇 5 个百分点。

2. 农村经济正走向互联网化

首先，过去几年，农村居民对网购模式接受度达到 84.41%，人均网购消费金额在 500～2000 元，并且仍有增长空间。一些地方的淘宝村、淘宝镇发展迅速，已经成为农村新的经济形态。其次，全国电商巨头正在布局农村电商，有许多地方正在加快打造互联网小镇。由此看来，农村经济的电商化将会持续加速，并加快推动农村经济的信息化进程。

3. 农村互联网金融发展方兴未艾

估计未来几年，农村互联网金融将迎来巨大的历史机遇，发展潜力巨大。一方面，农村互联网金融适应了农村非标准化的金融需求。依托大数据，农村互联网金融可以为农户提供更多的增信服务，为解决农村市场主体贷款难的问题提供新的方案。另一方面，农村互联网金融可以低成本地推广。农村互联网金融以手机为金融基础设施，覆盖同样规模的农村人群，边际成本较低。

9.3.7　互联网大数据可以重塑农村信用体系

"加强农村信用体系建设，是进一步促进农村互联网金融服务更好更快发展的关键环节。"这一观点已经成为很多专家、学者和业内人士的共识。黄震在 2015 年金融论坛上提出，大数据征信、风控与监测可为农村互联网金融健康发展保驾护航，大数据的使用可以让以往农村金融的难点——风险管理问题得到解决。可以用黑匣子原理，把数据采集起来，出了问题再去进行分析、处理和监控就可以了，所以移动金融为农村现代化注入了新的活力和动力。信用是一切金融服务的基础，由于农村的资产信息化程度不高，传统金融机构难以判断一个农户家庭的真实收入、现金、资金消耗等情况，而互联网企业可以通过大数据了解这些信息。而且由于所有的网络交易行为都会形成交易记录，包括一亩田在内的电商平台可以为农村金融提供最基础的个人交易信用数据支持，化解以往农村普惠金融领域面临的难题。现在阿里、京东等国内大型电商平台已经进入农村，它们将电商平台下沉到广大农村地区的同时，正在积累最基础的个人交易信用数据，这将为农村互联网金融服务信用体系建设打下坚实基础。

9.4　农村互联网金融发展的制约因素

9.4.1　网络安全风险影响农村互联网金融健康发展

互联网金融作为一种新兴产业，必然会有一些风险的存在。农村互联网金融也不例外，在给农村带来便利和各种优势的同时，我们也必须面对它带来的各种各样的风险。农民和互联网金融同样面临风险。如果农民不能及时还款，出现信用风险等，互联网金融必须承担。相对地，如果互联网金融出现了一些风险，农民也要承担。互联网金融风险可以分为一般性风险和特殊性风险。例如，利率风险、信用风险、外汇风险、管理风险等都可能会给资金带来损失。预期利率与实际利率存在差异，债务人不能够按时归还本金和利息，外币资产与外币负债因汇率变动导致价值波动，因管理不善而导致债权人资金损失等。特殊性风险将农村金融和互联网结合起来，两者存在叠加部分，增大了农村金融变量的偏离期望值，这样风险也变得多样性，互联网支付的安全性、投资和消费者的隐私泄露、权益的丧失、机构信用能力等这些风险也逐渐暴露出来。金融风险是非常值得重视的，互联网安全风险也是不容忽视的，将金融和互联网结合在一起，由此可见这种风险是重之又重，况且我们将"农村金融＋互联网"作为一种新的趋势，就增加了不确定性和加倍的风险。农民面朝黄土背朝天赚到的血汗钱，存到互联网金融机构中，如果第三方结算支付中介破产，农民所购买的"电子货币"可能会血本无归。如果农民没有资金进行农作物生产，无法保证自身最基本的日常物资需要，这就不仅仅是单纯的金融问题。网络金融作为一个有机整体，在拥有数据和服务整体化优势的同时，也面临着如果其中任何一个环节堵塞或者是断裂就将影响整个金融的活动，所以任何一个环节都不容忽视，必须是一个完整、安全的金融体系。坏账率和偿还率，是我国农村互联网金融面临的另一信贷安全问题。农民的文化水平，法律法规意识不强，使许多信贷业务面临安全风险。由于互联网金融对农村发展的一系列优惠的政策，农民借此也"大展拳脚"不顾后果地办理与现实不符的业务，导致有意或者无意地增加了坏账率，降低了偿还率。

互联网金融产品形态很容易复制，各经营主体实际上真正拼的是底层的风控体系。但在目前的农村市场，很多农民缺乏信用记录。如何建立一个有效的风控体系是各种互联网金融平台开拓农村金融市场的首要问题。

9.4.2 农村互联网金融发展制度与政策监管到位率不高

农村互联网金融刚刚起步，还有许多制度和体系不够完善。许多电商只看重农村经济发展所带来的利益，为了使大量的农民进行互联网金融办理金融业务，过度放低"门槛"导致了监管风险的增加。有许多报道显示，许多农民利用监管空缺，进行犯罪违法行为，我们必须看到政策监管风险的重要性，建立互联网金融监管机制，做到有法可依，更加有效地保证金融服务的安全、有序、健全。目前互联网金融刚刚进入到农村地区，还没有深入渗透，如果出现资金等方面的问题而无法支撑下去，政策监管就一定会强化，一些资质不是很齐全、资金实力也不是很强大的平台就会面临被关闭的风险。

9.4.3 农村网络不普及率有待尽快提高

许多农村地区互联网基础设施还不够普及，这使得互联网金融的前期投入巨大；另外，由于互联网并不普及，农村的很多重要数据，例如种植户的种植数据、养殖户每天买进饲料的数据、农产品交易数据等，都需要通过纸质记录保存。缺乏数字化支撑，基于大数据的风控、征信、风险定价、行业分析等无异于无米之炊。另外，广大农民对新兴电子产品认识度和掌握度偏低。虽然一些新兴电子产品已经进入农村，但是在一些贫困山区，由于网络覆盖率还不是很高，导致无法对网络信号等进行调控。农民文化教育程度比较低，有些复杂的软件程序无法理解和操作，导致根本无法通过互联网金融办理有关业务。

9.4.4 农民消费习惯需要培养与引导

年龄较大的农民大多数不会或不习惯使用互联网，培养用户消费习惯需要较长的时间，而且在农村市场，很多用户缺乏相应的金融知识。因此，培养用户消费习惯、满足大多数农户的贷款及投资需求也是互联网金融介入农村地区面临的诸多难题之一。

9.5 农村互联网金融发展的路径探索

中国农村幅员辽阔，人口众多，市场深度和广度并存；中国农民吃苦耐劳，韧性十足，蕴藏着无穷的智慧和潜力。同时，其中的金融资源相对稀缺，部分农村依旧面临理财无门，贷款无路的尴尬状况。"互联网＋电商""互联网＋金融""互联网＋农村"……正通过互联网化的"四大战略"带领农村走上新的希望之路！

9.5.1 支付业务是农村互联网金融破局的切入点

支付业务本身不产生利润，但是该业务与场景结合最密切，也是汇聚流量和积累数据的重要手段。余额宝的迅速发展就是基于支付宝平台上积累的巨大流量和用户群体，支付宝的发展又依托于淘宝平台的壮大，是一环扣一环的过程。目前，支付的场景还主要集中在买卖关系中，还有很大的潜力可供挖掘。相比于城市，农村的风俗更多、场景更加丰富，农村经济的季节性很强，收入与支出在时间上不匹配程度很高。支付业务能够嵌入许多场景中，做出有趣的尝试。比如，在婚丧嫁娶、红白喜事随份子的过程中，能否做出像新年"抢红包"那样的产品。同时考虑到农业生产或者农村电商经济收入的季节性，在老乡遇到随份子又手头"不方便"时，能否提供小额的"信贷支持"。这样的支付产品有趣、简便、易于推广，能够为互联网金融在农村地区的推广获得流量、用户以及数据等底层基础。

9.5.2 找准场景以促进农村互联网金融的生活化和内嵌化

无论时代如何进步，金融体系如何发展，金融作为经济的衍生品这一事实不会改变。金融不是独立于经济和人类生活的一种存在，而是应该嵌入到众多的生活场景中，在农村，这点尤其重要。对农民而言，他们可能理解不了金融的"高大上"。"互联网＋"就是要让老乡们感觉不到金融的存在，同时又感受到金融无处不在。"互联网＋"已经产生了很多差异化的产品，但是，单纯依靠差异化产品来赢得客户正变得越来越困难，开发农村市场很重要的一步就是要将这些应用推送给更广泛的用户群体，同时想办法互联网化他们更多的生活时间。未来占领场景和时间的"战役"可能将更多地考验金融机构在心理学、行为学以及社会学领域对用户的了解。

9.5.3 充分运用大数据拓展农村互联网金融市场

我们正在加速从 IT（信息技术）时代向 DT（数据处理技术）时代前进。大数据在农村地区至少产生了以下价值：一是大数据提供了廉价的试错机会。在全量数据时代，互联网金融可以不再采取传统金融按部就班的长周期开发模式，而是可以快速试错，宽进严出，一旦发现某个领域存在有价值的规律，就可以进行产品开发和商业推广，如果商业价值不如预期，则果断退出。农村场景比城市更为复杂，廉价试错，快速进出将为互联网金融带来巨大价值。二是大数据开创了全新的风险评估、风险管理方法。传统的基于过往营业数据和信用信息的评估方式在农村缺乏合格报表和征信信息的环境下很不适用。而且，传统方法缺乏前瞻性，是一种"向后看"而不是"向前看"的风险评估方式。"让数据发声"的大数据方式利用全量数据对行业前景进行预估，结果将更为科学。三是大数据不仅提供了细分市场的可能，还可以帮助金融企业将过分复杂的客户需求进行标准化处理，通过全量数据整理出用户的共性，从而为金融产品的开发做铺垫。

9.5.4 线上线下融合是实现农村互联网金融的重要方式（O2O）

波士顿咨询在一份报告中指出："金融业的铁律在互联网时代已然适用，也就是说在客户身边设立实体网点仍然是金融机构的竞争优势！"从中国农村的实际情况看，农民对实体网点的依赖要高于城市居民。但是，中国农村地广人稀的现实使网点的单位成本过高。互联网金融企业可以采取与传统金融机构合作，通过"技术换网点""理念换网点"以及"产品换网点"的方式，在轻资产模式下，推进在农村的布点工作。更为重要的是，互联网金融在农村的推广要尊重农民对金融的认识，更强调网点的"体验、交互和农村特色"。上了年纪的老乡习惯于存折而不是银行卡，这是一种短时间内难以改变的习惯，互联网金融应该入乡随俗而不是移风易俗，如何使手机应用像金融一样让老乡们喜闻乐见，想用、敢用既是互联网金融实现闭环梦想的"最后一公里"，也考验着所有从业人员的智慧。

9.6 农村互联网金融发展的模式探索

除了最早开拓农村电子商务市场的阿里巴巴及京东集团等互联网巨头前瞻性地布局农村互联网金融外，农业龙头企业新希望集团、康达尔、大北农集团等与 P2P 平台的协同发展，宜信、翼龙贷等 P2P 平台，也开始发力农村互联网金融市场。

9.6.1 综合电商渠道下沉，借助其平台优势实现与金融同步发展

随着信息技术和互联网的发展，拥有大量用户数据的综合电商企业依赖自身的技术平台和信息服务为顾客提供从简单的支付到转账汇款、小额信贷、现金管理、资产管理、供应链金融、基金和保险代销等内涵丰富的金融服务。最具代表性的是阿里巴巴、京东等互联网企业。

阿里、京东等电商平台是利用电子商务沉淀在平台上的大量数据，通过不断下沉业务，加大基于农村场景的互联网金融创新，通过互联网平台推进小额贷款，对接农村小微企业和普通农户，服务为数众多的农村小微企业和农村电商企业。P2P 平台则是在供应链金融领域拓展发展空间，主要做法是通过构建垂直的支付场景，打造产业链金融，促进农村互联网金融的生活化和内嵌化，凭借 O2O 线上线下融合，实现农村互联网金融闭环发展。这种社会资本与农业供应链金融协同发展而形成的农村金融模式最大的优势在于其充足的资金渠道和专业的风险控制体系。

阿里巴巴利用自身交易优势，贯彻"大生态链"战略，集聚了支付、平台、长尾用户和大数据四大要素，初步构建了以"平台、金融、数据"为战略核心的互联网金融版图。2014 年阿里集团发布了"千县万村"计划，建立起覆盖全面的农村电子商务服务体系，而蚂蚁金服则借助淘宝、天猫走进农村市场，以电商为站点带动农村金融同步发展。另外，围绕阿里巴巴、淘宝、天猫、支付宝等平台上的大量商家和消费者，建立起信用数据库和信用评价体系，其理财产品余额宝、招财宝等借助支付宝的客户资源能够瞬间积累大量的农村用户，最终形成阿里的闭环金融发展格局。

京东在 2015 年年初加速推进农村电商战略，发展电子商务的同时加快发

展互联网金融。对于农业从业者征信体系不健全、农户贷款额度偏小等问题,京东的解决方案为:以赊销的方式为农民提供资金,复制格莱珉的商业模式,构建一个基层的社会化微型结构,以使电商平台、投融资渠道下沉,并在此基础上推广"农村白条"业务,进军农村金融市场。同时京东自建的物流体系目前已经深入到广大的农村地区,并且覆盖了近 2000 个行政区域,京东金融所推出的乡村推广员试点授信能够借助自身强大的物流队伍,为连接京东金融线上线下打通了闭环循环系统。

9.6.2　农业龙头企业打造农业、金融一体化生态圈

将互联网金融向农村推进,农业龙头企业最具竞争力,由于涉农企业对农村和农业有较深刻的理解,对农业行情走势、农产品价格趋势与风险都有较好地掌握。同时,这些涉农龙头企业客户量巨大,积累了大量的销售数据和丰富的信息,此外,以上市公司为代表的涉农龙头企业拥有较高信誉,与P2P 平台等其他互联网金融机构相比,在获得客户能力、对农民金融需求的理解等方面均具有得天独厚的优势。他们在推广原来的本业产品及服务的基础上,可以向农民推出一系列互联网金融产品,作为增值服务,包括互联网理财服务、融资服务和支付服务,从而增加客户的忠诚度。

以移动互联、云计算、大数据为基础的互联网介入农业产业,从提升农业各行业集中度和产业链一体化两个方面促使农业产业链形成全新的商业模式。在行业集中度提升和产业链一体化程度加深的行业格局中,农业产业链条上各环节的龙头企业都有机会通过自身的独特地位建立农村互联网生态圈。在生态圈中,农业龙头企业逐渐向专业化、扁平化、一体化发展。综合农资电商、类金融服务、线上线下服务等一体化发展是现代农业服务发展的必然趋势。通过以农业龙头企业为核心的农业互联网金融平台,为全产业链上下游提供投融资、网上支付等服务,农村互联网金融将贯穿于农业产业化全过程。

以大北农集团打造的"智慧大北农"为例。为了打造农业互联网生态圈与互联网金融的闭环,农业龙头企业通过设立、收购或控股 P2P 小额贷款平台等形式,建立起各产业及上下游企业与农业金融的战略协同,同时和农业担保、农村金融租赁、小额贷款等相互配合,建立起完整的农业产业的立体金融服务生态体系,形成一个既不同于传统金融机构也不同于资本市场的第三种服务于"三农"的融资模式。

9.6.3　大型 P2P 平台与农业供应链对接，实现协同发展

相对于简单的信息共享平台，P2P 平台要复杂得多，资金需求方会在网站上详细展示资金需求额、用途、期限以及信用情况等资料，资金提供方则根据个人风险偏好和借款人的信用情况来进行选择。借款利率由市场供需情况决定。目前我国农村 P2P 平台中，宜信和翼龙贷是代表企业。

宜信公司在 2009 年开始进入农村金融市场，经过多年探索，发展出了一个适合中国农村的互联网金融 O2O 模式。早年的宜信是通过传统的"刷墙"方式下沉到农村的，"刷墙"既把金融信息带给农民，也收集了农民的信息。2010 年，他们开始在农村开设服务网点，并推出以提供小额信用贷款服务为主的"农商贷"业务。与宜农贷不同，农商贷所提供的贷款额度更高，并且主要用于支持农民的生产和创业。宜信在过去几年中还发展出了独有的"带路党"。该群体具有很强的农村属性，不仅帮助其拓展了渠道，还提升了征信的可信度，缓解了农村金融征信难问题。目前宜信已经在 133 个城市（含香港）、48 个农村地区建立起协同服务的网络。2015 年 1 月，宜信在北京发布了第二个五年计划——"谷雨战略"，旨在打造并开放农村金融云平台，通过农村金融服务生态圈，开放宜信小微企业和农户征信、风控、客户画像等能力，并将自建 1000 个基层金融服务网点，提供包括农村信贷、农村支付、农村保险在内的综合性互联网金融服务。

翼龙贷和宜信不同，翼龙贷走出了一条"同城 O2O 模式"，或者更通俗的说为加盟商模式。他们从互联网获得资金，通过线下运营加盟模式，并且形成了一套农村特色的风控体系。翼龙贷在农村金融方面更强调熟人社会的作用，强调加盟商的本地属性。如果加盟商是本地人，要向翼龙贷提供身份证、户口本、结婚证等文件以及无犯罪记录证明。如果是外地人在本地做业务，则要提供居住五年以上的证明。加盟商开展业务之前，首先要把自己的房产抵押给翼龙贷，并且向总部交保证金。加盟商负责县级市的业务要交 50 万元保证金，负责地级市业务要交 200 万元保证金。一个县级市加盟商可以获得 50 万放大 30～50 倍的资金量，即至少可以放贷 1500 万元，同时公司会不断考核加盟商的还款能力和坏账率，有了坏账和违约的情况，都由加盟商自己承担。通过加盟商模式和独特的征信、风控方式，翼龙贷的业务有了较快发展、风控水平较好。2014 年一年的交易量为 20 亿元人民币，目前坏账率 0.98%。

在农业垂直细分领域，有实业背景的 P2P 平台凭借优质的资产来源和稳定的细分市场，在供应链金融方面具有天然优势。一般来说，P2P 平台与实

体农业企业联合，依据实体企业在农业领域积累的销售体系和信用数据，可以有效筛选非常优质的借款客户，对风险识别也有着很好的把控，这样的 P2P 平台不仅可以受益供应链对商流、信息流、资金流、物流四流控制来降低风险，也可以结合国家政策导向，将金融服务与农业供应链对接，实现金融服务实体经济，特别是服务农村中小企业的需求。

9.6.4　传统金融机构打造"互联网＋农村金融"发展新路径

农村金融改革十几年来，传统金融机构做了很多有益的尝试。农行的助农取款服务就是一种接近"O2O"的业务模式。通过与农村小卖部、村委会合作，利用固定电话线和相对简易的机具布设，农户就可以进行小额取现。在对四川省的调研中，我们发现，小额取现的金额每笔均在 50 元以下，满足了老乡对日常小额现金的基本需要。安徽农信社则走得更远一些，他们的手机银行通过短信进行汇款方便快捷，用户基础广泛。目前累计用户 238 万，日均转账 8 亿元；累计转账 1349 亿元，已经形成了一定的规模。

对于金融行业来说，互联网技术带来的是一种生产力的极大促进和发展理念变革。在利率市场化和监管创新的大背景下，诸如农村信用社、中国农业银行、农村商业银行、中国邮政储蓄银行等传统金融机构，应该大力推进经营模式转型，加大金融创新力度，推进传统金融业务与互联网业务融合。

在互联网时代，传统农村金融机构推出的金融产品和金融服务方式更应该具有大视野、大理念。传统农村金融机构应放眼未来，主动作为，坚持以服务"三农"为基础，摒弃抢占市场份额、片面追求速度和个体利益的僵化观念，着力提高自身金融服务能力，促进普惠金融服务方式的转变，以创新驱动发展战略最大限度发挥小银行、大平台的优势。

9.6.5　探索农产品和农场众筹平台

众筹是一种互联网属性很高的融资模式，充分体现了互联网自由、崇尚创新的精神，早期主要服务于文化、科技、创意以及公益等领域。简单来看，众筹类似一个网上的预订系统，项目发起人可以在平台上预售产品和创意，产品获得了足够的"订单"，项目才能成立，发起者还需要根据支持的意见不断改进项目。众筹更加注重互动体验，同时回报方式也更灵活，"投资收益"不局限于金钱，而可能是项目的成果。就农业方面而言，可能是结出的苹果、樱桃甚至挤出的牛奶，也可能是受邀前往"自己"的农场采摘。如果项目失败，则先期募集的资金要全部退还投资者。

"尝鲜众筹"于 2014 年 3 月上线，是中国第一家农业领域专门性众筹平台，是品牌东方集团旗下的众筹平台网站，为农业项目的创业发起人提供募资、投资、孵化、运营的一站式专业众筹服务。农产品和农场众筹是一个新的概念，由于参与、回报方式更加个性化，满足了"小众"需求，尊重投资者意愿，将是未来农村金融重要的发展方向。

9.6.6 探索适合农村需求的互联网保险模式

我国农业保险和农产品期货发展迅速但作用不大，其原因一方面是中国的农业保险产品对中央财政补贴具有依赖性，商业化运作匮乏；另一方面是小农经济长期存在，大农场、标准化农产品少，在大工业基础上发展起来的传统金融在对接零散农业需求时显得力不从心。客观上说，真正对接农村的互联网保险还在探索中。国内首家网络保险公司——众安在线于 2013 年推出的高温险有部分的"自然灾害"保险属性，而且投保方便，理赔灵活。理赔时投保人无须提供相关证明，保险公司会根据中央气象台的天气预报进行自动赔付。可以预期，随着互联网技术的进步，大数据、云计算和保险精算的进一步融合，基于互联网保险的农业产品会大量涌现并更好地服务国内农村新经济环境。

9.7 农村互联网金融发展的保障措施

9.7.1 制定互联网金融安全的法律法规

经济的发展离不开法律的保障，我国农村互联网安全的法律法规日益完善，随着互联网金融的快速发展，我国金融法律体系并没有得到很好的关注。通过立法规范互联网金融的发展，厘清互联网金融发展涉及的主体地位、业务范畴、发展方向、监管体制机制等基本问题，系统构建相关的配套法律制度。互联网金融平台也是企业，这些企业也面临着越来越多的安全挑战，企业必须针对安全漏洞进行修复，根据相关的法律降低坏账率，保证其自身利益。同样，遇到安全问题农民不要紧张，应及时报案，这就需要农民学习法律知识，提高自身法律意识。许多违法分子利用互联网金融恶意骗款，给广大农民带来了巨大的损失。早在 2006 年中国银监会就颁布了《电子银行业务管理办法》，该办法为金融机构利用网络金融向客户提供服务起到了重要的保障作用。《电子银行业务管理办法》也是互联网银行的重要监管法规。

2011 年银监会又发布《关于人人贷有关风险提示的通知》，是指在 P2P 信贷服务中介公司利用借款人和出款人相关信息，对借款人的抵押物进行评估配对，收取中介服务费。银监会对此开展了研究，发现了隐藏的风险，对此发布了对 P2P 的风险提示文件。2012 年，发布的《关于提示互联网保险业务风险的公告》对互联网保险业进行风险提示。

2013 年 11 月 25 日九部委处置非法集资部际联席会议上，央行也对 P2P 借贷行业不合法筹资行为进行了清楚的界定，主要包括：资金池模式；不合格借款人导致的非法集资风险以及庞氏骗局。农村互联网金融作为"互联网＋"的重要部分，我国互联网金融法律法规的发展、完善让我们对农村互联网金融法律法规有了充分的信心。健全法律法规是完善农村互联网金融的首要环节，也是重中之重，尤其面对法律意识薄弱的农村，则更应该快速推进互联网金融法制建设。

9.7.2　完善互联网金融监管机制

互联网金融仅有法律的保障是远远不够的，还需要进一步完善互联网金融监管机制。这个监管是以市场开放为基础，以事中、事后为主。这就需要明确互联网金融的监管主体，实施统一监管。为了保证互联网金融稳步发展，必须严格控制资金流向，保持金融风险的底线，让互联网金融带动"三农"的发展。我国目前还没有建立比较完善的互联网金融监管机制，必然会出现一些安全风险问题，农村互联网金融也是如此。

目前，许多农村互联网金融存在违法违规的行为，使市场不能有序的竞争和发展，这是由于监管责任不明确、个人信息不能确保安全，信息披露不够充分、风险提示不够完整等造成的。完善互联网金融监管机制必须加强审查工作，对流动资金进行监控，确保每一笔资金使用安全。按照网络金融各项业务和功能相应的风险做出监控措施，使得责任分离又相互牵制，防止出现监管责任不明确的现象。还要根据规模的大小建立监管标准，对一些规模较小、客户数量较少、系统重要性较低的互联网金融机构建立相对比较低的监管标准，对于规模较大、客户数量较多、系统重要性较强的互联网金融机构则需要建立比较高的监管标准。无论是互联网金融还是实体金融都面临风险，农村互联网金融的核心词也是金融，它面临的风险要比其他金融还多。我国已经明确互联网金融由银监会和证监会监管，但是具体的细则还需要日后不断努力。

9.7.3 提高农民互联网金融风险意识

农村文化水平较低，风险意识薄弱，无论是实体金融机构还是互联网金融在理财的同时一定要保证安全性。在我国互联网金融监管体系不健全的情况下，更要看好自己的"钱"，保证自己的资金安全。一是要提高自身的安全意识和互联网金融相关知识，在投资理财之前就规避风险，维护自己的合法权益。二是选择正当的互联网交易平台，不要盲目跟风，选择信誉高、业绩好的交易平台。三是在互联网交易的过程中核对好自己的相关信息，仔细核实，保证认证安全。

9.8　农村互联网金融发展的对策

9.8.1　大力推动农村经济的电商化发展

从经济形态的角度看，电商化意味着信息化，是经济转型升级的重要方式之一。中国农村经济电商化、信息化说明在一个国家的范围内，可以绕过重化工业过程，实现经济向高端转移。从金融服务的角度看，农村金融的主要难点在于缺乏合格的抵押品以及符合银行要求的财务报表，信贷支持存在困难。电商化之后，网络平台将能沉淀海量有效的经营、支付、快递以及交易的信息。这些全量信息将帮助金融机构更有效地做出是否发放信贷的决策。同时电商化也能帮助金融机构做好贷款流向、贷后催收等工作。当电商化达到一定程度之后，大数据和云计算的运用才能更充分，金融服务的有效性将大大提升，风险管控的成本也极大降低，对整个"三农"问题的解决将起到重要作用。

9.8.2　积极营造相对宽松的监管环境

从信息技术发展趋势看，互联网金融将成为服务农村电子商务和普通农户的重要新兴力量。目前，已经有部分互联网金融企业开始了普惠金融的尝试。但是，作为新兴行业，互联网金融面临着业务发展过快、企业良莠不齐等问题，这些问题是所有行业在发展初期都会经历的，监管层和政策制定者应该加以引导、给予包容。我们可喜地看到了地方政府在这方面做出的努力。比如，在吉林省前郭县乌兰敖都乡查干花养殖场，养牛大户卢先生通过转账电话，为附近农户办理代付、代收等业务，三年间共进行交易 1.4 万笔，金额 2600 万元。尽管他涉嫌多处违规，但是中国人民银行长春中心支行支付结算处相关课题组仍对他给予肯定，称其搭建了连接正规金融与农村社会的桥梁。同时，监管层在农村支付等领域已经表现出很大程度的包容与鼓励。2014 年 9 月 10 日，中国人民银行发布了《中国人民银行关于全面推进深化农村支付服务环境建设的指导意见》，允许助农取款服务点试点开办现金汇款、转账汇款、代理缴费等新业务，并提出拓展农村地区手机支付的业务范围和种类等，表现出了极大的政策宽容度。我们认为，互联网金融在对接农村时将面对更大的挑战，需要监管层给予更大的支持，在不踩监管红线的情况下，尽量给予宽容与鼓励。

9.8.3　农村互联网金融发展需要各方协同配合

当前我国农村网民的人口相当于俄罗斯的人口，有 1.78 亿人，新一代农民成为农村互联网金融发展的原动力。要发展农村互联网金融，不仅仅是在农村金融前面加上互联网的要素，更是对原有农村经营模式的重构。推动农村互联网金融发展，需要加快农村信息化的进程、加快农村经济向互联网化发展的进程以及使农村互联网金融适应农村非标准化经营的要求。

中央财经大学金融法研究所所长、互联网金融千人会会长黄震在论坛上提出，农村"要想富，上网络"，要大力发展移动金融。农业要想在"互联网＋"行动中有所作为，必须先做"＋互联网"。在他看来，发展农村互联网金融，应当加速移动互联网基础设施建设，发挥移动金融后发优势；农业产业化要与新一代互联网技术结合，形成大数据体系；农村电商、物流为移动金融配套生态场景；移动金融可整合传统金融与创新金融，实现资金流向农村地区。

要积极鼓励有条件、有资质、有经验的金融机构在农村开展规模化的"互联网＋微型金融"服务。为了加强对农村互联网金融的规范引导，必须健全相关法律法规，明确行业准入门槛，完善监管机制，加强行业自律。

针对目前农村互联网金融存在的问题，需要从以下几个方面下功夫。一是加速移动互联网基础设施建设，发挥移动金融后发优势；二是农业产业化要与新一代互联网技术结合，形成大数据体系；三是发展农村电商、物流产业，形成移动金融的市场生态；四是通过移动金融整合传统金融与创新金融，促进资金流向农村；五是建立大数据征信、风控与监测机制，为农村互联网金融健康发展保驾护航；六是推动市场导向的金融改革，加快放开农村金融市场；七是完善农村互联网的监管机制；八是加快互联网金融相关立法。

9.8.4 加快农村互联网金融创新发展的新思路

1. 促进互联网金融和农业产业跨界融合，打造服务"三农"的新商业模式

随着创新的不断深入，互联网金融的快速发展也正逐渐改变传统农业产业的商业模式。产业和互联网结合后再金融化已成为普遍趋势。从目前来看，在农村地区，"互联网＋"正在向"互联网＋金融＋农业"发展，"移动互联网＋"正在形成新的潮流，农业各行业都纷纷借助互联网金融寻求"线上＋线下"的发展，这将为互联网金融和农业及农村广大的市场带来新的发展机遇。而农村互联网金融模式的本质是通过资源和资金整合来推动产业的创新发展。从产业端的角度来看，可以通过互联网金融的账户、平台等聚集产业的业务、员工、客户、合作伙伴等资源；从金融端来说，可通过提供包括第三方支付、互联网金融产品超市等在内的服务整合产业的沉淀资金流。产业端和金融端可以通过互联网平台，依托账户和第三方支付体系，形成闭环发展。

2. 以大数据为基础建立健全互联网征信体系，推动农村互联网金融持续健康发展

在农村互联网金融领域，征信的基础支撑作用显得格外重要，当然互联网金融的发展也将推动征信行业的发展与成熟。从发达国家的情况来看，征信作为金融基础设施在社会金融服务中发挥着重要的作用，金融机构会根据相关征信机构出具的权威征信报告为企业、个人提供相应的金融服务，而与此同时，在社会活动的其他方面，如消费、就业等领域，征信也承担着重要的基础评判作用。在征信产业链中，数据、模型和商业模式是三大核心要素，由于商业模式在国外已经有成熟的模型可以借鉴，因此数据和商业模式就成为国内征信产业链的关键点。个人征信最核心的数据是贷款和还款信息，在国内数据大都掌握在大型商业银行等金融机构手上，缺乏数据共享的动力，数据碎片化严重，导致国内征信生态系统特别是在农村金融市场仍处在起步阶段。

3. 互联网金融和传统金融机构协同创新，错位竞争，共同创造互联网金融新生态

虽然传统金融在农村有强大的市场基础，新型的互联网金融发展迅速，但无论哪一方，都不可能凭借一己之力独占农村金融市场、完全释放农村金融需求。传统金融机构和互联网金融最大的区别在于传统金融机构通常会将金融服务看成一条价值链，而新兴的互联网金融往往沿袭互联网思维（用户、云端）来看待金融服务。传统金融理念认为，一种金融产品或服务从产生到最后到达客户端需要经历基础设施、产品、平台、通信、渠道、介质和场景等多个环节，在做产品时考虑的往往是抵（质）押物、期限和价格等因素，在产品设计完成之后再考虑通过哪些渠道销售给目标客户。而互联网金融理念认为，用户是核心，一种金融产品的产生首先源自用户的需求，当某种需求在具体场景中被发现后，再反向进行相应的产品开发，并最终将产品嵌入场景中。所以，只有将传统金融的深度与互联网金融的广度相结合，才能创造农村金融新生态，最后实现普惠金融的目标。

4. 做好金融监管，构建农村互联网金融的风险防范机制

无论是传统金融还是互联网金融，都无法脱离金融的本质，即资金的有效分配。在这一过程中，风险控制是最核心的环节。因此，随着农村互联网金融的推广，传统风险控制和互联网风险控制的有效融合，将促使风险控制成为行业发展的热点，并且将导致全社会增加对风险控制领域的重视，具体体现在以下两个方面：一是政策规范。随着电子信息及个人隐私重要性的提升，用户个人电子资料、网络使用行为、痕迹等信息的法律地位，以及金融机构利用互联网获取这些资料的合法性，都将通过相关监管机构以立法的形式予以确认，为之后互联网金融、互联网风险控制以及征信行业的发展奠定基础。二是双向融合。互联网金融与传统金融并非颠覆或替代的关系，因此传统风险控制与互联网新型风险控制方式，均会在不同领域发挥作用。在这一过程中，双方的优势及理念会相互渗透、互相改变和融合。

从总体发展态势来看，传统银行、农村信用社等金融机构提供的金融模式已经远远不能满足强大的农村金融需求，互联网金融由于其便利性渗透到广大农村地区是农村金融发展的必然趋势。经济越落后的农村地区互联网金融发展的空间越大，越能体现互联网金融给这些地区带来的"后发优势"，甚至可以在个别领域超过金融发达地区实现跨越式发展。

10 农村金融服务创新路径探析

我国农村金融面临着体系不健全、产品不丰富、基础设施缺乏等诸多问题。为更好地服务于"三农",应该从政策、金融工具、服务等方面加强创新,以满足"三农"对金融的需求。

10.1 加快农村金融服务创新必要性

10.1.1 农村金融服务创新有利于推进新型城镇化建设

新型城镇化建设中农民的生产、生活都需要完善的金融服务,农民扩大生产、投资办厂等均需资金购买配套的生产资料,农民生活中盖房、成亲、购买耐用消费品也有资金需求。随着新农村建设的推进、农业产业结构的提升以及小城镇建设的提速,与此相适应,农村房地产、医疗卫生、文化娱乐等产业也将迅速发展,这些都离不开农村金融的支持和服务。显然,农村金融已直接影响农民的生产、生活和新农村建设的顺利进行。

10.1.2 农村金融服务创新有利于促进农村经济的发展

经过20多年的农村改革,农村经济格局已彻底被打破,农业生产组织化程度越来越高,农户除扩大生产经营需求外,消费性需求、教育需求等其他类别的需求正在不断增加。农村经济发展的多层次、多类型、多领域,客观上要求农村金融机构必须创新服务手段,增强服务功能,为农村经济的发展提供全方位的、多层次的金融服务。

10.1.3 农村金融服务创新有利于促进农村金融体制改革

国家将调整放宽农村地区银行业金融机构准入政策,中国农业银行回归农村、政策性银行商业化运作、中国邮政储蓄银行定位农村,乡镇银行、专业贷款组织、信用合作组织、小额信贷组织等金融机构在农村市场相继建立。

这些机构要想在农村金融市场竞争中立于不败之地，必须要有良好的金融服务做保障。

10.2 我国农村金融服务现状分析

10.2.1 金融服务供给和需求不匹配

首先，贷款审批权限相对集中与贷款对象相对分散的矛盾较为突出。金融机构在强化内部信贷管理的同时，严格的规模控制和严厉的责任追究制度与相应的激励机制不相适应，影响信贷人员的工作积极性。其次，贷款要求条件和"三农"实际状况不符，特别是抵押、担保条件较为苛刻，在"三农"本身抵押品不足的情况下，大大增加了"三农"争取贷款的难度。再次，金融总体服务水平不高。从"三农"对金融机构服务情况的反映看，手续简便、服务到位是"三农"对农村金融机构的基本要求，而通常情况是农村正规金融机构审批时间过长、贷款政策不透明，很大程度上使"三农"对正规金融望而却步。最后，金融结构不合理。农村金融机构既要重视农户种植业、养殖业的信贷需求，又要重视关系到农业现代化的农村第二产业、第三产业、龙头企业的信贷需求和贫困农户的生活信贷需求；既要支持经营性资金需求，也要支持农民消费性资金需求；既要满足短期临时性资金需求，也要满足其中长期资金需求。而当前农村金融机构资金有限，只能满足部分需求，在资金配置方面常常顾此失彼。

10.2.2 金融服务需求特征导致交易成本较高

一是总体规模少，单笔额度小，难以形成规模效益，运营成本高。截至2011年年底，我国县及县以下正规金融信贷规模只占当年全部信贷的25%，难以形成规模效益；单笔金额小，一般单个农户融资额度在5000元以下，无法有效摊薄金融机构信贷发放中的固定费用；"三农"具有分散性，农村交通、通信设施相对落后，使农村金融机构在为"三农"提供信贷支持时交易成本较高。二是"三农"财产有限，有效抵押不足，很难降低金融机构的违约成本。"三农"财产总额有限，财务状况不透明，而有限的财产权利又受到限制，不能抵押。当前，金融机构信贷产品大都建立在城市金融基础上，以抵押类贷款为主，"三农"的实际状况很难满足金融机构的放贷要求，金融机构的违约风险无法覆盖，自然放贷意愿不足。三是"三农"信贷交易信息不对称，使金融机构为获取贷前、贷后的"三农"信息不得不花费大量信息成本。"三农"需求主体分布在广大农村地区，规模较小，信息公开程度较低，农村金融机构通过普通方式很难获得农村借款人经营水平、财务状况和信用状况等方面信息。贷前信息收集、鉴别后，金融机构同意放款，贷款发放后，金融机构还要对借款人进行持续监督，获得其经营情况、财产情况、贷款使用情况等方面信息，以减少违约风险，确保贷款本息按时足额支付。

10.2.3　中介服务机构发展滞后

发放贷款不仅受金融机构和借款人因素影响，社会中介机构的缺失也会影响"三农"与金融机构的对接。近几年，我国社会中介服务机构虽有发展，但从总体看，其发展仍然滞后，服务尚不规范。这些问题在信贷服务领域突出表现为：首先，担保机构不健全。大部分地区的担保机构普遍没有建立起来，而农村企业一般规模小，抗风险能力相对差，很难找到合适的单位为其担保，在一定程度上制约了对农村企业信贷的投放；农村信用社对一般农户的小额贷款实行联保制度，但对资金需求量大的种养大户和个体私营企业贷款仍以担保抵押为主。其次，评估部门分散、手续烦琐、收费高。农村企业资产评估登记涉及土地、房产、机动车、工商行政及税务等多个管理部门，而且各部门都要收费、收税，如果再加上正常的贷款利息，所需费用几乎与民间借贷利率相近，普通农村企业难以承受对抵押物的评估往往不按市场行为准确评估，经常与贷款期限不匹配，使农村借款人在贷款期限内重复登记，重复交费。再次，产权交易市场不发达，抵押资产难变现。由于各类产权交易市场发育不充分，用于抵押的房地产，如果在城镇，变现还比较容易，但在农村就相对困难，特别是许多乡镇企业在农村，房地产变现非常难。最后，用于抵押的机器设备等其他财产，比房地产变现更困难。因此，在正规金融存在总量与结构性供给不足，并且社会中介机构发展滞后的情况下，农村金融服务创新是一种自发性创新，在确保信贷质量的前提下，是完成资金融通的有效方法。

10.3　现阶段农村金融服务存在的不足

10.3.1　农村金融服务网点不足

近几年，村镇银行、小额贷款公司、农村基金互助社等发展迅速。但与

"三农"直接联系的乡镇一级甚至没有金融网点，而新型金融机构又处在试点和探索阶段，难以形成有效竞争，进而推动创新。

10.3.2 农村金融机构商业化转型尚未完成

中国农业发展银行受政策定位限制，专门以收购粮棉油贷款为主，资金渠道只能定向发行金融债券，并且只做政策性业务，其他业务不涉及，因而无法创新；农村信用社改制后，受商业利益驱动，业务侧重点仍然偏向城市，对分散的农村贷款不感兴趣；农行改制后，尽管成立了"三农"事业部，但尚未显现出支农效果；中国邮政储蓄银行虽已开展小额质押业务，但农村和农民能质押的存单数量有限。

10.3.3 融资渠道有限

由于我国农村金融发展较为落后，条件有限，导致农村金融机构融资渠道较窄，这已经影响了农村金融机构的发展壮大。如何扩展我国农村金融机构的投资渠道成为农村金融业急需解决的问题。长期以来我国城乡经济发展不均衡，使得大批资金和项目都流向了城市，现在随着农村经济的不断发展和农民对于物质生活要求的不断提高，农村金融业也开始活跃起来，但是农村金融机构缺少资金，需要进行融资。现在，我国的农村金融机构资金来源主要是通过吸收存款、办理中间业务的费用以及贷款利息，农村信用社有社员的投资，但这些都不能满足农村金融机构发展的需要。与其他金融机构债券融资、风险投资以及基金投资等融资方式相比，农村金融机构的融资渠道十分有限，制约了农村金融机构的发展和壮大。

10.3.4 服务效率低下

我国农村金融机构服务效率低下的主要表现是：从业人员专业技能欠缺、服务项目少、员工职业素养差、服务态度不好、工作效率低。这样的服务水平一定会影响农村金融机构的进一步发展，也会影响客户及投资者的信心，使农村金融机构陷入恶性循环。现在每个行业的竞争都很激烈，除了技术差别外，大部分竞争者都靠服务取胜，农村金融机构的一些工作人员学历不高，甚至有一些人并不是科班出身，缺乏专业知识，员工年龄普遍偏大，工作效率低，服务态度欠佳，所以，农村金融机构还要重建人才选拔机制，经常进行业务培训并且使用绩效考核方法。

10.3.5   投资渠道单一

我国的农村金融机构较为保守，投资渠道较为单一，既没有发挥农村金融机构的作用，又影响了农村经济的发展。目前，农村金融机构主要对农业生产进行投资，例如，向农民进行放贷，帮助其购买种子、化肥等农资，投资渠道十分单一。我国农村近年来的发展速度较快，很多农村企业、农村生产合作组如雨后春笋般成立，他们拥有热门项目、先进的生产技术以及广阔的市场，发展前景很可观。但是他们往往在建立之初缺少资金，作为服务于农村的金融机构要对他们进行帮助，同时也扩大自己的投资渠道。农村金融机构应该放开经营思路，除了传统的投资方式外，积极开发新的投资项目。

10.4   我国农村金融服务创新的制约因素分析

10.4.1   农村金融竞争较弱以致创新动力不足

当前我国农村金融市场，表面上看，体系比较完备，有政策性金融、商业性金融和合作性金融等正规金融，也有一些非正规金融机构，而实际上，多年来逐渐形成了农村信用社"一家独大"的局面，政策性金融支农功能缺陷明显，商业性金融支农功能弱化，农村信用社等支农实力不强。农村"合作金融、商业金融和政策性金融并存的金融组织体系名不副实"，对于农村居民和企业而言，可以享受的金融服务仅仅来自农村信用社的单一性、垄断性供给，限制了多层次、竞争性农村金融市场的形成，使金融创新缺乏内在的动力和活力。

10.4.2   缺乏良好的金融智能环境

金融支农创新环境越好，金融机构产品开发约束条件越少，开发的创新水平越高，开发的领域越广，而且推广符合农村金融需求特点的创新成果越积极快捷，经济主体应用也会更多、更灵活。但目前我国农村信用环境欠佳，部分企业和个人逃废银行债务，蚕食信贷创新成果，农业风险补偿和保障机制不全，抵押担保物和担保机制缺失，与金融服务创新本身安全性要求相悖，从而制约了金融支农的创新热情。

10.4.3   农村金融法制不健全

就农村信用社而言，目前还没有一部法律对其进行明确的界定，使得在合作金融与商业及银行两种模式间摇摆，对政策性金融也没有相应的立法，结果使商业银行和合作金融机构承担了大量的政策性业务，导致二者出现了大量的不良贷款，对于各种民间金融机构以及小额信贷组织也没有明确的立法。

10.4.4　农村金融市场发展缓慢

目前我国农村金融市场发展缓慢，在传统的资金借贷市场，商业银行在农村地区提供金融服务不具备比较优势，存在着大量资金抽离县域农村市场的现象，证券、信托、基金、期货等新兴投资银行业务在农村还是空白。农村金融中间业务产品极少，至于信用卡业务、网上银行等业务则更为缺乏，广大农民与农村企业很难享受到现代金融的便利，这种制度性工具的不足，严重约束了广大农村经济主体的金融服务需求，抑制了金融创新的动力，阻碍了农村金融创新的发展。

10.5　农村金融服务创新的措施

10.5.1　加强对农村金融服务创新的政策支持

目前，农村金融服务创新尚处于起步阶段，应采取相应的财政政策、货币政策支持和适当的监管政策配合，为创新提供适宜的外部环境。在财政政策方面，应减免提供创新型金融服务的金融机构的营业税、城镇建设维护税及相关附加费用，降低金融机构的经营成本，建立新型涉农贷款激励制度，对金融机构新型涉农贷款进行适当奖励，但实行这一政策必须对农村小额贷款进行严格界定，防止资金回流到城市并套取税收优惠。另外，应适当降低涉农金融机构所得税税率或返还所得税。建立由省级财政统筹的涉农金融机构所得税专用账户，集中使用，专项用于核销新型金融产品亏损和问题贷款。进一步对涉农金融机构的金融服务的利率、费率进行补贴，把财政补贴通过涉农金融机构传递给农民，农民是最终受益者，而涉农金融机构仍体现其自身的商业性。在货币政策方面，对涉农金融机构的支持可采取增加其可用资金数量，缓解农村的资金供求矛盾。既要利用存款准备金率等效力很强的货币政策工具，又要根据具体情况和各机构的流动性状况，综合采取再贷款支持、再贴现支持、涉农优惠利率及监管部门窗口指导等多种政策工具对涉农信贷给予必要支持。此外，在金融服务创新不断推陈出新的背景下，能否有效管控风险已成为农村金融能否持续发展的前提。为适应新形势，必须明确监管职责、夯实监管基础、创新监管方式。

10.5.2　加强农村金融组织机构建设

一是创新政策性银行运行机制，如农发行集中开展所有农村政策性金融业务，并允许自营或委托发放贷款等；二是强化农村信用社法人治理，明确产权关系，增强支农服务功能；三是农行要顺应改革，力求以县域支行为平台再造一套适用于"三农"事业发展的运行机制；四是允许民间资本及国外资本以灵活多样的方式进入农村金融领域，将符合条件的农村民间金融合法化，在法律框架内开展金融服务；五是加快推进村镇银行等新型农村金融机构建设进程，使其更好地为农村发展服务。

10.5.3　改善农村信用环境

金融是市场经济中的资金和信用媒介，建立良好的金融信用环境，是有效管控金融风险、实现金融良性循环和稳健运行的重要条件，也是降低农村金融交易成本的重要内容。因此，改善农村金融生态环境建设势在必行。首先，应加强信用环境的法制建设。我国农村金融服务创新还停留在"关系型"契约阶段，即一定地域、一定群体的乡情亲谊和邻里间的关系转化为信用，就是农户与农村金融机构的"关系型"契约。这种"关系型"信用具有松散、不稳定、范围窄和信用规模小等特点。因此，解决农户、农村中小企业和农村龙头企业的资金需求，需要解决农村经济主体和金融机构由于信息不对称而造成的交易成本过高问题，这就需要农村经济主体必须提供真实、完整、准确的财务状况、经营状况和信用状况信息。而要做到这一点，农村信用中介组织的作用尤为突出。其次，建立信用信息平台，构建"优胜劣汰"的信用市场环境。现在农村的农户联保贷款，实际上就是一个微小农村信用市场环境的缩影。如果一个农民违约，就可能造成其他农民的损失，但农村的乡土市场由于空间有限，能够使信息充分流通，他们就可建立一个对违约失信进行市场惩罚的机制。这种机制一方面使其他农民不再和失信农民打交道，另一方面金融机构不再会为这类农民提供任何形式的信用担保，违约失信农民未来将面临很大损失。因此，在农村建立公共信用信息平台，平台上充实各类农村经济主体的信用数据并随时发布，就能有效地构建"优胜劣汰"的农村信用市场环境。以中国人民银行为主体，整合各部门和组织的信用信息，拓宽农村信用的信息获取渠道。通过信息征集、筛选、评估、发布，为企业和个人信用信息建立基础数据库，在县级中国人民银行建立农业、农村、农民等个体及企业的信用信息平台，积累各类信用信息的历史数据，推动县级中国人民银行征信平台的扩容和各类农村地区金融机构信用信息系统的互联互通，为农村经济主体建立完整的信用档案，推动建立农村信用信息有偿共享。

10.5.4 创新为"三农"服务的理念

金融机构是要通过为客户提供特定的金融服务获取利润。因此，作为农村金融机构必须转变服务理念，真正树立客户至上、因客而变、真诚服务的理念，尽可能高质量地提供满足客户金融需求的服务，才能赢得客户。

1. 围绕客户创新服务

首先要树立"以客户为中心，以市场为导向"创新服务理念，变被动服务为主动服务，主动贴近市场、走近客户，认真调查分析客户特别是农村客户对金融服务的需求、意见，不断改进服务，创新金融产品，不断提升金融服务质量，就能提高优质客户忠诚度，增加竞争力。

2. 注意县域差别化服务

我国地域广阔，各地经济发展不一，县域金融市场需求、客户层次各有差异，这就需要在金融创新中注重市场细分工作。一般国内银行的市场细分集中在两方面：一是对客户分层，比如贵宾客户、普通客户；二是对客户分群体，比如公务员群体、学生群体等。而农村信用社进行市场细分工作时需注意县域差别化，比如进行客户分层时，在山区经济欠发达地区算是高端客户，到了沿海发达地区只能算作普通客户。

3. 重视服务质量管理

一直以来，农村信用社服务的主要群体是农民，对金融服务水平普遍要求不高，随着农民进城数量增长及农村信用社向城市发展，应当重视服务质量管理。服务质量是取信于客户的基础，因此农村信用社应当着手提升服务质量管理，推进客户满意度管理，加强员工教育，树立员工"客户至上"的先进服务意识，塑造农村信用社服务品牌。同时要进行品质化管理手段，严格控制服务流程，持续改进金融服务项目，并加强以预防差错、风险为主的控制，有效提高了金融服务质量。

参考文献

［1］谢平，徐忠．新世纪以来农村金融改革研究［M］．北京：中国金融出版社，2013．

［2］杨小玲．中国农村金融改革的制度变迁分析［M］．北京：中国金融出版社，2011．

［3］巴红静．中国农村金融发展研究［M］．大连：东北财经大学出版社，2013．

［4］刘磊，韩晓天．新型农村金融服务体系构建研究［M］．北京：中国物资出版社，2011．

［5］钱水土，姚耀军．中国农村金融服务体系创新研究［M］．北京：中国经济出版社，2010．

［6］汪小亚．农村金融体制改革研究［M］．北京：中国金融出版社，2009．

［7］韩俊．中国农村改革（2002—2012）［M］．上海：上海远东出版社，2012．

［8］钱水土，陆会．农村非正规金融的发展与农户融资行为研究［J］．金融研究，2008（10）．

［9］李丹红．农村民间金融发展现状与重点改革政策［J］．金融研究，2000（5）．

［10］刘锡良．中国转型期农村金融体系研究［M］．北京：中国金融出版社，2008．

［11］姬海莉．论非均衡市场下的农村金融信贷问题［J］．商业时代，2013（11）．

［12］梁文平．中国新农村金融体制改革之路［J］．现代经济信息，2013（12）．

［13］吴庆田．农村金融发展空间研究［J］．社会科学家，2007（2）．

［14］胡愈，岳意定．基于我国现代农村物流建设的金融供求研究［J］．

湖南大学学报，2007（2）.

　　[15] 孙萌萌. 中国农村金融改革分析 [J]. 赤峰学院学报（自然科学版），2014（9）.

　　[16] 金运，韩喜平. 中国农村金融改革特征及趋势审视 [J]. 求是学刊，2014（11）.

　　[17] 于晓非. 关于支持农村金融发展路径的探讨 [J]. 农村财政与金融，2013（12）.

　　[18] 王会玲. 农村金融支农存在的问题及对策建议 [J]. 时代金融，2013（11）.

　　[19] 郑东微. 中国农村金融体制改革问题研究 [J]. 经济视角（上），2013（1）.

　　[20] 郑诗岩. 深化农村金融服务的多维度思考 [J]. 奋斗，2012（1）.

　　[21] 何广文. 深入化解农村金融服务困境 [J]. 中国农村金融，2012（2）.

　　[22] 吴小北. 应关注农村金融服务中的几个变化 [J]. 金融博览，2012（2）.

　　[23] 仲德涛. 农村金融体系改革研究 [J]. 北方经济，2007（8）.

　　[24] 饶媛媛. 新形势下中国农村金融发展问题研究 [J]. 企业改革与管理，2015（4）.

　　[25] 张思阳. 加强农村金融与农村经济协调发展 [J]. 农民致富之友，2015（4）.

　　[26] 张敏. 政策性金融在新农村建设中的作用 [J]. 安徽经济，2006（9）.

　　[27] 金立华. 对农村金融创新"三农"服务的思考 [J]. 现代金融，2014（11）.

　　[28] 魏岚. 我国农村金融服务创新研究 [J]. 经济纵横，2014（12）.

　　[29] 岳意定，蔡四平. 我国农村金融组织体系的治理与新农村建设 [J]. 湖南师范大学学报（社会科学版），2006（3）.

　　[30] 韩俊. 建立和完善社会主义新农村建议的投入保障机制 [J]. 宏观经济研究，2006（3）.

　　[31] 高增福，王家红. 加强对新农村建设金融支持的几点思考 [J]. 武汉金融，2007（5）.

　　[32] 高敏. 浅论新农村建设中的民营金融发展 [J]. 经济问题，

2006（7）．

［33］王双正．中国农村金融发展研究［M］．北京：中国市场出版社，2008．

［34］甘少浩，张亦春．中国农户金融支持问题研究［M］．北京：中国财政经济出版社，2008．

［35］范肇臻．中国军工改革与发展金融支持研究［M］．北京：经济科学出版社，2008．

［36］李树生，何广文．中国农村金融创新研究［M］．北京：中国金融出版社，2008．

［37］中国农村金融学会．中国农村金融改革发展三十年［M］．北京：中国金融出版社，2008．

［38］岳意定．改革和完善农村金融服务体系［M］．北京：中国财政经济出版社，2008．

［39］刘玲玲，杨思群．中国农村金融发展研究［M］．北京：清华大学出版社，2007．

［40］王曙光．农村金融与新农村建设［M］．北京：清华大学出版社，2006．

［41］田俊丽．中国农村金融体系重构［M］．成都：西南财经大学出版社，2007．

［42］陈雪飞．农村金融学［M］．北京：中国金融出版社，2007．

［43］刘民权．中国农村金融市场研究［M］．北京：中国人民大学出版社，2006．

［44］宋斌文．当代中国农民的社会保障问题研究［M］．北京：中国财政经济出版社，2006．

［45］刘仁伍．新农村建设中的金融问题［M］．北京：中国金融出版社，2006．

［46］王永龙．中国农村金融资源配置研究［M］．北京：中国社会科学出版社，2007．

［47］张余文．中国农村金融发展问题研究［M］．北京：经济科学出版社，2005．

［48］曹凤岐，郭志文．我国小额信贷问题研究［J］．农村金融研究，2008（9）．

［49］黄建军，李峰，薛克俭．农业小额信贷模式研究［J］．当代经济，

2008（6）.

[50] 杜晓山. 小额信贷的发展与普惠性金融体系框架 [J]. 中国农村经济, 2006（8）.

[51] 杨俊龙. 发展农村民间金融的利弊分析与对策思考 [J]. 经济问题, 2007（3）.

[52] 白鹤祥. 金融必须自觉地服务于新农村建设 [J]. 中国金融, 2006（15）.

[53] 虞群娥, 李爱喜. 民间金融与中小企业共生性的实证分析 [J]. 金融研究, 2007（12）.

[54] 刘卫红, 胡亦夏. 农村小额信贷的风险分析及对策 [J]. 现代农业科技, 2008（6）.

[55] 王能翔. 农村金融机构改革思考 [J]. 现代商贸工业, 2014（15）.

[56] 林秋萍, 谢元态. 普惠金融视角下农村金融发展与改革研究 [J]. 金融教育研究, 2014（12）.

[57] 唐洋军. 农村金融服务中的小额信贷发展研究 [J]. 海南金融, 2014（11）.

[58] 齐立新. 新型农村金融体系发展问题浅析 [J]. 企业导报, 2014（10）.

[59] 曹建超. 我国农村金融发展中存在的主要问题和对策分析 [J]. 中国市场, 2014（11）.

[60] 白崇东. 农村金融业务连续性的挑战与创新 [J]. 标准科学, 2014（10）.

[61] 金运, 韩喜平. 中国农村金融生态环境改进研究 [J]. 商业研究, 2014（12）.

[62] 李红英. 农村金融中的信贷小组担保机制分析 [J]. 河北金融, 2014（12）.

[63] 郭功星, 宋华, 刘晒珍. 金融创新对我国农村金融发展的启示 [J]. 特区经济, 2010（5）.

[64] 高辰. 我国农村金融服务现状及发展对策 [J]. 对外经贸, 2013（3）.

[65] 孙玉奎, 周诺亚, 李丕东. 农村金融发展对农村居民收入的影响研究 [J]. 统计研究, 2014（11）.

［66］李明贤，李学文．我国农村金融发展的经济基础分析［J］．农业经济问题，2007（12）．

［67］葛阳琴，潘锦云．农村金融发展困境、制约因素及其对策［J］．安庆师范学院学报（社会科学版），2013（1）．

［68］刘玉春，修长柏．农村金融发展、农业科技进步与农民收入增长［J］．农业技术经济，2013（9）．

［69］张立军，湛泳．我国农村金融发展对城乡收入差距的影响［J］．财经科学，2006（4）．

［70］杨小玲．农村金融发展与农民收入结构的实证研究［J］．经济问题探索，2009（12）．

［71］刘赛红，王国顺．农村金融发展影响农民收入的地区差异［J］．经济地理，2012（9）．

［72］王冰．从国外农村金融发展的历程看农村金融的实质［J］．理论月刊，2008（9）．

［73］李喜梅．我国农村金融发展与经济增长关系的分形分析［J］．农业技术经济，2007（4）．

［74］钱水土，周永涛．农村金融发展影响农民收入增长的机制研究［J］．金融理论与实践，2011（4）．

［75］王新华，王海生．中国农村金融发展概况及政策建议［J］．上海金融，2008（4）．

［76］耿保成．浅谈国外农村金融发展对中国农村金融发展改革的启示［J］．西部金融，2009（8）．

［77］任碧云，刘进军．基于经济新常态视角下促进农村金融发展路径探讨［J］．经济问题，2015（5）．

［78］周才云．中国农村金融发展与农村居民收入增长关系的经验研究［J］．统计与信息论坛，2010（8）．

［79］金晓春．江苏农民收入增长与江苏农村金融发展的实证研究分析［J］．南京社会科学，2008（9）．

［80］张雄．金融排斥理论视角下的我国农村金融发展对策［J］．商业时代，2008（32）．

［81］王绍宏．中国农村金融发展研究综述：农村信用社与非正规金融组织［J］．华北金融，2008（4）．

［82］张令骞．中国强制性金融制度变迁对农村金融发展的负效应研

究——以农村信用社和政策性银行改革为例 [J]. 经济论坛, 2008 (7).

[83] 姜正和, 唐萍. 农村金融发展对城乡居民收入差距的影响机理探析 [J]. 农村经济, 2014 (6).

[84] MEYER R N G. Rural Financial Markets in Asia: Policies Para – digms, and Performance [M]. London: Oxford University Press, 2001.

[85] MERTON R C. Operation and Regulation in Financial Intermediation: Afunctional Perspective. in P. Englund, ed., Operation and Regulation of FinancialMarkets [M]. Stockholm: The Economic Council, 1993.

[86] KURUP T V N.. "Price of Rural Credit: An EmpiricalAnalysis of Kerala," Economic and Political Weekly 11, July 3. Larson. D (1988). "Market and Credit Linkages: The Case of Corn Traders in the SouthernPhilippines." Paper prepared for Citibank/ABT Associates on a Rural FinancialServices Project for US-AID, Manila.

[87] MINTZBERG. The fall and rise of strategic planning [J]. Harvard Business Review, 1994, (1).

[88] HUGH T P. "Financial Development and Economic Growth in Underdeveloped Countries" [J]. Economic Development and Cultural Change, 1966 – 14 (2, January).

[89] HURWICZ L. On Informationally Decentralized System [J]. In R and C. B. McGuire Decision and Organization, North – Holland, Amsterdam.

[90] HURWICZ L. What is the Coase Theorem [J]. Japan and the World Economy, 1995 (7): 49 – 74.

[91] MINSKY HYMAN. The Financial Fragiliy Hypothesis: Capitalist Processsand the Behavior of the Economy in Financial Crises [M]. Charles Kindlberger and Jean – Pierre Laffargue Cambridge: Cambridge University Press, 1982.

[92] LEVINE R, ZERVOS 5. Stock Markets, Banks and Economic Growth [J]. World Bank Policy Research Working Paper. 1996.

[93] JD VON PISCHKE, DALE W ADAMS, GORDON DONALD. Rural Financial Markets in Developing Countries [M]. Australia, 1983.

[94] MCKINNON, RONALD I. The order of Economic Liberalization: Financial Control in the Transition to Market Economy [M]. Johns Hopkins University Press, 1991.

[95] SALEHUDDIN AHMED. Creating Autonomous National and Sub – Re-

gional Microcredit Funds，2001．

［96］ KING R G，Levine R. Finance，Enterpreneurship and Growth：Theory and Evidence ［M］．Journal of Monetary Economic，1993．

［97］ KNIGHT，JACK. Institutions and Social Conflicts ［M］．New York：Cambridge University Press. 1992．

［98］ HAYEK，FRIEDRICH. The Road to Serfdom ［M］．Chicago University of Chicago Press，1994．